KB089881

일하고,
글 쓰고,
다른 세상을 꿈꾸며

되살아나는 여성

되살아나는 여성

지은이
이숙인 외

엮은이
여성문화이론연구소

발행
고갑희

주간
임옥희

편집 · 제작
사미숙 · 장미현

펴낸곳
여이연

주소
서울시 마포구 월드컵로 8길 72-5, 4층

전화
(02) 763-2825

팩스
(02) 764-2825

등록
1998년 4월 24일(제22-1307호)

홈페이지
http://www.gofeminist.org

전자우편
alterity@gofeminist.org

초판 1쇄 인쇄 2019년 11월 22일   초판 1쇄 발행 2019년 11월 28일
값 20,000원   ISBN 978-89-91729-38-4 93300
잘못된 책은 바꿔 드립니다.

이 도서는 한국출판문화산업진흥원 '2019년 우수출판콘텐츠 제작 지원' 사업 선정작입니다.

일하고, 글 쓰고,
다른 세상을 꿈꾸며　　**되살아나는 여성**

이숙인 외 지음
여성문화이론연구소 엮음

도서출판 **여이연**

차례

다른 세상을 꿈꾸며

혼란의 시대를 살아내다 | 태후에서 자유부인까지

서
문

    이 책은 역사 속에 묻혀 있던 여성들의 삶을 노동과 생산, 경험과 기억을 통해 되살려낸 것이다. 역사가 거다 러너(Gerda Lerner)가 말했듯 여성들은 남성들과 세계를 똑같이 공유해 왔다. 세계의 모든 경험의 반은 여성들의 것이며, 세계의 일과 생산물의 반은 여성들의 것이나. 또 여성은 언제나 역사를 만들고, 살아있게 하고, 형태를 부여해 왔다. 그러나 여성의 경험과 시간은 남성의 렌즈를 통해 굴절되어 왔고, 많은 여성들의 경험은 누락되었다. 아직 여성의 노동과 생산, 경험과 기억을 온전히 담아낸 여성사는 기술되지 않고 있다. 여성사 기술은 멀고도 쉽지 않은 길이 될 것이다. 세계의 모든 경험의 반은 여성들의 것이지만, 그 경험의 대부분이 기록되지 않았거나 기록되었더라도 제대로 조명되지 않은 채로 남아 있기 때문이다. 때문이다. 여성의 역사를 구축하기 위해서는 흩어져 있거나 문자로 기록되어 있지 않은 자료들을 발굴하는 일부터 시작해야 할 것이다. 여성사에 대한 관심이 시작되면서 이러한 작업들이 곳곳에서 진행되고 있는 것은 다행한 일이다. 이 책 역시 그간의 역사 기술에서 누락된 여성들을 발굴하고, 왜곡 평가된 여성들을 재평가한 것이다.

    이 책에서 다룬 여성들은 고려시대 천추태후로부터 기녀, 유모,

궁녀, 공녀, 살인사건의 주인공, 노비로 팔려간 소녀들, 시인, 소설가, 여공, 항일운동가, 여학생, 카페 여급, 맑스걸, 자유부인에 이르기까지 실로 다양하다. 여기에는 그간의 역사 기록을 통해 잘 알려진 인물도 있지만 잘 알려져 있지 않은 인물이 더 많다. 또 개인 여성의 삶을 발굴, 재평가하기도 했지만, 기녀, 유모, 공녀, 노비로 팔린 소녀들, 여학생, 여공, 여성 독자와 같이 집단으로 존재한 여성들의 지위와 활동, 역사적 의미를 드러내고자 했다.

이처럼 다양한 시대와 다양한 인물들을 분류하기가 쉽지 않았다. 그래서 이들의 행위를 중심으로 일하고, 글 쓰고, 다른 세상을 꿈꾸며 혼란의 시대를 살아내다 이렇게 네 부분으로 구성해 보았다. 일하는 여성들에서는 기생, 유모, 카페여급, 여공을 다루고 있다. "가부장제의 경계에 선 여성들, 기생"은 기생이 지배담론에 철저히 조율된 존재이면서 실은 이에서 이탈하는 역을 담당했음을 관기제도와 기생에 대한 시선을 통해 이야기하면서 지금 다시 기생에 대해 이야기해야 하는 이유를 밝히고 있다. "조선시대 유모의 자격과 역할의 편린을 찾아서"는 유모를 '수유 주체'로 보고 그간 제대로 알려지지 않은 조선시대 유모의 존재 양상을 자료 추적을 통해 되살리고 있다. "노동과 유희의 경계: 식민지 시대 카페 여급"은 근대 도시공간의 새로운 성노동자였던 카페 여급을 섹슈얼리티와 관련하여 되살리고 있고, "1920·30년대 방직공업 '여공'들의 섹슈얼리티에 대한 담론"은 1920, 1930년대 방직공업의 여공들을 당대의 제도나 노동 조건, 섹슈얼리티와 관련하여 분석하고 있다.

글을 쓴 여성들에는 조선을 대표하는 시인 허난설헌, 대한제국 시기 신문의 여성독자, 소설가 강경애, 김명순, 1930년대 민족과 여성을 새롭게 사유한 작가 임순득 등이 포함되어 있다. "갈등하는 기억과 상상, 역사인물 허난설헌"은 허난설헌에 대한 엇갈린 평가를 당대 동인과 서인의 정치적 갈등이라는 맥락에서 이해하면서 재평가하고자 했고, "대한제국 여인들의 신문 읽기와 독자투고"는 독자 투고를 통해 세상에 자신의 목소리를 드러냈던 신소당을 비롯한 여성 독자들의 존재를 확인할 수 있다. "단군신화 바깥에서 유랑하는 여성, 탄실 김명순"은 신여성으로 남성평론가들의 혹독한 평가를 받고 잊혀져 간 김명순을 재해석하고, "타자의 삶 타자의 문학, 강경애"는 일생동안 소외된 민중들의 흩어져 있던 목소리를 드러내고자 했던 『인간문제』의 작가 강경애를 재평가하고 있다. "1930년대의 새로운 여성들을 만나는 창, 임순득"은 식민지 조선을 "여성이 살아나가기 가장 어려운 땅"으로 규정하고 여성에게 씌워진 삼중의 억압 저편의 새로운 삶, 대안적 여성 주체를 꿈꾼 임순득을 재조명하고 있다.

다른 세상을 꿈꾼 여성들에는 궁녀 고대수, 일제강점기 맑스걸, 항일운동가 박차정, 조선의용대 여성 대원 이화림을 다루었다. "새 세상을 꿈꾼 궁녀 고대수"는 개화당에 참여하여 참혹한 죽음을 맞이한 궁녀 고대수를 정치범으로 재조명하면서 중세에서 근대의 광장으로 뛰어든 극적인 인물로 재평가하고, 아울러 조선시대 궁녀의 정치적 위치를 재조명하고자 한다. "일제강점기 여성운동과 '맑스걸'"은 일제강점기 여성운동에서 맑스걸의 위치를 다루었고, "민족해방과 여성해방을 꿈꾸며 산화해간 민족운동가 박차정"은 항일투쟁전선에 뛰어들어 민족혁명당의 남경조선부녀회를 이끌고, 조선의용대 부녀복무단 단장으로 여성해방을 외친 박차정의 삶을 되살려 내고 있다. 역시 조선의용대원이었던 이화림에 대한 글, "민족혁명전선의 불꽃, 조선의용대원 이화림"도 공산주의사상을 받아들여 이를 민족운동의 이념으로 확신하고 독립운동에 투신했던 삶의 역정을 그려내고 있다.

혼란의 시대를 살아낸 여성들에는 천추태후, 노비로 팔려간 소녀들, 공녀, 열녀, 여학생, 자유부인 등이 포함되어 있다. "고려 최고 여성정치가 헌애왕태후 황보씨"는 고려 일대를 통해 가장 강력한 정치권력을 행사한 여성 정치가였으며, 우리 역사에서 합당한 평가를 받지 못하는 대표적인 인물 중의 한 명인 천추태후를 사료를 바탕으로 차분하게 재조명하고 있다. "조선 후기 노비로 팔려간 소녀들"은 조선시대 자매(自賣)라는 형식으로 부모를 위해 혹은 위력에 의해 노비로 팔려간 빈곤층 소녀들의 삶의 조건을 드러내고 있다. "변방 '국민', 이등 '시민': 공녀"는 고려와 조선이 바친 공녀의 실상을 이야기하면서, 변방의 존재로서의 여성의 위치를 제국과 식민의 관계로 이야기하고 있다. "유혹하는 몸과 정절의 경계, 김은애"는 정조(正祖)대 자신의 정절을 훼손한 사람을 살해한 여성 김은애를 성리학적 이데올로기와 여성적 정체성 및 자의식의 관계 속에서 해석하고 있다. "『학생』에 나타난 식민지 근대의 '여학생'"은 식민지 근대의 여학생에 대한 담론을 통해 식민지 교육이 식민지 여성을 이중적으로 주변화하고 있는 양상을 드러내고 있다. "1950년대 '자유부인'의 성정치"는 1950년대에 나온 영화 〈자유부인〉에 대한 분석을 통해 여성 삶의 위반으로서의 '자유부인'의 이야기를 분석하고 있다.

이상에서 보았듯이 이 책은 고려로부터 현대에 이르기까지 개인 여성, 혹은 집단으로서의 여성을 되살려내고 있다. 다양한 필자들의 글이 모이다 보니 글의 구성이나 스타일이 조금씩 차이를 드러내는 것도 사실이다. 그러나 이 책은 역사의 주름 속에 묻혀 있던 여성들을 발굴하거나, 혹은 왜곡되었던 여성들을 재평가면서 여성이라는 관점을 견지하고자 했다는 점에서는 공통점을 갖는다. 이 책은 특히 역사적 존재로서의 개인도 중요하지만 여성공동체, 여성 집단을 주목하면서 이들이 자신들에게 주어진 가부장적 가치를 어떻게 내면화하고 여기서 벗어나고자 했는지, 그리하여 어떻게 새로운 정의와 문화를, 새로운 삶의 형식을 만들어냈는가를 드러내고자 했다. 무엇보다도 이 책은 그간 주목받지 못하고 주변화되었던 여성들에 대한 새로운 기록이라는 점에서도 중요한 의미를 갖는다. 이것은 이 책이 갖는 미덕의 하나라고 생각된다.

이 책은 『여/성이론』 '되살아나는 여성'란에 10년 이상 연재된 글들을 엮은 것이다. 다양한 필자들이 이 작업에 참여했고, 모르는 사이에 또 하나의 역사가 이루어 졌다. 이 책을 기획 출간하자는 시도가 여러 번 있었다. 이제 드디어 수정된 원고들이 모이고 출간을 앞두고 있다. 참여해 준 필자들에게 감사하다. 도서출판 여이연 사미숙 편집장의 추진력이 아니었다면 이 원고들은 다시 되살아날 때를 기다려야 했을 것이다.

2019년 6월
김경미

1

일하고,

글 쓰고,
다른 세상을 꿈꾸며

1
가부장제의 경계에 선 여성들, 기생

1. 기생, 경계에 선 여성

학창 시절 배웠던 시조 몇 수의 기억 그리고 단편적 야사, 신윤복의 풍속화에 등장하는 화초머리 여인의 박제화된 관능, 궁중 암투를 그리는 사극에 여지없이 등장하는 요부의 '부적절한' 야망. 대부분의 사람들에게 기생이라는 존재는 제도 교육을 통해 주입받은 '정보'와 안방극장에 범람하는 의도적 악녀의 인상에서 크게 벗어나지 않는다. 세인의 입에 오르내리는 몇몇 명기(名妓)의 이름과 그들이 연루된 에피소드로 기생을 반추하려는 노력이 무모하거나 불가능하다고 깨닫는 순간 '기생'이라는 집단의 정체성은 모호해져 버린다. 그사이 기생은 금기 혹은 은밀한 동경의 영역으로 신비화되거나 술자리 객담의 소재로 급속히 속화되어 버린다.

그만큼 지금, 우리에게 기생(妓生)은 참으로 여러 얼굴로 다가온다.

신분제와 부권 중심의 사회에서 양면으로 소외된 중세적 매춘부의 모습으로 비춰지는가 하면, 문장, 기예(技藝), 교양을 두루 겸비한 지적인 여성 집단의 모습으로 각인되기도 한다. 누군가는 기생이라는 이름에서 황진이(黃眞伊)의 도도함과 논개(論介)의 의연함을 떠올리는가 하면 누군가는 개발독재 시대의 망령이 서린 '기생관광'의 음습함을 떠올리기도 한다. 봉건적 관습이 부과하는 제약에서 벗어나 가부장제에 대해 문제를 제기한 진보적 여성이라는 찬사를 받는가 하면, 그 체제에 철저히 기생한 암적인 존재라는 비난을 받기도 한다.

'기생'이라는 말을 둘러싼 과도한 찬사와 가혹한 폄하는 기생이 지닌 특수한 위상을 단적으로 보여주는 것이라고도 할 수 있다. 기생은 원래 각종 유흥 현장에서 춤, 노래, 풍류 등으로 흥을 돋우는 일을 담당하던 특수 직업여성을 가리키는 말이다. 기녀(妓女) 혹은 '말을 알아듣는 꽃'이라는 의미의 해어화(解語花)라 불리며, 궁중 전례에서 가무를 담당한 여악(女樂) 혹은 여령(女伶)으로도 불린다. 이들은 관에 소속된 관비의 신분이었으며, 일종의 사치노예였다.[1] 기생을 이야기할 때 흔히 따라 나오는 '천민의 몸, 귀족의 머리'라는 언급은 기생이 태생적으로 지니고 있는 딜레마를 짧지만 함축적으로 표현한 것이라 할 수 있다. 신분제 사회의 최하층에 속하는 천민 여성이면서 지배층 남성의 연애와 풍류의 상대가 되어야 했던 모순은 중세적 질서에 내재한 모순과 무관하다고 할 수 없다. 조선조에 명멸했던 수많은 기생과 그들에 관한 기록은 유교적 도덕률이 일상을 완고하게 지배했던 조선 사회가, 실은 얼마나 많은 허위와 자기모순을 내포하고 있었는지를 명료하게 보여주고 있다.

축첩제와 관기(官妓)제도는 그 명백한 증거라 할 수 있다. 예악(藝樂)의 정비를 국가적 이상으로 삼으면서 사회적으로 천히 여기는 악공(樂工)과 기생을 그 말단에 배치하고 은일(隱逸)과 방탕 사이를 아슬아슬하게 오갔던 것, 삼강오륜(三綱五倫)에 기초한 엄격한 내외법(內外法)의 이면에서 이루어진 사대부와 기생들과의 로맨스는 단적인 예라 할 수 있다.

관기제도야말로 매음(賣淫)의 중세적, 봉건적 형태라는 말[2]은 이렇게 볼 때 의미심장한 지적이라 할 수 있다. 즉 관기제도 내부에는 신분제의 엄격한 질서 외에도 여성의 성을 철저하게 통제하고 대상화했던 가부장제의 장치들이 복합적으로 얽혀있었던 것이다. 부권 중심의 사회가 자리 잡은 이후 여성의 몸은 '아이를 낳기 위한 도구'이거나 남성의 욕망을 해소하기 위한 대상으로만 기능해왔다. 전자에게는 '어머니'라는 이름을 부여하고 철저히 통제하고 보호하는 한편 후자에게는 아주 간단하게 '창녀'라는 딪을 씌워 버린다. 기생은 매춘 여성 중에는 가장 격이 높은 존재였고, 그만큼 재능과 교양이 요구되었지만, 신분상으로는 어디까지나 관비(官婢) 즉 노예로 관가의 물품(公家之物)과 같은 존재였다.[3] 이렇게 본다면 기생의 격이라는 것도 어디까지나 그들이 상대하는 남성에 의해 결정되었다고 보아야 한다. 왕실 인사, 관리, 사대부 등 지배 엘리트 남성을 상대하기 위해 기생들은 가무(歌舞), 서화(書畫), 문장, 교양, 올바른 행동가짐 등을 익혀야 했고, 이를 위해 혹독한 훈련 과정을 거쳐야 했다. 말하자면 기생에게 부과된 역할은 규범과 본능 사이에서 휘청거리던 당대 성도덕의 일면을 반영한 것이라 할 수 있다.

기생이 공·사의 영역에 깊숙이 자리 잡았던 조선조에 기생과 이를 유지하는 관기제도에 관한 논쟁이 끊이지 않았던 것은 어쩌면 당연하다고 할 수 있다. 유교를 국시(國是)로 한 조선(朝鮮)조 조정(朝廷)에서는 건국과 동시에 관기제도의 혁파를 둘러싼 논란이 불거지기 시작했다. 태종 11년인 1411년 10월에 서울 밖의 창기(娼妓)를 모두 없애라는 왕명을 내렸으나 하륜(河崙)의 반대로 시행되지 못했고, 세종 조에도 박연, 김종서 등이 문물을 정비하면서 여악의 폐지를 건의하였으나 이루어지지 않았다. '수령의 하루 사이의 정사(政事)에서도 한편으로는 부녀자들로서 절의를 잃은 자를 다스리면서 또 한편으로는 관기로서 접대를 거절한 자를 다스리는' 폐단을 지적한 남지(南智)의 상소는 관기 제도 자체에 내재된 모순성을 드러낸 것이라 할 수 있다. 세종 조에 또다시 주(州)와 읍(邑)의 창기(娼妓)를 없애려는 시도가 있었지만 허조(許稠)의 반대로 이루어지지 않았다.

잠시 그의 반대의 변을 인용해 보자.

"누가 이러한 계책을 세웠습니까? 남녀란 인간의 큰 욕구로 금할 수 없는 일입니다. 주·읍의 창기는 모두 공가의 물건으로 취해도 무방하나 만약 이것을 엄하게 금지하면 젊은 봉사조사(奉使祖士)들 모두가 옳지 못하게 사가의 여인을 탈취하여 영웅준걸(英雄俊傑)이 죄에 빠지는 일이 많을 것입니다. 따라서 신(臣)의 생각으로는 혁파하는 것이 마땅치 않다고 생각합니다."

평소에 여색에는 담담하다고 알려진 허조의 반론은 관기 제도가 숱한 논란 속에서도 한말까지 유지될 수 있었던 이유를 아주 선명하게 보여준다고 할 수 있다. 지배층 남성들은 대의명분을 거스른다는 죄의식 없이 본능적 욕구를 충족시키기 위해 기생을 공천(公賤)으로 지정해 놓고 그들의 성을 이용했던 것이다. 따라서 관기 제도는 사대부가의 부녀자에게 요구되었던 정절 이데올로기와 동전의 양면처럼 맞물려 있다고 볼 수 있다. 기생은 여염집 여인에게 젊은 영웅준걸의 손이 뻗치지 않도록 차단하는 역할을 담당한 것이다.

기생은 이처럼 당대의 지배 담론이 규정하는 여성의 역할에서 벗어나 있는 듯 보이면서도 실은 그 동향으로부터 자유로울 수 없는 존재였다고 보는 편이 옳을 것이다. 기생의 삶, 문화, 역할, 자의식 등 그들이 남긴 자취 일체는 그들이 서 있던 무수한 경계를 응시할 때 비로소 그 의미가 선명해질 것이나.

2. 기생의 기원과 관기 제도

기생의 출현은 계급의 분화, 전쟁과 같은 극심한 사회 변동과 관련이 깊다. 이익은 그의 저서 『성호사설(星湖僿說)』에서 관기의 기원을 양수척(楊水尺)에서 찾았다.[4] 양수척은 백제 유민으로서 떠돌이 생활을 하며 버드나무를 엮어 키, 소쿠리 등을 만드는 것을 업으로 삼았다. 이들은 왕건이 후삼국을 통일하고 고려를 건국할 때 심하게 저항하여 다스리기 힘들었다고 전해진다. 후에 고려의 통치자들은 이들을 모두 노비로 지정하여 관에 예속시키고, 그중에 용모가 고운 여자에게 가무(歌舞)를 익히게 하여 기생으로 삼았다고 한다.

한편 기생의 기원을 더 멀리 거슬러 올라가 신라시대의 원화(源花)

에서 찾기도 한다. 기생 연구의 고전이 된 이능화(李能和)의 『조선해어화사(朝鮮解語花史)』를 보면 신라 진흥왕 때에 미모와 행실이 뛰어난 젊은 처녀를 뽑아 여성 지도자 격인 원화(源花)로 받들고 이것이 기생의 원류라는 기록이 보인다.[5] 그러나 지도자 간의 내부 분란으로 원화 제도가 없어지자 역시 용모가 고운 젊은 남자 중심의 화랑(花郞)으로 재편하였다고 한다. 이들은 도의를 연마하고 가악(歌樂)을 즐기면서 산수를 유람하여 이른바 풍류의 도를 닦는데 힘썼다. 한편 원화 출신의 여성들에게는 가무를 가르쳐 국가 행사에 동원했다고 한다. 따라서 원화는 훗날 기생과 같은 것이고 화랑은 미동(美童: 남색(男色)을 이르는 말)과 같은 것이고 풍류낭도(風流郞道)는 훗날 외입장(外入匠)[6]과 같은 것이라는 흥미로운 견해를 소개하고 있다.[7] 잘 알려진 김유신(金庾信)과 천관녀(天官女)의 이야기는 삼국시대부터 매춘에 종사하는 여성이 존재하고 있음을 보여주고 있다.

이 대목에서 흥미로운 사실을 발견할 수 있다. 기생의 원조(?)격인 신라 시대의 원화와 창녀는 전자는 선별된 여성 집단으로 후자는 신분제의 최하층에 속하는 천민여성으로 양극에 위치하고 있다. 재예를 겸비한 엘리트 여성, 미천한 노비라는 두 극은 말할 것도 없이 기생의 이미지에 그대로 투영되어 있다.

한편 신라와는 별도로 고구려에도 가무와 매춘에 종사하는 유녀(遊女)가 있었다. 중국의 사서에는 이 시기 고구려에 유녀가 광범위하게 존재했음을 보여주고 있다. 『후한서(後漢書)』에는 '고구려에는 풍속이 음탕한 것을 좋아해서 수치스러워하는 법이 없었다. 유녀가 있었는데 (그들 중에는) 대개 상민이 없었다. '高句麗 風俗好淫不以爲愧 有遊女者 夫無常人'[8] 라는 기록이 보이고 『수서(隋書)』에는 '고려[9]는 부녀자들이 음란하고 절도가 없다. 풍속에 유녀가 많았다(高麗 婦人淫奔 俗多遊女)'는 기록이 전한다.

고구려에 일찍이 유녀가 존재하였던 이유는 정복 전쟁을 거쳐 고대 국가 체제를 완성한 내력과 관련이 있다고 할 수 있다. 즉 부족국가가 난립한 상태에서 유력한 부족이 타 부족을 정벌하면서 피지배 부족의 여성을 유녀로 삼았던 것으로 추정해 볼 수 있다. 말하자면 여성이 일종의 전리품이었던 것이다. 이들은 주로 군영에 주둔한 군사를 상대했던 것으로 보인다. 군영과 기방 간의 내밀한(?) 공존은 기생의 국가 통제를 제도화한 관기 제도의 근본 골격이 되었다. 기방과 기생이 변방의 군사를 위해 존재했던 것은 중국의 경우도 다르지 않다. 중국에는 원래 기생이라는 깃이 존재하지 않았는데 한나라 무제(武帝)가 군영에 기방을 설치하고 군사들 중 아내 없는 자를 접대하게 하면서 직업적 기생이 생겨났다는 것이다. 조선조에 들어와 관기제의 혁파를 둘러싼 논쟁이 끊이지 않았음에도 불구하고 5백여 년 동안 존속할 수 있었던 이유 역시 '유래가 오래되었고, 변방의 아내 없는 자를 위한 제도'라는 현실론에 명분론이 번번이 굴복했기 때문이었다. 실제로 『경국대전』에는 기생의 역할을 '변방의 아내 없는 자를 위무하고, 외교 사절을 접대하기 위하여 둔다'고 명문화하고 있다. 이렇듯 고구려의 유녀는 정복 전쟁을 거쳐 국가 체제를 확립했던 시기의 소산으로 보인다.

몇몇 사례에서 예증하고 있듯이 기생이 전쟁, 계급분화의 과정에서 생겨났다는 것은 시사하는 바가 크다 할 수 있다. 더구나 기생이 주로 변방 군사들의 사기진작(?)을 위해 등장했다는 데에서 기생의 등장이 권력의 이동, 국가의 통치 전략과 밀접하게 닿아있다는 것을 쉽게 알아챌 수 있을 것이다. 여기에 고구려의 경우, '무'를 숭상했던 시대적 분위기도 고려해볼 수 있다. '풍속이 음탕한 것을 좋아한다'거나 '부녀자들이 음란하고 절도가 없다'는 중국 사서의 기록은 전쟁, 무(武)로 대표되는 남성다움을 숭상하고, 이를 위해 천민 여성의 성을 이용했던 고구려 사회의 한 단면을 보여주는 것이라 하겠다. 신라의 창녀, 고구려의 유녀가 고려와 조선 양대를 거치며 정착된 관기와 같이 공·사적 행사에 동원되었는지 그 여부는 확실히 알려지지 않았다. 김유신이 입신을 위해 버렸던 천관녀가 원한 맺힌 사(詞)를 지었다는 구절로 보아 그가 단순히 성만을 파는 창녀가 아니라 가무에 조예가 있는 기생의 역을 했으리라는 추정만 해볼 뿐이다. 고구려 무용총(舞踊塚) 벽화에도 한삼(汗衫)을 두르고 집단적으로 춤추는 남녀가 나타나는 것으로 보아 이 시기 이미 가무를 직업적으로 하는 자들이 있다는 것을 알 수 있다.[10] 다만 이들이 곧 유녀인지는 확인할 길이 없다.

　기생의 지위와 역할은 고려시대 관기 제도가 뿌리내리면서 윤곽이 드러나기 시작하였다. 고려시대에는 교방이라는 기구를 중심으로 관기들을 중앙에서 통제하였다. 교방의 정확한 설립 기점을 알 수는 없지만 건국 초부터 교방이 존재하고 있었고 이는 고려의 관기 제도가 건국 초부터 시행되었다는 근거가 된다. 사실 고려조 관기 제도에 대한 기록은 조선조만큼 풍부하게 전하지는 않아, 정확한 시기와 계통을 세우기에는 곤란하다. 다만 관기의 기원으로 지목되는 양수척 여인 중 일부가 각 읍의 기녀로 자리 잡고, 중앙에서는 교방의 여제자에게 가무를 가르쳐 여악으로 사용했던 것 정도의 윤곽은 그려볼 수 있다.

여기에서 분명히 짚고 넘어가야 할 부분은 이 시기 관기 제도가 정착되어 가는 과정과 중앙집권 체제가 공고해지는 시기가 거의 일치하고 있다는 점이다. 왕의 권위를 세우고, 이를 뒷받침할 수 있는 제도와 기구의 마련에 골몰했던 광종과 문종이 한결같이 기생에 대해 우호적인 태도를 취했다는 것은 우연의 일치라고만 할 수 없다.

고려 관기 제도의 골격은 조선조에 거의 원형대로 전수되어, 『경국대전』에 기생의 지위와 역할을 명문화하기에 이르렀다. 그런데 『경국대전』에는 사족 여성에 대한 통제와 교화의 방식 역시 정교하게 서술하고 있다. 이 사실만으로도 기생을 관리하고 통제하는 관기 제도가 실은 여성통제책과 굳건히 결합되어 있다는 것을 능히 알 수 있다. 성종 때 법제화된 사대부 여성의 개가 금지 조항은 정절 이데올로기를 구체화한 대표적 여성 통제 장치라 할 수 있다. 이 정책은 또한 조선조를 통틀어 가장 성공적인(?) 여성 통제책으로도 기록될 수 있을 것이다. 사대부 여성뿐 아니라 정절의 의무가 없었던 평민·천민 여성도 이 대열에 가담하였다. 수절하는 정도가 아니라 남편이 죽으면 상례를 정성껏 치른 후 따라 죽는 일이 생겨났고 타의에 의해 훼절했다는 이유로 자살하는 여인들이 속출하였다. 물론 국가는 이들에 대해 '열녀'라는 이름을 줌으로써 응분의 보상을 하였다. '열녀'가 배출된다는 것은 가문에게는 영광이며, 경우에 따라서는 기울었던 집안을 일으킬 수 있는 유력한 통로이기도 했다. 국가는 정표·정책(旌表政策)[11]을 통해 열녀에게는 천역을 면제해주는 등의 실질적 보상과 도덕적 보상을 해주고, 개가한 여성의 자식은 관직 등용을 제한하고, 개가를 주선한 자는 도덕적으로 매장하는 양날의 칼을 휘두름으로써 여성의 성을 효과적으로 통제하였다. 이러한 통제책은 여성의 몸

(혹은 남녀의 몸 모두)에서 본래의 육체성을 소거하고 도덕적 결단을 부단히 구체화하는 윤리적 실체로 귀속시키는 결과를 낳았다.[12]

그러나 창기의 혁파를 반대한 허조의 변을 굳이 인용하지 않더라도 규범이 본능을 완전히 제어할 수 없는 부분이 생겨나게 마련이다. 관기 제도는 지배 담론이 허용하는 범위 내에서 특권층 남성에게 주어졌던 일탈의 방식, 말하자면 일종의 합법적 외도였던 셈이다. 따라서 개가한 여성의 자식은 관직 등용을 제한한다는 규정이 명문화된 『경국대전(經國大全)』에 '군사 가운데 아내가 없는 자를 위해 지방에 기생을 둔다'는 조항이 충돌 없이 병존할 수 있었던 것이다.

자신에게 주어진 외도의 특권을 스스럼없이 행사하기 위해 지배 세력은 기생의 모성을 제도적으로 박탈하였다. 기생에게 '공천(公賤)'의 굴레를 씌워 만인의 연인, 만인의 위안부로 존재할 것을 강요했으며 혹 아이가 생기더라도 아버지의 의무는 면제되었다. 엄격한 부권 사회였던 조선에서도 유독 기생의 자식에게는 어머니의 신분을 따르게 하는 종모법(從母法)을 적용했다. '기생이 자신의 아이를 양인으로 만들기 위해 타인의 아버지를 자신의 아버지라 주장하는 폐단을 막기 위해서'라는 그럴듯한 근거를 제시했지만, 기생 소생으로 인해 가문의 질서가 흔들리는 것을 원하지 않았기 때문이 아닐까? 물론 대비정속(代婢定屬)이라는 예외 규정이 있어, 기생 혹은 기생의 자녀 대신 다른 관비를 관에 들여놓고 천역을 면하는 방법이 있기는 하였다.[13] 그러나 그것은 어디까지나 후원자의 전폭적인 시혜에 전적으로 의존하는 '예외규정'일 뿐이었다.

자신이 낳은 아이에게 천출이라는 멍에를 물려주지 않기 위해서 기생은 가부장제 사회에서 여성의 의무이자 거의 유일한 특권이었던 모성을 접을 수밖에 없었다.[14] 그러나 기생 아이의 신분 문제가 지속적으로 제기되는 것을 보면 역시 그 시절에도 법보다는 인정이 가까웠던 것 같다.[15]

관기 제도는 한말 갑오개혁을 계기로 기생이 관비의 신분에서 해방되면서 변화를 맞이하게 된다. 그러나 기생의 집단 면천 이후에도 여전히 기생들은 국가의 전례에 여악과 여령으로 참여하고 있었다. 다만 기생의 지위 변화는 기생 사회에 일대 변혁을 몰고 왔다. 태의원(太醫院)과 상방에 소속된 기녀, 고종 때 평양에서 중앙으로 대거 뽑아 올린 선상기(選上妓)들이 서울에 있었지만 이들에 대한 관의 통제력은 약화된 채 이들은 시민사회와 직접 대면하기 시작하였다. 이들 중 서울에 근거지를 둔 기생은 대개 시방을 둔 유부기였지만 평양에서 상경한 기생들은 어머니를 따라 상경한 무부기들이었다. 이들은 1908년 9월 조선총감부 산하의 경시청에서 내린 〈기생단속령〉과 〈창기단속령〉에 의해 '조합' 형태로 활동하기 시작하였다. 이는 조선조 5백년 동안 유지되던 관기제의 해체와 기생제의 식민화를 의미하는 것이었다. 기생조합 설립과 경영을 맡은 이들은 대개 기부 노릇을 하던 사처소 외입장들이었고, 그 후에는 친일파 유력 인사들이 뒤를 이었다. 친일파들이 기생조합의 설립과 경영에 참가한다는 것은 기생조합과 일제의 관련성을 알 수 있게 하는 대목이라 하겠다. 실제로 일제는 조합을 기생을 효율적으로 관리하는 수단으로 이용했을 뿐만 아니라, 조선의 기생을 자국민을 조선으로 끌어들이는 유인책으로 사용하기도 하였다.

기생조합은 1914년 일본풍이 본격적으로 유입되면서 권번(券番)으로 이름을 바꾸었다. 이에 따라 광교조합은 최대의 권번인 한성권번으로 바뀌고, 평양기생들이 주축이 되었던 다동조합은 대동권번으로 이름을 바꾸었다. 한성권번에는 동기(童妓)들에게 가곡, 가사, 시조, 경기잡가, 서도잡가, 정재무, 민요, 묵화 등 다양한 과목을 개설하여 가르쳐 조합과 교육기관의 역할을 겸하였다. 당시 권번은 관청의 허가를 받아 일종의 주식회사 형태로 운영되었다. 권번은 기생을 발굴하여 교육하고, 일정 기간의 학습을 마친 기생을 요릿집과 연결해주는 방식으로 기생 조직을 관리해 나갔다. 허가를 받은 기생은 일급 요릿집이었던 명월관, 국일관으로 불려 다녔고, 요릿집에서는 손님을 유치하기 위해 기생의 사진을 담은 홍보자료를 돌리기도 하였다. 관에 매였던 기생이 이제는 서서히 이윤의 논리에 따라 움직이기 시작한 것이다.

이렇듯 기생의 역사는 여성이 참여한 예술의 역사이면서 매춘의 역사이다. 동시에 이것은 여성의 재능과 성, 노동력을 포함한 여성의 몸 일체를 어떻게 통제하고, 다스리고, 이용했는지를 보여주는 권력과 제도의 역사이기도 하다. 이것은 기생 및 기생 제도의 변천사가 지배 담론의 동향에서 벗어날 수 없었던 저간의 사정을 말해주고 있다. 왕조와 왕권의 교체, 신분 정책과 문화 정책의 변화, 예악(禮樂)의 정비와 같은 의미 있는 국면마다 기생에 대한 논의는 끊임없이 제출되었다. 근대를 향한 주요한 도정이었던 갑오개혁과 함께 관기 제도의 철폐가 이루어진 것이나 기생조합의 부침이 일제 정책의 굴곡과 궤를 같이 했던 것도 이러한 맥락에서 살펴볼 수 있다.

3. 지금 기생을 이야기하는 이유

기생은 신분제의 최하층을 이루는 관비로 관가의 공물과 같은 존재였다. 그러나 기생이 담당했던 역할은 당대에도 이미 천출의 굴레를 넘어서고 있다. 전통적으로 기생이 수행한 역할은 가무를 담당하는 여악, 의료 행위의 일선에 섰던 의녀, 바느질을 하는 침선비로 나누어 볼 수 있다.[16] 드라마 '허준'이나 '대장금'으로 그 존재가 널리 알려진 의녀는 약방기생으로, 침선을 담당했던 이들은 상방기생으로 불렸다.

기생이 의료 행위를 담당했던 사실은 이채롭다면 이채로운 대목이라 하겠다. 의녀제도는 태종 때부터 시행되었다고 하는데, 그 저변에는 조선조의 엄격한 내외법이 자리하고 있었다. 즉 부녀자 환자는 남성 의원이 진료할 수 없으므로 의녀가 그 역을 담당케 했던 것이었다. 의녀는 각 지방 관비들 중 선발되었다. 이들에게 문자를 가르친 후 중앙에 보내면 제생원(濟生院)에서 이들의 교육을 담당했다. 교육내용은 주로 침놓는 법, 약 달이는 법 등으로 의료 보조 행위에 가까웠다. 기술을 습득한 의녀 중 뛰어난 일부는 혜민국(惠民局)이나 내의원(內醫院)에 소속되어 중앙에 남아있고, 대개는 원래 선발한 본읍으로 환송되었다.[17] 의녀들은 평소에도 침통을 저고리에 꽂고 다니며 침을 놓고 약을 달이는 등 의료 활동에 종사하다가 궁중 행사가 있을 때에는 성장하고 가무를 담당하였다.

그러나 이것은 어디까지나 법제상 규정된 기생의 역할이었다. 이것 외에 기생은 남성의 성적 요구에 응하는 매춘 여성의 역할까지 담당하였다. 물론 기생의 수청은 변방 군관이나 외국 사신의 접대에만 해당되었고, 사적인 수청은 법적으로 금지되었다. 그러나 기생과의 동침과 관련된 스캔들, 기생첩에 관한 시비 등이 끊이지 않은 것을 보면 수청이라는 형태의 매춘은 암암리에 존재하고 있었던 것으로 보인다. 기생 역시 관에 묶여 있는 관비의 신분이었지만 관이나 궁중의 부름이 없을 때에는 기방에서 고객을 상대로 사사로이 영업을 하거나, 양반이나 사대부의 잔치에 불려가기도 하였다. 사사로운 영업이나 수청은 원칙적으로는 금지되었지만 실제로 광범위하게 존재하고 있었고, 조선 후기 기생에 대한 관의 통제력이 현격하게 약해지면서 이런 경향은 광범하게 확산되어 갔다.

그러나 굳이 황진이와 서화담의 로맨스를 떠올리지 않아도 기생과 사대부도 사람인 이상 수청을 받드는 관계를 넘어 남성의 연애 상대가 되기도 하고 신분과 성을 초월한 진지한 우정의 상대로 자리잡기도 한다. 사실 사대부와 기생과의 로맨스는 조선조에서 가능한 유일한 자유연애라 할 수 있다. 그러나 이들의 연애에는 당연히 숱한 어려움이 도사리고 있었다. 대부분의 기생은 '천역', '해어화'라는 자신의 역할에 위축되어 스스로 주변인으로 국한시켜버리는 경우가 허다하다. 그 한계를 넘어 당당한 '개체'로 인정받고자 할 때 감당해야 할 몫은 온전히 기생의 것이었다. 그러나 기생의 개인적 불행과 딜레마는 자신의 정체성에 대해 치열한 물음을 제기하는 계기가 되었다. 대부분의 여성이 집단의 일원, 가문의 일원으로만 존재했던 중세적 현실에서 기생만은 남달리 명민한 자의식을 소유할 수 있었던 것, 그리고 이것이 공적 영역에서 문학과 예술로 개화할 수 있었던 것은 '역설적 축복'이었다.

근대로 접어들면서 기생이 '신여성'의 일부를 이루며 봉건적 여성관으로부터 재빨리 이탈할 수 있었던 것도 중세 내에서 이미 '근대적 주체'를 체득했던 그들의 삶의 내력과 무관하지 않다. 그들은 제도적 통제 속에서 봉건적 관습과의 충돌을 기꺼이 감내할 만큼 내공을 부단히 쌓아왔던 것이다.

지금 기생에 새삼스레 주목하는 이유도 바로 여기에 있다. 지배담론에 철저히 조율된 존재이면서 실상은 이에서 이탈하는 역을 담당했던 기생은 어쩌면 '성정치'의 최전선에 서 있는 전위였다고 할 수 있다. 여성에 대한 성적 통제가 강하던 시절 기생은 섹슈얼리티 자체로 인정받을 수 있었던 거의 유일한 여성 집단이기 때문이다. 아울러 기생이 고급문화와 기층문화의 매개역을 담당하였으며 18세기부터 다양하게 분출된 하위문화의 숨은 주역이었다는 점, 1920년대부터 가수와 배우로 활약하면서 대중문화의 여명기를 일구었다는 점도 짚고 넘어가야 할 것이다. 기생의 문화적 파급력을 진단하고 이를 복원하는 것은 몇몇 기생을 일급 예술가로 예우하고 미화하는 것보다 한결 중차대한 일이라 할 수 있다.

| 주 |

1 김동욱, 「이조기녀사 서설 – 사대부와의 관련을 중심으로」, 『아세아여성연구』, 숙명여자대학교 아세아여성연구소, 1972.

2 김동욱, 위의 글

3 김용숙, 『조선여속사』, 민음사, 1989.

4 이익, 국역, 『성호사설』, 민족문화추진회, 1977.

5 이능화, 『조선해어화사』, 이재곤 옮김, 동문선, 1992.

6 외엽장(外獵匠)이라고도 불린다. 여색의 사냥을 즐기는 자에 대한 비하의 개념인데, 주로 기생의 서방 노릇을 하는 각 전의 별감, 포도군관, 궁가의 청지기 및 무사를 사처소(四處所) 외입장이라 한다.

7 이능화, 앞의 책.

8 김용숙, 앞의 책에서 재인용.

9 고구려의 오기.

10 김용숙, 앞의 책.

11 효자와 열녀를 국가적으로 발굴하여 표창하던 제도.

12 열녀에 대한 시각의 일단을 담은 '열녀전'에서는 여성의 몸을 윤리를 실현하는 실체로만 파악하여 여성의 육체를 관념화하고 있다고 지적한다. 홍인숙, 「조선 후기 열녀전 연구」, 이화여자대학교 석사학위 논문, 2001.

13 경판본 '춘향전'에서는 이도령이 춘향을 대비정속하여 기안에서 이름이 삭제되었으므로, 수청의 의무가 없다고 진술하는 장면이 등장한다. 이는 기생 춘향의 수절을 합리적으로 설명하려는 의도의 소산으로 보인다.

14 모성을 차단하기 위해서 기생들 사이에는 피임법이 전수되고 있었다 한다. 그 중 하나가 부드럽게 만든 한지를 비단실로 묶어 질 안에 삽입하는 방식이었다고 한다.

15 이것을 기생을 유지·관리하는 법제적인 면과 실제 운용 사이의 간극으로 보기도 한다. 조광국, 「기녀담, 기녀 등장 소설의 자의식 구현 양상에 관한 연구」, 서울대학교 박사학위 논문, 2000.

16 장사훈, 「이조의 여악」, 『아세아여성연구』 9집, 숙명여자대학교 아세아여성문제연구소, 1970.

17 장사훈, 위의 글.

2
조선시대 유모의 자격과 역할의 편린을 찾아서

| 박미선 |

　오늘날에는 모유가 부족할 경우 분유로 유아의 영양 공급을 대체할 수 있게 되었다. 하지만 조선시대에는 모유가 부족하거나 생모가 병에 걸려 수유가 어렵거나 사망했을 경우, 유모를 고용하여 아이에게 젖을 먹였다. 이 외에도 수유 중 여성의 성생활을 금지하는 의학적 지식, 아이의 무병장수를 위해서 생모보다는 유모를 통해 길러야 한다는 점괘, 천자나 제후의 자녀에게 식모(食母), 자사(子師), 자모(慈母), 보모(保母), 유모(乳母) 등 별도의 양육 및 보양자를 두도록 한 고례(古禮)의 전통 등이 아이를 생모가 아닌 유모의 손에서 자라나도록 하는 데 영향을 끼쳤다.

　이처럼 조선시대 각 가정에서는 신분과 처지에 따라 다양한 이유로 유모를 두었으며 아이는 유모의 젖을 먹고 무사히 성장할 수 있었다. 즉, 아이는 낳아주신 부모의 은혜와는 다른 젖 먹여 키워 준 유모의 은혜를 입게 된다. 이와 같은 특정한 명분(名分)은 유모가 죽었을 때,

유모를 위해 시마(總麻) 3개월의 복을 하는 것으로 규정되었다. 조선 초 '유모 시마'의 범위는 아버지의 첩이면서 수유를 담당한 자였지만 태종 3년(1403)에는 모든 유모로 범위가 확대되었다. 이후 '유모 시마'는 『경국대전』에 규정되었지만 유모의 신분이 낮았기 때문에 조선 후기까지도 그 적용 여부가 논란이 되었다. 하지만 1913년 조선총독부에서 작성한 『관습조사보고서』에도 '유모 시마'가 기록되어 있어, 유모가 오랜 기간 수유라는 특정 노동을 담당하던 의미 있는 역사적 존재였음이 확인된다. 그렇다면 오늘날에는 생경하게 보이는 조선시대 '수유 주체로서의 유모'의 자격, 역할, 대우 그리고 사회적 위상은 어떠했는지 살펴보기로 하자.[1]

조선시대 유모는 공천(公賤)이나 사천(私賤), 혹은 양인 가운데에서 선발되었다. 우선 원자의 유모는 대체적으로 각사의 여종 중에서 선발하였던 것으로 생각되는데, 후기에 들어서서 원자를 국본(國本)으로 중시 여기게 되면서 천인을 유모로 삼는 일이 줄어들었다. 세손 시절 정조의 유모도 양녀 중에서 선발되었는데, 특히 왕위 계승권자인 세자나 세손의 유모는 다른 왕실 자녀의 경우보다 좀 더 신중하게 선택했음을 알 수 있다. 다음으로 대군이나 왕자군 자녀의 유모는 사천이나 공천 중에서 선발되었다. 양녕대군은 전중추(前中樞) 곽선(郭璇)의 첩(妾)인 어리(於里)와의 사이에서 아이가 태어나자 처부(妻父), 곧 숙빈김씨(淑嬪金氏)의 아버지인 김한로의 여종 중에서 유모를 선택하였다. 세종의 서(庶) 3 남인 의창군(義昌君) 이강(李玒)의 아들은 예빈시(禮賓寺)의 비(婢)인 세존(世存)에게 양육되었다. 세조 2년(1456) 반역을 도모하여 함양에 안치(安置)된 한남군(漢南君)과 임실에 안치된 영풍군(永豊君)이 아들을 낳자 해당 경상도와 전라도 관찰사에게 유시(諭示)를 내려 소재 읍의 비(婢)를 유모로 삼아 관급(官給)하도록 하였다. 사대부가 유모의 신분은 대체로 천인에 해당하였다. 이는 『양아록』의 저자 이문건이 손자가 태어난 지 닷새째 되는 날 아이의 무병장수를 점쳐서 멀리 떨어져 살고 있던 여동생 소유의 여종 중에서 유모를 물색한 사실에서 알 수 있다.[2]

왕실에서 유모의 선발권을 가진 사람은 국왕이나 자전(慈殿) 등 왕실의 어른이었다. 국왕은 승정원에 전교하여 각사(各司)의 여종 중에서 유모를 별도로 뽑도록 하였다. 또는 내전(內殿)에서 협의하여 자전이 유모 초택 명령을 내려 선발하기도 하였다. 왕실에서는 통상적으로 아이의 출산 전에 유모를 선발하였지만 상황에 따라 아이가 태어난 이후 선택하기도 하였다. 사대부가에서의 유모 선발도 앞서 살핀 이문건의 사례에서 알 수 있듯이 집안 어른이 직접 담당하였다.

그렇다면 유모 선발의 심성적·신체적 조건은 어떠했을까? 조선시대 대표적인 의학서인 『향약집성방』, 『의방유취』, 『동의보감』 등에는 유모로서의 최적의 조건은 물론이고, 유모를 선발할 때 피하고 주의해야 할 제반 사항을 싣고 있다. 이에 따르면, 유모는 성품이 온화하고 인품이 좋으며 외모가 단정한 사람을 선발하도록 강조하고 있다. 또한 액취증이 있거나, 기침을 하거나, 부스럼, 옴, 습진, 탈모증, 입술이 허는 병, 코막힘증, 어지럼증 등의 질병을 갖고 있는 자는 유모 선발에서 제외하도록 하였다. 아울러 귀가 먹은 자 등 신체에 장애가 있는 자들도 유모에 적합하지 않다고 적어두었다. 이는 유모의 성품과 신체 조건이 수유를 통해 아이에게 그대로 전해질 것이라는 믿음 때문이었다.

실제로도 유모의 조건이 이러하였는가 하는 의문은 순종의 시종

관이었던 일본인 곤도 시로스케(權藤四郎介)가 순종의 유모였던 조종응의 외모를 회고한 글을 통해 알 수 있다.

(조종응은) 당시 60세가 넘은 노인이었지만 눈과 눈썹이 아름다웠으며 풍만한 몸매는 나이보다도 훨씬 젊어 보이게 하였다. 그리고 비록 나이가 들기는 하였지만 단아한 말씨와 우아한 태도로 보아 그녀가 전형적인 조선 미인의 모습을 보여주는 듯하였다.[3]

위에서 언급한 조종응의 외모는 각종 의서에서 유모의 이상적인 조건으로 기록해 둔 내용과 거의 일치하고 있음을 알 수 있다.

그런데 유모 선발에 있어서 실질적으로 더 중요한 것은 바로 유즙(乳汁)의 다과(多寡)였다. 영조 29년(1753) 한성부 북부의 양녀(良女) 윤임상(尹任商)의 처는 유즙이 부족한 기존의 유모를 대신하여 왕실의 유모가 되었다. 또한 이문건의 『묵재일기』를 보면 손자를 위하여 유즙이 풍부한 집안 여종을 유모로 뽑아 사환한 사실을 알 수 있다. 이는 유모의 가장 중요한 역할이 수유였기 때문에 유즙이 많아야 했음을 뜻한다. 때문에 유모는 가임기의 여성 중에서도 출산한 여성들이 주로 담당하였다. 숙종의 유모는 20세에 뽑혔으며, 순종의 유모였던 조종응도 16세에서 25세 사이에 유모가 되었던 것으로 추산된다.

한편 의서에는 수유 기간 동안 유모의 행동 양식에 대해서도 자세히 기록해 두었다. 우선 콩과 장, 부추, 마늘, 무 등의 섭취를 금하였다. 또한 수유의 방식에 있어서도 봄·여름에 더운 곳에서 일을 하다가 젖을 먹이거나 가을과 겨울철 몸이 추울 때 먹이는 것을 금하였다. 그리고 화를 내거나, 술을 마셔 취하거나, 임신하거나, 아프거나, 토하거나, 배불리 먹고 체할 때 젖을 먹이지 못하게 하였다. 유아에게 젖을 먹일 때에는 고여 있던 젖을 짜서 버린 후에 주도록 하였고, 수유 중에는 여성이 성생활을 하는 것도 금지하였다.

수유는 이처럼 여성의 활동을 제약하였다. 그뿐만 아니라 아이에게 병이 있을 때에는 아이의 치료를 위해 관련된 약을 유모에게 먹이고 젖을 먹이도록 하였다. 숙빈 최씨(淑嬪崔氏)와 숙종 사이에서 태어난 갓난아기 시절의 영조는 젖을 먹지 못하고 자꾸 토했다. 아이가 젖을 먹게 하기 위해서 유모는 전씨백술산에 백작약 볶은 것 1돈을 첨가해서 연달아 4, 5첩을 달여 매일 두 번 복용하였다. 당시 유모의 젖은 아이에게 각종 질병을 전달할 수 있는 매개체임과 동시에 이이의 치료를 위한 통로로 인식되었음을 알 수 있다.

이상에서 살핀 바와 같이 유모의 역할 중 수유가 가장 중요했지만, 수유 기간이 끝나더라도 유모의 임무가 끝난 것은 아니었다. 왕실 유모는 수유 이외에도 왕실 가족의 일상생활을 보살피며 아이의 성장과 함께 늙어갔다. 또한 혼례나 상례, 진연 등 왕실 의례에 참석하여 궐내 여성 직무자로서 역할을 하였다. 조종응은 순종이 성장하여 "환란을 두루 겪을 때에" 늘 곁에서 모셨다. 혜경궁 홍씨의 유모는 혜경궁 홍씨가 왕실 어른들에게 문안 인사하는 시간에 늦지 않게 깨워주었고, 출산을 도왔다. 또한 왕실 가족의 목욕을 담당하는 등 왕실 가족의 내밀한 사생활의 영역에서 활동하였다. 유모는 이러한 아이의 일상생활을 부모인 왕과 왕비에게 보고하였다. 양녕대군의 유모는 원경왕후에게 양녕대군이 "보통 때에 독서하여 밤 2경(更)에 이르러서야 파(罷)한다."라고 하여 그의 일상을 보고하였다. 왕실 유모가 이러하였듯이 사대부가의 유모 역시 수유기 이후에도 아이의 일상을 보살피는 업무를 하였다. 『서암집』의 저자 신정하(申靖夏)는 오늘날 통상적인 수유 기간을 훌쩍 넘어선 일곱 살까지 유모의 젖을 먹었다. 신정하의 유모는 그가 공부할 때에 앉아서 불을 밝혀 주었고, 과거에 낙방하였을 때도 그 누구보다 슬퍼하였다. 유모는 자신이 양육한 아이가 성장한 이후에도 지속적인 관계를 맺고 있었으며, 노년에 가족이 모두 사망하고 없을 때에는 자신이 양육했던 아이에게 의탁해 지내기도 하였다.[4] 이처럼 수유라고 하는 한시적인 역할에 머무르지 않고 그 아이의 성장 과정에서 지속적으로 큰 도움을 주며 친밀한 관계를 형성하였기 때문에 유모는 노년에 자신이 양육했던 아이에게 경제적 도움을 받을 수 있었던 것이다.

특히 왕실 유모는 업무에 대한 반대급부를 호조 곧 국가기관에서 지급받았다. 조선 전기부터 국왕의 유모인 봉보부인에게는 녹봉과 의전, 선반이 지급되었고, 나머지 왕실 유모들에게도 요미(料米)가 지급되었다. 조선 후기에는 그 내용이 좀 더 구체적으로 확인된다. 자전·왕·중궁·세자·세자빈·대군·왕자군·공주·옹주·군주·현주 등의 유모에게는 매일, 2일 또는 3일에 한번, 특정 산물이 나올 때, 제삿날인 국기일, 매달, 봄과 가을, 음력 정월 4월 7월 10월의 사맹삭, 절일, 1년 등 특정 일자에 자신이 노역을 제공한 왕실 가족의 지위에 따라 차등적으로 물품을 지급받았다. 유모에게 지급된 물품의 양은 최소한 내명부의 궁녀들에게 지급된 것보다 많았으며 후궁보다는 적었는데, 이러한 대우는 왕실 유모의 제반 업무가 무수리는 물론이거니와 궁녀의 업무보다는 중요하게 인식되었지만, 후궁보다는 낮았음을 의미한다.

■ 봉보부인	中米 3升, 泡太 4升5合, 芥子 9夕, 甘醬 1升5合, 艮醬 3合
■ 자전 · 중궁 · 세자(빈) · 세손(빈) · 원자(빈)의 유모	中米 3升, 泡太 2升6合, 芥子 6夕, 甘醬 9合, 艮醬 3合
■ 원손(빈) · 대군(부인) · 왕자(부인) · 공주 · 옹주 · 군주 · 현주의 유모	中米 2升5合, 泡太 2升, 甘醬 4合, 淸醬 1合6夕
■ 尙宮 · 侍女	中米 2升5合, 泡太 2升, 甘醬 4合, 淸醬 1合6夕
■ 水使	中米 2升5合, 泡太 1升, 甘醬 2合, 淸醬 1合
■ 水母 · 巴只 · 閣氏	中米 2升, 泡太 6合, 甘醬 2合
■ 房子 · 乳母陪婢	中米 2升, 甘醬 2合

* 출전 : 『탁지정례』

유모에게는 별도로 여종도 배속되었다. 왕의 유모에게는 차등적으로 많은 수의 여종을 배속하였고, 이 외에도 중궁 · 세자 · 세자빈 · 세손 · 세손빈의 유모에게도 여종이 배속되었다. 또한 왕의 유모는 외명부 종 1품의 봉보부인으로 봉작하였으며[5] 대한제국 시기에는 훈장을 서훈하였다. 순종의 유모였던 조종응은 1909년(순종 2) 황후에 의해 훈 4등의 훈장을, 다음 해 다시 훈 3등의 훈장을 받았다.

이외에도 유모가 죽으면 그녀의 죽음을 애도하며 제문이나 광지(壙誌) 등을 지어주었다.

나는 어려서부터 약하고 병이 많았다. 7세가 되어서도 젖을 먹었는데 김 씨
는 자신이 낳은 아이에게는 젖을 끊고 나에게 먹이기를 7년을 한결같이 하였
으니 그 근실하기가 이와 같았다. 나는 성인이 되어 독서를 좋아했다. 김 씨
는 등불 뒤에 앉아서 글 읽는 소리를 들으며 혹 기름을 더 붓고 심지를 돋우
면서 책 읽는 것을 도왔다. 내가 점점 명성을 얻게 되자 (김 씨는) 빨리 공명
을 이루어 당대에 현달해지기를 바랐다. 그런데 나는 과거에서 여러 번 낙방
하였고 (김 씨는) 떨어졌다는 소식을 들을 때마다 한바탕 울었다. 나는 을유
년 겨울, 증광시에 붙어 갈옷을 벗었다. 그러나 김 씨는 땅에 들어간 지 이미
해를 거른 뒤였다.[6]

위와 같이 신정하는 유모 김 씨가 자신의 아이보다도 그를 위해
수유해주며 돌보아준 행적을 기록하며 그녀의 죽음을 슬퍼하였다. 유
모를 애도하는 제문이나 광지는 이 외에도 김주신, 박필주, 이익, 조구
명, 김종후, 오재순, 정종로 등 여러 사대부의 문집에서도 나타나 유모
에 대한 애틋한 감정을 확인할 수 있다.

왕 역시 유모의 죽음에 애도를 표현하였다. 세종은 1449년(세종 31)
봉보부인 이 씨가 죽자 승정원에 명하여 상장에 소용되는 물품, 관곽
(棺槨), 조묘군인(造墓軍人)을 마련해서 지급하도록 하였고, 성종은 예종(睿
宗)의 봉보부인 김 씨(奉保夫人金氏)가 죽자 그에 대한 부의로 쌀과 콩(米·豆)
50석, 종이(紙) 100권, 정포(正布) 40필, 백저포 3필, 관곽을 지급하도록 하
였다. 1490년(성종 21)에는 종 1품 종척과 재신의 례(例)에 따라 봉보부인
의 상장(喪葬)을 치르도록 하고 치제문을 보냈다. 치제문은 종척(宗戚)이
나 재신(宰臣)의 상장에 보내는 것으로서 봉보부인에게도 동급의 예우
를 하여 망자에 대한 추모의 정을 담았다.

유세차(維歲次) 무오(戊午)년 8월 을묘(乙卯) 삭(朔) 초 8일 임술(壬戌)
이왕(李王)께서 고(故) 종 1품 봉보부인 훈 3등 한양 조씨의 영전에 치제문
(致祭文)을 보내셨다.

봉보부인상성복일치제 친찬문

옛날에 유모는 반드시 덕성이 있는 이를 택하였으니
봉보(奉保)의 현명함은 옛부터 당할 자가 없었도다.
온화하고 순박하며 단정하고 신중함은 여사(女士)의 행실인데
궁에 들어와 내 유모가 되어 능히 정성과 공경을 다하였네.
내가 중년의 나이가 되도록 거의 질병이 없었고
환란을 두루 겪었으니 공훈과 노고가 매우 크도다.
은우(恩遇)로써 우리 두 임금을 담당하였는데
항상 내 곁에 있으되 기력이 오히려 군세었지.

어찌 병이 생기지 않겠는가 천명은 어찌할 수 없다네.
슬픔을 머금고 제사를 드리니 내 회한은 다함이 없도다.[7]

1918년(순종 11) 8월 왕의 유모인 한양 조씨 조종응이 죽자 순종은 그녀의 상(喪)에 3천원을 하사하였다. 또한 고인이 된 조종응의 제사에 위와 같은 치제문을 보내어 어려서부터 늘 곁에서 함께 하였던 봉보부인의 공로를 밝히는 한편 그녀의 죽음을 슬퍼하며 국가 차원에서 애도하고 대우함으로써 그 은의를 드러내 보였다.

***

조선시대 유모는 자신의 신분보다 높은 집안의 아이에게 수유하고 양육하는 역할을 맡으며 그에 상응하는 대가를 받았다. 유모가 죽으면 시마 3개월의 상복을 하도록 법제상 규정되어 있었으며, 이 외에도 다양한 물품 수여를 통해 유모의 노동에 대한 경제적 보상이 이루어졌다. 유모는 왕실에서는 수유와 양육을 담당하는 특정의 직무자였고 사대부가에서는 노비사환(使喚)의 일환으로서 특정 역을 맡았다.

하지만 수유 대상인 아이와 수유 주체인 유모의 관계는 단순한 계약관계를 떠나 아이의 성장과정이나 성장 이후의 일상생활 속에서 보다 유기적이고 의제적으로 나타났다. 유모는 그 아이를 마치 자신의 친자식처럼 보살폈으며, 그 아이도 유모를 어머니의 예로서 대우하였다. 유모와 아이의 관계는 비록 신분의 차이가 있었지만 사적 가족관계로까지 발전하는 의제성(擬制性)을 띠었음을 알 수 있다. 조선시대에 유모에게 보살핌을 받은 아이는 성인이 되어 유모의 죽음에 대해 제문을 지을 정도로 유모에게 깊은 정을 갖게 된 것도 이러한 까닭이다.

한편 왕실 유모의 경우에는 왕실 자녀와 키워준 은혜에서 비롯된 사적 관계로만 맺어졌던 것은 아니었다. 봉보부인을 제외한 나머지 유모는 비록 외명부나 내명부에 소속되어 있지는 않았지만 그들의 노역에 대한 반대급부인 의전, 선반 등을 호조에서 지급받음으로써 왕실 가족 개인의 충신이 아닌 궐내의 여성 직무자로서의 공적 성격을 유지하였던 것이다. 하지만 때로 공적 성격이 축소되면서 사적이고 의제적인 관계와 감정을 낳는 경우도 있었는데, 이러한 경우 신하들의 비판을 유발하기도 하였다.

| 주 |

1 본고는 졸고 「유모의 죽음 앞에 바친 국왕의 애도문-조선시대 유모의 자격과 역할의 편린을 찾아서」(『여성이론』 22호, 2010)와 「18 · 19세기 왕실유모의 범위와 위상」(『史叢』 73, 2011)의 내용을 바탕으로 정리하였음을 밝혀둔다.

2 안승준, 위의 논문.

3 權藤四郞介, 『李王宮祕史』, 京城 : 朝鮮新聞社 大正15(1926); 이언숙 역, 신명호 감수 · 해설, 『대한제국 황실 비사』, 이마고, 2007, 61쪽.

4 이은영, 「한문 산문에 투영된 어머니-18세기 八母 服制 담론과 어머니 관련 글들을 중심으로」, 『한국고전여성문학연구』 14, 2007, 141-143쪽.

5 신명호, 『궁녀』, 시공사, 2004, 125-131쪽; 한희숙, 「조선 전기 奉保夫人의 역할과 지위」, 『朝鮮時代史學報』 43, 2007.

6 이은영, 앞의 논문, 141쪽.

7 · 서명 : 봉보부인상성복일치제친찬문(奉保夫人喪成服日致祭親撰文)

· 간행년 : 1918년 (戊午八月乙卯朔初八日壬戌)

· 형태서지 : A (12.7cm × 24.6cm) B (22.2cm × 25.4cm)

· 청구기호 : S10^11^2750

· MF : MF35-004668

유세차(維歲次)부터 영운운(靈云云)까지의 잘려진 부분(A) 다음에 봉보부인상성복일치제(奉保夫人喪成服日致祭)부터 여회막경(予懷莫圾)까지의 문서(B)로 읽어야 한다. 문서를 자른 상태가 반듯하지 않아 약간의 오차는 있을 수 있지만 가운데 선을 기준으로 왼쪽의 문서가 12.7cm × 24.6cm(A)이고, 오른쪽 문서가 22.2cm × 25.4cm(B)이다. 아울러 치제문은 낭독의 효과를 높이기 위해 가사적 율조를 띄는 4 · 4조의 운문 형식을 갖추고 있다.

3
노동과 유희의 경계, 식민지 시대 까페 여급

| 서지영 |

1. 카페 여급, 그 기묘한 혼종성

『조선일보』 1925년 11월 5일자, 안석영이 그린 "만화로 본 경성"에는 당시 도시공간의 신종 직업여성으로 등장한 카페 여급이 소개된다. "조선 옷 우에 '에프롱' 들르고, '히사시가미'에 고무신 신은 '웨트레쓰'"로 묘사된 카페 여급은 조선인 노동 계급의 물적 기반에 일본 다이쇼 시기 카페 여급을 상징하는 '에프롱'(에이프런)과 신여성들의 최신 헤어스타일 '히사시가미'가 덧붙여진 지극히 혼종적인 형상을 하고 있다. 카페 안에서 지쓰꼬, 마리꼬 등의 일본식 예명으로 불리며 일본말로 남성 고객을 접대한 국적 불명의 여급들은 이후 1930년대에 들어서면서 첨단 도시 문화의 리더로 바뀌어 간다. 1935년 11월 『조광』 잡지에 실린 카페 여급은 조선옷과 에이프런을 벗어던지고 단발에 양장, 화려한 장신구로 치장한 모던걸의 전형으로 변신해 있다. 단일한 기호로 설명되지 않는 카페 여급의 기묘한 표상, 그것은 식민지 도시 경성을 관통한 근대의 흔적들을 각인하고 있는 여성의 몸으로 동시대에 새롭게 소환된다.

카페는 원천적으로 19세기 서유럽에서 사교와 예술(문학)이 향유되고, 철학적 토론과 정치적 여론이 양산된 대중적 문화 공간이었다. 그런데 이러한 카페는 일본으로 유입되면서 젊은 남자(보이)가 아닌 여급이 시중을 들고 고객과의 성애적 상호 작용을 요구하는 일본적 코드로 재창조되어 식민지 조선으로 유입된다.[1] 일본에서 메이지 말년과 다이쇼 시대에 급속히 확산된 카페는 당시 '에로, 그로, 넌센스'라는 구호를 유행시킨 다이쇼 데모크라시의 퇴폐적 문화의 한 현상이었다.[2] 1911년 경 남대문통 3丁目(현 남대문로 3가)의 '타이거' 카페가 최초로 문을 연 이후로, 1930년대에 카페는 명동 일대의 일본인 거류지 남촌과 종로 일대의 조선인 번화가 북촌에서 성업한다.[3] 1910-20년대 도시 유흥 문화의 중심이 기생들의 조선적 아우라와 전통 가무 공연을 내세운 '요리점'이었다면, 1930년대 카페는 요리점에 비해 그 분위기나 절차, 화대(費) 등에 있어서 훨씬 대중적이고 근대적인 방식을 취하고 있어 도시 대중들의 일상 깊숙이 침투하게 된다. 당시 카페의 내부 장식은 서구식과 일본식의 혼합적 분위기였으며, 위스키와 일본술(아사히, 삿포로 맥주), 재즈와 블루스, 유행가, 신민요 등의 다국적 음악으로 채워졌다. "카페는 그 형식의 아주 근대화한 것이다. 飮食이 근대화하얏고, 좌석설비가 근대화한 것이며 종업여성의 치장도 근대화한 것이다."[4] 라는 기술과 같이, 당대의 카페는 재즈 음악과 서양 춤, 서구 취향의 기호물로 채워진, 모더니티가 구현되는 일상의 장이었다. 하지만, 카페는 무엇보다도 '카페의 꽃'이라 할 수 있는 여급의 존재로 특징지어졌다. 인텔리 문사나 샐러리맨들의 고상한 서구 취미 및 예술적 취향을 형성했던 '다방'과는 달리, 카페는 여급들의 '에로 서비스'를 제공하는 유흥 공간이었던 것이다.

> 페인트와 쎄멘트로 장식한 널다란 벽의 선과 색채를 은은히 비취는 전등의 조명, 이 속에서 흘러나오는 쎄즈의 멜로듸! 그 템포에 억개를 맛추어 움즈기는 웨트레스의 에로틱한 동작! 단발녀의 발 목 ⺂까지 내려처진 그로테스크한 스카드의 이트! 그의 두눈동자는 마치 레뷰들 보는 ⺂와 가티도 한참 속도로 구울럿다. (姜約翰, "꽁트, 카페", 『조선일보』 1932. 4. 29)

재즈의 멜로디에 취하여 퇴폐적인 에로티시즘을 발현하는 당대 카페 여급들은 외형적으로 자신의 몸을 상품으로 하여 향락을 매개하는 근대 도시공간의 새로운 성노동자였다. 하지만, 여학생, 여배우, 기생, '사창(私娼)'의 이미지가 중첩하는 식민지 시대 카페여급의 다면적 얼굴은 근대 초기 한국의 도시 공간 속 여성의 역사적 존재방식을 낯선 형식으로 질문한다. 다양한 층위의 여성들로 구성된 당대 여급들은 자신의 존재성에 대해 마치 스핑크스처럼, 풀기 힘든 수수께끼를 던지고 있다.

2. 카페 안, 여급의 노동

1930년대 카페의 남성 고객들은 실업가, 회사원, 은행원, 점원, 학생, 선생, 기자, 모뽀, 부랑자, 지식인 문사 등으로 이루어졌다. "조선의 까페는 나날히 번창(繁昌)한다! 그렇다 조선의 까페는 에로 뽀이 에로껄의 난무장(亂舞場)이오! 술과 계집의 혼무장(混舞場)이다" [5]라고 한 지식인 문사 함대훈의 묘사처럼, 당대 카페는 소위 모던보이들의 향락의 전당이었다. 이러한 카페의 특수성은 카페 안에서 여급이 처한 노동 조건과 손님과 여급 사이에 이루어졌던 에로틱한 거래 속에 있었다. 당시 여급은 '어떠한 한계를 넘지 않는 범위에서 특별한 조건이 없이, 가장 넓게 손님이 요구하는 에로의 써비-스'를 제공하였다. 여기서 '어떤 한계'란 직접적인 '매춘'에까지 나아가지 않는 것을 의미하지만, '특별한 조건'이 없다는 표현에서와 같이 그들의 에로 서비스의 성격은 모호하고도 유동적인 것이었다.

> 에로를 발산함으로 상매(商賣)하는 직업이라 짧은 시간에 가장 많은 손을 대(對)하게 하야 그 허하는 범위 내에서는 가장 강렬(強烈)한 에로의 자극(刺戟)을 주려는 것이니 이 역시 색(色)을 파는 한 작위(作爲)일 것이다. [6]

위의 지적에서 알 수 있듯이, 여급은 짧은 시간에 많은 손님들을 대상으로 하여 규제와 위반의 긴장 속에 야기되는 색다른 자극과 유희를 제공하였다.

당시 카페 여급의 노동 조건을 살펴보면, "카페영업취체내규표준"(1934) 22조 1항에서 법제화된 바,[7] 여급의 수입이란 그들의 서비스에 대한 보상으로 받는 '팁'이 전부였다. 여급이 고객으로부터 받는 팁은 1-2원(평균 1원), 한 달 수입은 보통 50-60원이었으며, 여배우나 여학생 출신의 인기 있는 여급인 경우 70-100원 정도에 이르렀다.[8] 1920-30년대 인텔리 지식인 남성들(교원, 신문기자)이 60-70원 정도의 월급을 받았던 것과 비교하면, 이는 여성으로서 적지 않은 수입이었다.[9] 그런데 여급들은 기본급의 보장 없이 카페의 고객으로부터 받는 팁에 전적으로 의존하기 때문에 손님들의 다양한 요구를 거부하기 힘든 구조 속에 놓여있었다. 그 결과, 카페 안에서는 돈을 벌기 위해 성적 매력으로 고객의 환심을 사려는 여급과 팁을 미끼로 여급의 정조까지 탐하려는 남성 고객 사이에서 일종의 유희적 게임이 벌어지게 된다. 이때 여급에게는 남성 고객의 욕망을 충족시키기 위해 갖가지 관능적 기술을 발휘함과 동시에 매춘이나 사적 애욕의 실현으로 가는 것을 제어해야 하는 고도의 전략이 요구되었다.

하지만, 이러한 카페는 돈을 매개로 한 육체적·감각적 쾌락의 교환뿐 아니라, 여급과 고객 간에 실제적 연애가 이루어지는 장(場)이기도 하였다. 당대 카페는 여급과의 유희적 만남을 통해 연애의 욕구를 해소하는 '청춘의 위안지'로 묘사되었다.[10] 웅초(熊超)라는 필명의 필자가 쓴 "경성 압뒤골 풍경"(『혜성』, 1931, 11)에는 당대 카페가 연애를 돈으로 사고파는 일종의 시장으로 기술된다.

카페는 진한 연애는 아닐지라도, 그와 여하한 연애를 파는 시장이다. 여급이 연애형식 그 이상의 그 무엇을 파는 수가 더러 잇슬지는 모르나 연애만은 공공연하게 팔 수가 있다. 카페는 단지 연애의 수속비로 술을 팔 뿐이요 '팁'이라는 희사(喜捨)가 연애의 가격이다. 공황, 불경기하면서도, 세월조흔 시장이다. 삼십사원의 가엽슨 월급쟁이 포케트에서 돈이 튀어나온다. 그러나 여기에 몰려든 흥정꾼들은 밥보다도 먼저 그리고 밥보다도 더비싼 연애를 사러 다니기에, 청년신사학생들은 골몰하고 있다. 이 위대한 시장, 요리집에다 기생집을 좀더 첨단(尖端)화시킨 이 시장이 유행에 뒤지지 안으랴는 모뽀의 선도로 쓸쓸한 북촌거리 여기저기에 몰여오고 있다.

카페는 다양한 계층의 남성들이 쉽게 연애를 실험할 수 있는 공간으로 기능하고, 여급은 그들의 욕망을 대리 충족시키는 유사 연인 또는 실제 연인의 역할을 하게 된다. 이때 돈을 매개로 연애를 교환하는 카페 안에서 남성 고객과 여급은 일종의 공모 관계를 형성한다. 또한, 직업적 서비스와 자발적 유희 행위의 경계가 모호한 지점에서 여급은 때로 자신의 섹슈얼리티를 발현하고 연애의 욕망을 실현하는 유희적 주체로 자리하기도 한다.

3. "여급도 직업부인이다"

카페는 여급의 '화려함, 애교, 첨단적 유행'과 '서구화된 치장', '에로의 발산'을 끊임없이 요구하였으며,[11] 여성의 몸을 상품의 도구로 삼았다는 측면에서 근대 자본주의 성 산업의 일종이라 할 수 있다. 하지만, 경영주와 자유 계약을 통해 자발적으로 여급이 되고, 카페 영업주로부터 일체의 월급을 받지 않은 채 손님 접대를 통해 독자적으로 수입을 얻음으로써 경영주로부터 상대적으로 자유로웠다는 점에서 권번 조직의 관리를 받던 기생이나 유곽의 포주의 통제 속에 있었던 창기와는 다른 형태의 노동자였으며, 일각에서는 이를 신종 직업인이라 분류하기도 하였다.[12] 하지만 당대 사회 일반의 시선 속에서 여급은 '도색전사', '매춘부', 정조를 파는 성노동자[13]에 지나지 않았다. 당시 대부분의 여급들은 카페에서 번 돈으로 가족 또는 자신의 생계를 직접 책임져야 하는 현실적 동기에서 여급의 길을 걸었으며, 고수입을 얻는 일부 여급 외에 불안정한 노동 조건 속에 있었던 많은 여급들은 실제로 카페 밖에서 개별적인 호객 행위를 통해 매음을 하는 사창(私娼)군을 형성하였다.

하지만, 이러한 하층 성노동자로서 여급들이 직면하는 현실적 상황을 구조적으로 인식한 일부 카페 여급들은 대중잡지에 스스로를 직업부인으로 선언하는 글을 싣고 있어 주목된다. 강정희는 "여급도 직업부인인가"(『신여성』, 1932. 10)라는 글에서 "직업이란 사람이 그 생활 자료를 획득하기 위하여 행하는 경제적 활동이다"라 정의내리면서 자본주의 사회에서의 노동과 직업의 의미를 제기한다. 또한 그녀는 "일본 내무성이나 내각 통계국에서는 그 직업 분류 중에 명료하게 여급을 여자 직업 중에 헤이고 잇스며 그 외에, 경성직업소개소에서도 여급의 항목이 잇다 한다. 사실 여급에는 매춘적 행위에 빠지기 쉬운 유혹이 잇지만, 전부가 그런 것은 아니다"라고 하면서, 여급은 엄연한 '직업부인'이고 "사람들의 만연한 몰이해에 기인한 오진을 밧고잇는 괴로운 직업"이라 한탄한다. "내가 여급으로 되기까지 – 이직업을 멸시마시요"(『신여성』, 1933. 3)라는 글을 쓴 여급 장영순 역시 자신들이 당대 자본주의적 사회구조의 희생양임을 내세워 여급의 노동을 정당화한다.

이러한 직업부인으로서의 여급의 자기규정은 1934년 4월 6일 발간된 여급 잡지 『女聲』에 보다 강력하게 제기된다.[14] 〈R 회관〉의 '백장미生'이라는 필명을 한 여급이 쓴 "조선의 여성들아! 주저 말고 직업전선으로!!"라는 글은 눈을 부릅뜨고 두 주먹을 불끈 쥔 채 세상과 싸우기 위해 뛰어드는 전사 이미지의 여성 사진을 싣고 있는데, 이는 여타의 대중 잡지에 등장하는 모던걸로서의 여급 이미지와 크나큰 차이를 보인다. 이 글에서 필자는 먼저 근대화된 여성의식과 직업관을 피력한 후, 남성과 사회로부터 불평등한 대우를 받는 직업여성 전반의 비애를 언급한다. 그리고 다음과 같이 카페 여급으로서의 자기 목소리를 내고 있다.

카페의 여급은 남자의 성욕을 채워주는 동물과갓치 생각하야 천인과 갓치 멸시(蔑視)하며 惡?하는 사람도 잇다. 태연한 태도로 정조를 요구하는 몰상식한 이도 잇다. 그네들은 아마도 우리를 색가의 매춘부와 동일시하는 모양이다. 난 직업으로서의 여급이람보다도 무지하고 상식이 결핍한 그네들 뭇남성들에게 상식의 캄풀주사를 주며 계몽의 챗죽질하는 것이 천부의 책임으로 늣기고자 임하고 잇는 바이다. 깨여라 여성들이여. 그리하야 용감스럽게 직업전선으로 나아가기를 주저하지 말자. 싸우자 뭇직업여성들이 남성의 힘세인 그것과 신산(辛酸)한 사회의 모든 난맥과 몸을 희생 하야 힘껏 싸우자. 이것이 우리의 압길을 유리하게 인도하는 방책인 동시에 허영과 공상으로 번민하는 뭇남성들에 대한 행복스러운 양식이며 나침반일 것이다.

이러한 백장미生의 글은 직업부인으로서의 자각을 넘어 여급의 문제를 당대 사회가 안고 있는 모순된 구조 속에서 인식하고, 무지한 남성들을 오히려 계몽시켜야 한다는 적극적 인식을 보이고 있다. 그러기 위해서는 여성들이 자각해야 하고, 직업전선에서 연대해서 남성중심적 사고와 갖가지 사회적 편견에 맞부딪쳐 싸워나가야 함을 역설한다. 특히 위 글은 여급을 둘러싼 남성과 여성의 갈등관계를 젠더 의

식으로 포착하고 있으며, 스스로를 계몽의 대상이 아닌 계몽의 주체로 인식하고 사회의 모순을 극복하자는 급진적 시각을 담고 있어 주목된다.[15]

또한, 여급 잡지 『女聲』 속에는 여급들의 집단적 활동을 통해 자신들의 대사회적 목소리를 결집하고 권익을 도모하려했던 흔적들이 발견된다. 『女聲』 창간호에 광고되고 있는 제2호의 목차내용 중에서 편집실이 쓴 '여급운동회'를 회상하는 글은 당시 여급들이 집단적인 모임을 가졌음을 시사하는데, 실제로 1929년 11월 25일자 『동아일보』에는 "직업자들 경주대회"에서 여급들이 접시를 들고 달리기 경주를 하는 사진이 실려 있다. 무릎까지 내려오는 양장 스커트에 여급의 상징적 복장이라 할 만한 '흰 머리수건에 하얀 에이프런'을 두른 여급들이 접시를 들고 게임을 하는 모습은 당대 여급들이 직업인의 일원으로서 집단적인 활동을 했다는 것과 여급 노동조합 설립 가능성까지도 예측하도록 한다. 여급 노동조합의 설립 가능성을 제기한다. 잡지 『女聲』을 통해서 확인되는 바, 당시 카페 여급들은 자신들의 불안정한 노동조건을 개선하기 위하여 조직을 구성하고 사회의 비난어린 시선에 대항하여 자신들의 입지를 구축하는 사회적 담론을 생산하는 데까지 나아갔다.

이러한 조선 여급들의 활동은 일본 여급들의 조직적 움직임과 유사한데, 직접적으로 일본의 영향을 받았을 가능성이 제기된다. 일본에서 여급들은 사회주의 좌파들의 노동 운동과의 연대 속에 여급 운동을 지속하였으며, 일부 여급들은 1929년에 오사카 여급 조합을 결성하여, "나의 인격의 향상을 위하여" "생활의 개선을 위하여"라는 구호를 내걸고, "세간의 남성처럼 고용주부터 모욕한 여급의 지위를 향상, 인격

개선, 지식 계발" 등을 요구하였다. 이 조직은 또한 '여급 학교 설치', '강연회 개최', '기관 잡지 발행', '소비조합경영', '법률상담부 설립'을 계획하고 시위하다가 결국 경찰에 의해 해체되었다.[16] 여기서 '여급 학교 설치'나 '기관 잡지 발행', '법률상담부 설립' 등의 항목은 당시 조선의 여급 잡지 『女聲』이 목표로 내걸었던 여급 주보 및 월간지 발행, 여급 상담소 설치, 여급 독본(讀本) 출간 등의 활동과 어느 정도 맥을 같이 한다고 볼 수 있다. 조선 여급의 경우, 일본과 같이 사회주의 조직과의 직접적인 연대의 흔적은 확인되지 않지만, 『女聲』의 편집자 오영철을 중심으로 여급 조합의 설립이 시도되었으며, 이러한 움직임이 일정 정도 1930년대 사회주의 운동의 영향 속에 이루어졌던 것으로 추정된다.

4. 균열과 위반의 몸: 식민지 시대 카페여급에 대하여

유희의 상업적 교환과 연애 취미가 뒤엉켜있던 1930년대 카페에서 여급의 위치는 여전히 모호하다. 그들은 스스로의 몸을 상품화하는 성노동자이면서 노동자로서의 자기인식을 가진 직업부인이었으며, 서구 취향과 지적 소양, 화술, 관능적 기술을 바탕으로 당대 사회에서 요구하는 에로티시즘의 언어를 만들어낸 적극적 유희 주체이기도 하였다. 특히 여급이 카페 안의 직업적 노동의 경계를 넘어 자발적 연애의 주인공으로 전이하는 지점은 1930년대 발표된 박태원, 이효석, 김유정, 이상(李箱), 안회남 등의 소설들 속에서 포착된다. 박태원의 단편 「길은 어둡고」(『개벽』, 1935. 3)에서 여급 향이는 무능력한 인텔리 유부남과 동거하면서 헤어질 수도 없고 첩이 될 수도 없는 처지에서 불안한 사

랑을 이어가는 인물이자, 결혼 제도 속으로 편입되지 못하는 사랑의
탐색자이다. 정인택의 「동요(動搖)」(『創作 三十二人集』, 문장사, 1939), 박태원의 「悲
凉」(『중앙』, 1936. 1), 이상(李箱)의 「지주회시」(『중앙』, 1936. 6) 등에는 경제력을 가
진 카페 여급과 무능력한 인텔리 남성 간의 전도된 위계와 사랑의 균
열, 남성의 훼손된 자의식 등이 나타난다.

한편, 김유정의 단편 「따라지」(『조광』, 1937. 2)에 나오는 여급 영애와 아
키코는 당시 일반 여급들의 실상을 반영하는데, 단칸방에 세 들어 살
면서 밤이면 집에서 호객 행위를 하여 돈을 버는 사창으로서의 여급의
현실이 드러난다. 그러나 이들의 삶 속에서도 연애의 문제는 지속적으
로 추구된다. 밤이면 밀매음을 일삼고 어떠한 상황에서도 피해보지 않
는 악착스럽고 생활력 강한 여급 아키코는 옆방에 같이 세 들어 사는
톨스토이라는 별명을 가진 가난한 소설가에게 연정을 느낀다. 또한,
카페에서 미모로 인기를 끌며 잦은 호객 행위를 하는 동료 여급 아키
코에 대해 부러움을 느끼는 영애 역시 「나두 연애 좀 해봤으면! … 정
신으로만 허는 연애 말이지?」라며 연애에의 갈망을 표현한다.[17] 이러
한 소설 속에 재현된 카페 여급들은 자신의 섹슈얼리티를 활용하여 경
제적 기반을 확보하는 성노동자이면서도 끊임없이 연애를 추구하고,
동거를 서슴지 않으면서도 정식 결혼의 꿈을 포기하지 않는 등, 기존
의 여성 규범과 근대적 현모양처 이미지에서 이탈된 낯선 모습으로 근
대 연애결혼 제도의 주변을 맴돌고 있다.

한편, 당시 여급과 유부남과의 연애는 카페를 배경으로 하여 결혼
제도 밖에서 이루어지는 불륜의 형식을 가시화시킨다. 안회남은 이러
한 불륜을 소재로 한 작품들을 많이 남기고 있는데, 그 대표적인 작품

「애인」(『여성』 1939. 7-1940. 3)에서 여급 안나는 관능적 매력과 지적인 소양, 연애의 기교까지 겸비한 유부녀로 당대 지식인 남성을 현혹한다. 가족 속 아내와 가족 밖의 애인 사이를 오가며 이중적 욕망을 추구하는 남성 인물을 다루었던 안회남은 「탁류를 헤치고」(『인문평론』1940. 4-5)에서 당대의 불륜의 공식을 보다 뚜렷하게 드러낸다. 안회남의 소설에서 유부남과 연애하거나 동거하는 여급은 규범을 이탈하면서까지 적극적으로 사랑의 의미를 탐색하고 관계의 지속성을 열망하지만, 끝내 결혼 제도 속으로 이입되지 못한다. 그들은 일부일처제의 결핍을 보충하는 유희적 성애 또는 낭만적 연애의 판타지로서 소비되는 여급의 이미지를 형상화하고 있다.

　당대 소설에 등장하는 여급들은 연애에 적극적인 주체이기도 하였지만, 현실적으로 결혼 제도 밖에서 성애적 욕망을 추구하고자 하는 남성들에 의해 향유되면서 결국 로맨스로부터 소외되는 타자의 위치를 잘 보여준다. 하지만, 가족 밖에서 연애의 대상으로 소비되었던 여급의 표상 속에는 전통적인 젠더 규범을 이탈하는 불온한 이미지를 통해 근대 일부일처제에 균열을 가하고 가부장적 질서를 위협하는 전복적 면모가 발견된다. 이효석의 단편 「성찬(聖餐)」(『여성』 1937. 4)에 등장하는 여급 보배는 카페 안의 연애가 가지는 허위적 본질을 간파하고 근대 연애결혼의 신성성을 의문시하는 인물이다. 같은 건물에서 일하는 바걸 민자와 남성 고객 준보의 연애 및 민자의 결혼에 대한 욕망을 냉소적으로 바라본 보배는 결국 준보를 유혹함으로써 그들의 관계를 파탄에 이르게 한다. 특히, 보배는 자신이 향유하는 연애를 그때마다 일시적으로 풍성하게 즐기는 '식탁 위의 진미'로 비유하면서, 일부일처제와

낭만적 사랑의 판타지를 해체하고 희화화한다.[18]

카페 여급은 근대 남성의 시선에 포획되지 않는 수수께끼적인 인물이었다. 안회남의 단편, 「에레나(裸像)」(『청색지』 1938. 1938. 6)에서 여급 에레나는 "작구 여급으로써의 경력을 닦어 점점 능글차며 불순해지는" 인물로서 여성에게 주어진 관습적 규범과 남성의 통제력으로부터 벗어나는 인물이다. 그녀는 카페 안팎으로 갖가지 부정한 품행에 관련된 소문 속에 존재하며, 자신에게 미혹되어있는 남성에게 끊임없이 자신을 변명하고 소문을 무마시키면서 거짓 환상을 불어넣는 책략의 소유자이다. 또한, 유진오의 「나비」(『創作 三十二人集』, 문장사, 1939)에 등장하는 여학교 출신의 여급 프로라는 카페 안의 유희를 적극적으로 즐기는 욕망의 주체이다. 경제적으로 무기력한 남편의 북인 하에 카페 안에서 단골 고객 일곱 명(화가, 회사원, 부랑자, 부호, 월급쟁이, 인텔리, 광산업자, 모던뽀이)과 다양한 형태의 유희적 애정 관계를 향유한다. 프로라가 겪는 인간 애욕의 다양한 체험은 유부녀로서 관습적 규범을 이탈하는 타락한 여성의 이미지와 교차한다. 프로라를 풍자하고 희화화하는 작가의 시선 속에는 경제적 자율권을 확보하고 도덕적 성규범으로부터 자유로운 여급에 대한 남성들의 불안과 경계의 몸짓이 강력하게 작동하고 있다. 하지만 물적 토대의 변화 속에서 사랑과 섹슈얼리티에 관련된 전통적 · 근대적 규범들을 위협하는 여급 이미지는 온전한 틀 속에 봉합되지 않는 근대의 이면을 드러내는 '균열'과 '위반'의 몸이었음에 주목할 만하다.[19]

식민지 시대 카페 여급은 근대 초기 유흥 공간에 배태된 여성의 특수한 존재양식을 드러낸다. 그들의 몸을 통해 구현된 에로티시즘은 식민자 일본의 그것을 모방한 혼종적 성격을 가지며, 불안정하고 위험한 일터였던 카페에서의 여급들의 노동에 대한 자기인식은 제도 속에서 인정받지 못한 주변부 직업여성의 역사적 존재성을 드러낸다. 또한, '모던걸'로서의 카페 여급은 노동과 유희의 경계를 위태롭게 오고가는 체험을 통해, 부르주아 남성 욕망을 중심으로 재구조화되었던 근대 연애결혼제도 내부의 틈새를 드러내며, 나아가 젠더의 위계를 넘어 자신의 몸을 통해 욕망을 발견하는 여성의 경험을 제기하는 역사적 지표로 자리하고 있다.

1 Miriam, Silverberg, 「日本の女給はブル・スを歌た」, 『ジエンダ-の 日本史下- 主図と表現 任事と生活』, 庄山則子 譯, 脇田 晴子, Miriam, Silverberg 編, 東京: 東京大學出版會. 1995, 595~599쪽.

2 藤目ゆき, 『性の歷史學』, 東京: 不二出版, 1998, 287~288쪽.

3 김연희, 「일제하 경성지역 카페의 도시문화적 성격」, 서울시립대 석사논문, 2002, 13-23쪽.

4 S. S 生, 「환락의 대전당 - 카페」, 『신동아』 1932, 6, 62쪽.

5 함대훈, 「店員 로-멘스」, 『신동아』, 1933, 4, 109쪽.

6 S. S 生, 앞의 글, 62쪽.

7 김연희, 앞의 논문, 26-28쪽.

8 서지영, 「식민지 시대 카페여급 연구- 여급잡지 〈女聲〉을 중심으로」, 『한국여성학』 19권 3호, 2003, 21쪽.

9 이러한 여급의 노동 조건은 대체로 자유계약으로 하면서 팁을 주 수입으로 하던 일본 카페와 여급의 고용관계를 그대로 따른 것이었다. (高橋康雄, 『斷髮する女たち - モダンガ-ルの風景』 東京: 敎育出版, 1999, 135쪽)

10 박로아, 「카페의 정조」, 『별건곤』1929, 10, 42쪽 ; 김을한, 「京城夜話」, 『별건곤』 1930, 7, 87쪽.

11 S. S 生, 앞의 글, 63쪽.

12 소설가 김남천은 '직업부인'의 등장을 설명하면서 근대적 직업의 등장을 자본제 산업의 발달, 교육제도의 이입과 관련시키고, 여급을 새로운 형태의 근대적 직업으로 인정하고 있다. (김남천, 「여성의 직업문제」, 『여성』 제5권 12호, 1940, 12)

13 1934년에 경무국에서 제정한 "카페營業取締內規標準" 4조 1항 부칙에서 카페 여급은 "객석에서 시중을 들고 계속적 접대를 하는 부녀"로 정의되고 있다. (김연희, 앞의 논문, 26-28쪽) 식민지 당대 기생과 카페여급은 법제적으로 매춘을 업으로 삼는 창기(공창)와는 구분되는 화류계 직업여성이었지만, 실제로 이들은 창기와 마찬가지로 위생 검사, 성병과 전염병 방지라는 명목으로 국가의 관리 및 단속의 대상이 되고 있는 사창으로 취급되었다. ("脂粉싸인 本町署女給酌婦調査" 『동아일보』 1927, 12, 15)

14 기생 집단들의 대사회적 목소리를 담은 기생잡지 「長恨」이 1927년에 창간된 바 있는데, 카페가 한창 번성했던 시기인 1930년대에 여급들 역시 잡지를 발행하여 자신들의 사회적 위상을 구축하려 했다. 『女聲』은 당시 여급들이 필자로 글을 게재함으로써 당대 카페 풍경과 여급들의 생생한 목소리를 담고 있다.

15 『女聲』에 대한 분석은 서지영 앞의 논문 참조.

16 藤目ゆき, 앞의 책, 292-294쪽.

17 김유정, 「따라지」, 『조광』 3권 2호, 300-321쪽.

18 이효석, 「성찬(聖餐)」, 『여성』 2권 4호, 61쪽.

4
1920·30년대 방직공업 '여공'들의
섹슈얼리티에 대한 담론

| 이호연 |

1. 여공의 삶과 섹슈얼리티 문제

일제 식민지 산업화 과정에서 도시를 중심으로 새로운 형태의 여성 직업군이 등장했다. 전화교환수와 교사, 기자, 버스걸, 데파트걸이 있었고 고무, 정미, 방직[1], 연초공장의 여공이 이에 해당한다. 대개 직업을 가진 여성들은 '직업여성', '직업부인'으로 지칭되었는데, 당시 공장에서 일하는 여성을 지칭하는 용어로 '여공'이라는 호칭이 별도로 있었다. 『조선총독부 통계 연보』의 성별 노동 참여율을 보면 조선인 여성은 1920년에 38.9퍼센트, 1930년에 38.9퍼센트, 1940년에 31.3퍼센트이며, 남성은 각각 55.2퍼센트, 52.0퍼센트, 45.4퍼센트였다. 업종으로는 남녀 모두 농업 부문에 대략 80~90퍼센트 집중되어 있었지만 여성의 노동 참여율은 상업교통업, 공무자유업, 그리고 공업에서 점차 증가했다. 특히 공업 분야의 여성노동자는 1922년에 20.5퍼센트, 1930년에 33.7퍼센트로 증가하였는데 1922년에 9,870명에서 1935년에 4만 5,082명으로 늘어났다. 구체적으로 보면 고무공업을 포함한 화학공업, 방직, 식료품 분야는 여성이 집중된 산업이었다.[2]

당시 여성의 사회진출에 대한 관심을 반영하듯 신문이나 잡지는 탐방 기사를 통해 이들 직업을 소개하고 있다. 여공에 대한 기사를 보면 대규모 공장시설과 인원들이 일사불란하게 움직이는 모습을 기술하면서 근대를 상징하는 이미지로 이들을 표현하기도 했으나, 여성의 비율이 높았던 제사와 고무 공장에 대한 탐방 기사는 여공의 열악한 노동현실을 보여준다. 여공은 공장의 뜨거운 열기 속에서 이른 아침부터 저녁까지 일을 하면서도 낮은 임금을 감수해야 하는 모습으로 기사에서 그려지고 있다.

> 동대문 외신설리에 있는 서울고무회사는 조선인 경영인데 경성에서 제일 큰 고무공장이다. … 고무신을 풀로 붙이고 망치로 두들기며 삼복염천(三伏炎天) 찌는 듯한 더위에 공장문 안을 들어서면 고무냄새와 기계 기운이 태양열도보다 우심(尤甚)한 실내공기에 질식이 되어 사람이 쓰러질 듯한 공장 속에서 온 몸이 땀에 뭉친 그들의 정신은 오직 이 고무신을 한 켤레 더 붙이면 일금오전이 더 생긴다는 것이다(고무공장).[3]

> 뿌얀 김이 무럭무럭 올라오는 조사장 속에는 17세밖에 안 되는 여자들이 실을 켜고 있다. 돌아가는 실감기에는 거미줄보다도 가는 흰 명주실들이 수천 가락으로 갈려 감겨지고 있으며, 화씨 백팔십도 정도 되는 뜨거운 가마 물에서는 후터분한 번데기 냄새가 김과 함께 서리여 올라온다. 여공들의 손! 아

침 여섯 시부터 밤 여섯 시까지 뜨거운 물속에서 데여 비단결 같아야 할 그들의 손은 허옇케 부풀어서 금시에 터질 듯이 되어 있다(제사공장).[4]

역사적으로 보면 초기 산업화 과정에서 노동자들은 열악한 노동 조건, 낮은 임금, 그리고 가혹한 노동통제를 경험했고, 식민지 시대 노동자들 역시 예외는 아니었다. 특히 1920·30년대 여공은 젠더와 민족 문제가 결합된 차별적인 노동 현장에서 다중적인 억압을 받는 존재였다. 이들은 노동 현장에서 일상적으로 고된 노동에 시달렸을 뿐만 아니라, 직업여성에 대한 차별적인 사회적 시선 또한 이겨내야 하는 상황에 놓여 있었다.

식민지 시기 직업여성에 대한 사회적 관심은 증가했으나 이러한 관심이 여성 취업에 대한 긍정적인 인식으로 이어지지는 않았다. 여성 취업에 반대하는 내용의 사회적 담론이 더 많았는데 그중에서 섹슈얼리티 문제는 취업 여성에 대한 부정적 인식을 구성했던 내용 중의 하나였다. 당시 신문기사를 보면, 직업을 가진 여성이 성폭력과 성적 유혹에 노출되는 상황을 우려하는 글이 있고, 이들에게 이러한 위험을 예방하는 데 필요한 행동이나 언어, 복장에 대한 정보를 주는 글들도 있다.

전반적으로 여성 취업에 대한 반대론이 우세했지만, 신문기사나 잡지를 보면 여성의 직업에 따라 차이가 있다. 여공은 전문직이나 사무·서비스직이 포함된 직업부인의 범주에서 구분해야 한다는 주장이 있었다. 왜냐하면 여공은 직업을 생계 또는 금전 획득을 목적으로 한다는 점에서 직업부인의 범주와는 구별된다는 것이다. 당시 사회적 담론은 생계 때문에 불가피하게 취업하는 가난한 계층의 일하는 여성, 특히 여공의 취업의 불가피성을 인정하는 분위기였다. 그러나 섹슈얼리티 문제는 여전히 여공에 대한 평가에서 부정적 담론을 만드는 요소였으며, 이들의 정체성 형성에 영향을 미쳤다. 식민지 시기에 여성 취업에 대한 반대론이 강하게 영향을 미치는 사회 분위기 속에서 여공은 다른 직업여성처럼 섹슈얼리티 문세를 겪어야 했지만 다른 직업여성과 구별되는 존재로 범주화되었다.⁵

일제시기부터 현재까지 여공을 경멸하고 폄하하는 담론들이 다양한 방식으로 존재해왔다. 이 글에서는 식민지 시기 방직공업 여공에 주목하고자 한다. 방직공업의 경우 전체 노동자의 80-90퍼센트가 여성이었고, 이들 중에는 12-18세의 유년 여공이 많았다. 당시 제사업이나 방직공업에서 일하는 여공에 대해 '방적의 조선돼지', '방적여공이 인간이라면 나비나 잠자리까지도 새라고 하겠다'는 말이 있었으며, '제사 여공에게 장가들지 말라'는 말이 유행할 정도로 이들을 폄하하는 담론들이 있었다. 식민지 근대 산업화 과정에서 등장했던 방직 여공의 직업 활동에 대한 이러한 사회적 담론은 어떤 맥락에서 왜 등장하게 되었을까? 특히 여공에 대한 부정적 담론이 섹슈얼리티 문제와 어떻게 연관되어 있을까? 이 글에서는 방직공업의 노동력 구성, 노동조건 그리고 노동통제의 특징을 정리하면서 방직공업 여공의 섹슈얼리티에 대한 담론을 살펴보고자 한다.

2. 일본의 방직공업과 식민지 시기 방직공업의 형성과정

식민지 시기 산업화와 여공의 등장이 일본에 의해 주도되었다는 점에서, 일본의 방직공업의 형성 과정을 살펴볼 필요가 있다. 1858년 도쿠가와 막부는 개항 압력에 대해 쇄국정책을 수정해 미국 및 네덜란드, 러시아, 영국 등과 무역 조약을 맺었다. 일본에서는 1859년부터 영국의 면사를 시작으로 대량의 공업제품이 유입되기 시작했다. 1880년대 후반에 접어들자 일본 자본주의의 성장이 개시되었고, 특히 청일전쟁, 러일전쟁 등을 경과하면서 일본은 급속한 공업화를 경험했다. 이 과정에서 핵심적인 산업 부분이 제사와 방적으로 대표되는 방직공업이었다.

자본주의 초기 일본 제사 여공은 사무라이 집안 출신이었다. 이들은 봉건 가신단의 해체에 의해 전전에 창출되었다. 자본주의 이행기 사족(土族)들의 생활이 급격하게 어려워지자 이들의 생계를 보장하기 위해 메이지 정부는 국영 제사공장을 만들었다. 국가는 프랑스에서 기술자를 초빙하여 첨단장비와 기술을 갖춘 제사공장을 건설하고 사족 출신 엘리트 여성이 기술을 익히도록 했다. 이들이 초기 여공 집단을 형성하게 되는데, 이들은 대부분 사무라이의 딸들이었기 때문에 프라이드가 강했다. 그러나 사무라이의 딸들은 초기 공장에 들어가는 것을 두려워했고 가족들 역시 어린 딸들을 공장에 보내기를 기피했다. 이러한 기피가 나타났던 이유는 메이지 초기 일본인들의 반응에서 그 단서를 찾을 수 있다. '기계가 소녀들의 혼을 빼간다' 내지 '외국인들이 그녀들의 젊은 피를 마신다'는 루머가 퍼졌고 일본인들은 이를 믿었다.

전통적인 남성 장인들은 신기술 도입을 자신의 권위에 대한 도전으로 생각하고 이를 거부했으며, 기계에 대한 이들의 첫 반응은 신비로움 그 자체였다.[6]

이후 산업화 과정에서 일본의 제사업과 방적공업에서 대규모 노동력이 필요했고, 제사 여공은 공장 주변 지역의 농가 출신으로 충원되었다. 초기에는 통근 여공이 많았으나 이후 공장 규모가 확장되고 노동력이 부족해지면서 원거리 지방으로부터 여공들을 모집했으며 대부분 미혼이었던 이들은 공장 내 기숙사에서 생활을 했다. 일본의 여공 모집을 구체적으로 살펴보면 방적 직공의 경우는 지원공과 모집공으로 구분되었다. 여공의 80퍼센트가 모집공이었던 반면 남공의 경우 80퍼센트가 지원공이었다. 1886년 이후로 여공이 증가하게 되는데, 그 원인은 기계의 도입으로 여성의 신체적 조건으로도 작업이 가능했기 때문이다. 고용주들은 노동력 부족을 충원하는 것이 중요했기 때문에 모집 방법은 모집인에게 일임하는 경우가 많았다. 모집방식은 방적회사가 직접 사원을 보내는 직접모집(출장모집)과 여공모집을 직업으로 하는 사람에게 맡기는 위탁모집이 있었다. 위탁모집에도 광고모집과 연고모집이 있었다. 각 지방 농촌에 파견된 모집원들은 도시에 가서 여공이 되면 교육을 받을 수 있고 윤택한 생활을 할 수 있다는 감언이설로 여공을 대거 모집했다.

정리하면, 일본 여공의 경우는 두 가지에 주목할 필요가 있다. 한 가지는 메이지유신 이후 만들어진 근대적 가족형태인 '이에(家)'이고, 다른 한 가지는 여공의 모집과 계약에 이르는 과정에서 나타나는 여공에 대한 가부장제의 종속이다. 일본의 근대적 가족형태인 이에는 남성 가부권(家父權)에 기초한 가족형태를 일본의 보편적인 가족형태로 일반화하고 있다. 이것은 여성의 공적 활동을 제한하는 담론과 국가에 대한 무조건적 충성을 포함한다. 무조건적 충성의 강요는 근대적 가족질서 내부에 유교담론을 결합하여 가부장적 국가와 가족형태를 구성하는 것이라고 볼 수 있다. 또한 일본 여공의 노동계약 과정에서 중요한 것은 여성이 자유롭게 노동계약을 할 수 없었다는 점이다. 여성은 호주인 남성 가부장에 종속되어 있었고, 가부장은 여성 노동력의 계약과 처분권을 가지고 있었다.[7]

반면 식민지 조선 방직공업의 형성 과정은 일본 자본주의의 필요에 의해 변화를 겪게 된다. 시기별로 보면, 1910년부터 1919년까지는 조선에서 일제의 지배를 위한 기초 작업이 시작된 시기로, 가내수공업을 벗어나 근대적 방직 공업이 등장하였다. 1920년부터 1929년에 일본은 상품시장, 원료 공급지로서 역할을 하게 되면서 방직공업은 공장제적 운영을 갖추기 시작하였다. 1931년부터 43년에는 일본의 대규모 방적 자본들이 식민지 조선에 대거 진출했다. 특히 1930년대 이후는 총독부의 섬유원료 공급정책으로 인한 원료의 확보와 저임금 여성노동력의 필요에 따라 근대적 대공업의 형태로 바뀌었다. 방직공업 중에서도 성장을 주도한 부문은 제사업과 면방직 부문이다. 1920년대에는 제사업의 진출이 활발하게 이루어진 반면, 방적과 직포 두 부문으로 구성된 면방직 업은 30년대 이후에 일본의 독점 대자본의 본격적인 진출에 의해 성장하였다.[8]

그렇다면 여공들은 어떻게 모집되었을까? 일본은 1930년대 대규모 방직공장을 세우면서 여공을 확보하기 위해 노동력 모집 방안을 마련하였는데, 이것은 지속적으로 관심을 가진 문제였다. 그럼에도 불구하고 공장주들은 여성노동력의 모집에 어려움을 겪었다. 공장주들은 여공을 모집하기 위해 연고자의 소개, 모집원에 의한 모집 등 다양한 방법을 동원했다. 특히 모집원에 의한 고용은 남성보다 여성의 비중이 더 높았다. 방직공장에서는 남자 감독원, 인사계 주임 외에 별도로 월급을 받고 여공을 모집하러 다니는 모집원을 두었고, 실적을 올리기 위해 그들에게 특별상여금을 지급했다. 남성 모집원은 온갖 감언이설로 여공을 모집했다. 그 외에 행정관청을 동원하는 사례도 있었다. 이들은 모집 과정에서 여성들에게 쉽게 거짓말을 하거나 실제로 공장에 취업시켜 준다는 미끼로 여성을 유인하여 술집이나 유곽에 넘겨 버리는 경우도 있었다. 그래서 모집인은 여공들에게 '질이 안 좋은 사람들'로 기억되었다고 한다. 이렇게 모집된 여성들은 주로 빈농 출신이라는 점에서 일본 제사공업의 초기 형성 과정에서 등장했던 여성 노동자와 차이를 보인다.[9]

식민지 근대 방직공업 여공들의 노동계약 과정은 일본의 여공 모집 과정과 매우 유사하다. 여공 모집에 응한 여성들은 부모를 대동하고 나온 경우가 있었으며, 이는 여성의 노동자화 과정에서 가장의 개입이 있었음을 보여준다. 또한 당시 민법이 여성을 독립적인 법률행위를 할 능력이 없는 존재로 규정하여 여성의 독자적인 경제권을 인정하지 않았기 때문에 고용계약서를 작성할 때, 계약은 여성 당사자가 아니라 부모나 친척이 회사와 체결하는 형태였다. 이처럼 일본 방직공업 여공과 식민지 근대 방직공업 여공의 노동시장 진입 과정을 비교해보면, 노동계약 과정에서 여공의 자기 결정권은 축소되거나 무시되었다.

식민지 조선 방직공업의 여공 형성 과정은 일본의 자본주의 초기 방직공업 형성과 다소 차이를 보임에도 불구하고 이후 산업화가 진행되면서 유사한 특성을 보인다. 식민지 근대 방직공업의 경우, 모집원에 의한 여공 동원이 큰 비중을 차지하고 있다는 점을 비롯하여, 여성 노동력 모집 방식이나 과정에서 나타난 특징들이 일본 여공의 모집 과정과 유사했다. 일본에 의해 공업화가 주도된 점은 식민지 근대 방직 공장 체계 및 공장조직의 분업 방식은 물론 노동력 구성과 노동통제 방식에도 직접적인 영향을 미쳤다.

3. 방직공업 노동력 구성의 특징과 섹슈얼리티 문제

방직공업의 규모는 1920년대 점차 성장하다가 1930년대 이후 본격적인 근대 공장 체계로 자리 잡게 된다. 1930년대 전체 공업 생산 중 방직공업은 11.0퍼센트로 정미·식품업 다음으로 큰 비중을 차지했다. 1922년에 4,785명이었던 방직공업 종사자 수는 1930년에 21,194명 1935년에 31,450명으로 증가했다. 1939년 전체 공업 중 천명 이상의 대기업은 17개로 이 중 방직공업은 10개 정도였다. 특히 다른 업종에 비해 방직공업은 종사자의 여성 비율이 가장 높은 분야였고 1921년 63.4퍼센트에서 1930년에 74.8퍼센트로 증가했다. 이는 경공업 분야 노동력 구성의 특징이기도 했지만 1930년대 중·후반 기계제 대공업으로 전환되면서 미숙련 유년 여공의 고용 증가로 인한 것이기도 하다. 또한 그 당시 공장법이 제정되지 않아 유년공에 대한 보호조치가 없었다는 점, 교육제도의 혜택을 받지 못한 점, 조기결혼의 관습, 그리고 농

가경제의 빈곤 등을 유년 여공 채용의 원인으로 들 수 있다.[10]

1920년대 초반까지만 해도 유년공의 남녀 비율은 여자보다는 남자가 높았지만 본격적인 대규모 기계제 공장체계로 바뀌면서 유년공의 여성 비율이 높아졌다. 1930년대 방직공업에서 16세 미만 여공 비율은 평균 23-24퍼센트로 높았다. 유년공의 비율이 높았다는 점에서 짐작할 수 있는 짐은 방직공업 여공의 혼인상태인데, 이들의 대부분은 미혼여성이었다. 1930년대 방직공업의 모집대상을 보면 14-16세의 어린 미혼 여성들이었다. 다른 업종에 비해 제사업을 비롯한 방직공업 대부분이 미혼의 유년 여공을 보다 선호했다.

이러한 방직공업의 노동력 구성의 특징은 여공의 비중이 높았던 고무공업과 비교해보면 그 차이를 분명하게 알 수 있다. 고무공업에 종사하는 여공들은 대체로 19세에서 40세 연령층으로 구성되어 있다. 특히 고무공업의 경우 30세 전후가 가장 많은 비중을 차지했다. 이처럼 고무공업과 다르게 방직공업의 노동력 구성에 주목해야 할 점은 이들이 대부분 미혼여성이었고, 퇴직 후 결혼 적령기에 해당되어 결혼을 해야 할 연령에 들어가는 유년 여공이었다는 점이다.

1930년대 15-19세 여성의 미혼율은 33.2퍼센트이고, 20~24세는 2.3퍼센트였다. 즉 전체 조선 여성의 3분의 2가 15-19세가 되면 이미 결혼을 한 상태였다. 그러나 농촌과 도시를 비교해 보면 차이가 드러난다. 농촌에서는 15세 이상만 되면 결혼을 한 여성 비율이 매우 높았으나 도시의 경우 15-19세 여성의 60~70퍼센트가 미혼 상태였다.[11] 도시로 이동한 미혼여성들은 일을 하거나 취업을 위해 결혼을 미룬 상태였다고 볼 수 있다. 이러한 도농 간 차이에도 불구하고 사회 전반적으로 15-19세 여성의 높은 혼인율을 볼 때 여성의 결혼 연령에 대한 사회적 인식과 미혼 취업 여성에 대한 사회적 시선이 어떠했는지를 짐작할 수 있다. 또한 일제 식민지 시기를 다룬 많은 연구에서 주장하듯이 당시 모성담론과 가족 중심 이데올로기가 강화되었다.

식민지 시기 방직공업 여공에 대한 담론 중에서 '처녀 신세 망치는 곳', '폐병 걸리는 곳', '공장에 가면 못 쓰게 된다', '제사 여공에게 장가 들지 말라'는 말이 있다. 방직공업 여공의 섹슈얼리티를 둘러싼 담론에서 '처녀'에 대한 언급, 여성으로서 '못 쓰게 된다'는 표현, 그리고 결혼을 직접적으로 언급한 것에 주목할 필요가 있다. 방직공업 여공에 대한 부정적 담론들은 이들이 아직 결혼을 하지 않았지만 결혼을 앞두고 있는 연령에 해당된다는 점을 부각시키는 내용이다. 특히 '제사 여공에게 장가들지 말라'는 방직공업 중 제사업을 직접적으로 언급하고 있는데 이는 제사업 노동력 구성의 특징에서 기인한 것으로 보인다. 방직 분야 중 제사업과 면방직공업은 기계화된 공장체계를 통해 노동의 탈숙련화를 진행시켰다. 미숙련 노동력에 의해서 가능하게 된 작업에 주로 여성들이 투입되었으며 제사업은 여성이 거의 90퍼센트를 차지하고 있었다. 이들의 대부분은 12세부터 20세 미만의 미혼 여성들이었다.

당시에 방직공업 여공의 섹슈얼리티에 대한 부정적 담론이 형성된 이유를 생각해 보면, 부분적으로 여성 직업에 대한 가부장제적 이데올로기의 영향, 열악한 노동조건이 반영된 것이라고 볼 수 있다. 그러나 그것만으로는 채워지지 않는 부분이 있다. 이것은 고무공업의 여공과 비교해보면 분명하게 드러난다. 다소 정도의 차이는 있더라도 고무공장에서 일했던 여공 또한 열악한 노동조건에 처해 있었고, 통제를 받았고, 가부장제적 이데올로기의 영향 하에 놓여 있었다. 그러나 고무공업 여공들을 둘러싼 사회적 담론에서는 방직공업 여공과 같은 직접적 언급은 찾을 수 없다. 그것은 방직과 고무공업의 노동력 구성의 특징을 살펴보면 이유를 짐작할 수 있다. 방직과 고무공업은 공통적으로 여성노동자가 많은 분야였지만 방직에 비해 고무공업은 여공의 연령대가 높은 편이었다. 즉 고무공업의 여공 중에는 기혼이 많았던 반면 방직공업을 보면 미혼 유년 여공의 비율이 높았다.

섹슈얼리티 문제가 직업여성에 대한 부정적 담론에 강하게 결합되어 있는 전반적인 사회 분위기 속에서 방직공업 여공의 노동력 구성의 특징, 즉 유년이거나 미혼인 여공이 많았다는 점은 이들을 둘러싼 담론 형성에서 섹슈얼리티 문제가 중요하게 부각될 수밖에 없었다는 점을 보여준다. 유년공을 포함하여 많은 여성들이 결혼비용을 모으기 위해서든 농가 가계에 보조를 위해서든 잠시 부모의 통제를 벗어나 집을 떠나 있었다. 그리고 이후 이들의 진로는 결혼 문제에 직면해 있었다고 볼 수 있다. 여공은 결혼 전 남성 가부장의 통제에서 벗어나 있는 여성이라는 사회적 시선과 성적 문제를 부각시킨 담론 속에서 정숙하지 못한 여성, 그래서 결혼하기에 적합하지 않은 여성이라는 사회적 낙인을 받았다. 방직공업 여공들에 대한 부정적 담론은 가부장의 통제에서 벗어난 여성에 대한 사회적 감시와 통제로 작용해 여성들의 섹슈얼리티를 억압했다. 이러한 사회적 담론 구성은 방직공업의 노동조건 및 통제의 특징과 섹슈얼리티 문제를 연결하면 더욱 분명해진다.

4. 방직공업의 노동조건 및 통제의 특징과 섹슈얼리티 문제

식민지 시기 산업화 과정에서 노동통제는 시간에 대한 관리를 통해 이루어졌고, 노동자의 몸은 시간 규율에 맞춰 훈육되었다. 1930년대 일본은 8시간 3교대제였지만 식민지 조선은 12시간 2교대제였다. 방직공업 여공들은 다른 업종에 비해 노동시간이 가장 길어서 이들 중 82퍼센트가 12시간 이상의 장시간 노동을 했다. 또한 가장 길게는 15시간 30분 동안 노동을 하기도 했다. 이들에게 작업 중 휴식 시간은 거의 없었고 점심시간도 30분 남짓이었다. 다른 공업에 비해 노동시간이 더욱 길었던 이유는 당시 방직공업이 주력 산업 중의 하나였고, 대다수 미혼 여성노동자들이 기숙사에서 생활을 해서 이들에게 장시간 노동을 강요할 수 있었기 때문이다. 여공들은 기숙사 생활에서 서로 필요한 정보교환을 하기도 했지만 자유롭게 외출을 할 수도 없었고 노동과 노동 외 시간 전반에 걸쳐 통제를 받았다.

> 요란스런 기계소리! 돌아가는 바퀴! 이리감기고 저리감기는 거미줄 같은 오색가지 비단실들의 엉클어짐! 이속에서 그들은 한눈도 팔지 못하고 보일락 말락하는 수천가닥의 비단실을 일일이 노려보며 하늘거리는 비단을 짜고 있다. 아침부터 밤까지 앉지도 못하고 서서 한마디 이야기도 재미있게 못하고 짜내여 놓은 그 비단필들이 돈 많은 아가씨들의 호사스런 치마와 저고리가 되어 도시의 거리를 장식하는 것이다. … 하루에도 팔백여척식 정성을 다 해 짜면서도 자기네 몸에는 한오라기 걸쳐보지도 못하는 설움! (면방직공업)[12]

이처럼 여공의 모습은 자신의 노동에서 소외되고, 노동착취를 경험하고, 공장의 기계처럼 쉼 없이 일하는 모습으로 그려진다. 이들은 수면 부족에 시달리며 고된 노동을 버티고 있었고 과로와 수면 부족은 잦은 산업재해로 이어졌다. 1938년 7월 주요 제사공장에 근무하는 여성노동자 1,274명을 대상으로 한 조사에 의하면 이 중에서 81퍼센트가 1년간 질병을 앓았던 사람들이었다. 주요 병명을 살펴보면, 소화기병, 호흡기질환, 폐결핵, 눈병 등으로 여공들은 심각한 건강 문제를 안고 있었다.

> 8월 9일 토요일
> 오래간만에 금순이가 있는 병실에 들어섰다. 금순이 병은 심상치 않은데도 집에 편지하는 거조차 사감은 압수하며 도무지 집으로 보내지 않는다. 병실 다섯방은 대만원이었다. … 부어서 통통한 사람, 살이 빠져 뼈만 남은 사람, 가지각색 병이 들어 그네들은 지옥의 한 장면을 보는 듯하다. 어린 동무들아 우리는 힘들여서 일한 것 외에 무슨 죄를 지였노! … 그들은 사람의 힘에는 한정이 있을 것도 생각지 않는다. 건강을 해하는 것도 모른다. 힘 다하여 일을 하면 또 그 이상 더 하라고 야단을 친다. 목숨이 경각에 있어도 그저 일만 하라고 한다. 이익에 이익을 더하고 부에 부를 거듭하려고 우리들의 피와 살을 깎는 그들의 눈에는 오직 지폐의 조회와 금전의 쇠뭉치가 있을 뿐이다.[13]

특히 여성에게 타격을 주는 직업병으로서 불임이 얘기되곤 했는데 이것은 제사공장에 다니는 여성의 전형적인 직업병으로 인식되었다. 일본의 나가노 현에서는 '제사공에게 장가들지 말라'는 말이 유행할 정도였다고 한다. 제사는 장시간 작업대에 앉아서 하는 노동이라서

심장, 폐, 자궁 등에 병을 얻어 자식을 낳을 수 없다고 알려지면서 이런 말이 유행하게 되었다고 한다.[14] 흥미로운 점은 '제사공에게 장가들지 말라'는 말이 식민지 조선에서도 담론화 되었다는 점이다. 이러한 담론은 공간적 차이에도 불구하고 식민지 조선에 대한 일본의 직접적인 영향의 정도를 알 수 있는 것으로, 제사 여공의 노동조건의 열악함과 건강문제의 심각성이 어떠했는지를 짐작할 수 있게 한다.

그러나 여기서 주목해야 할 것은 '제사공에게 장가들지 말라'는 담론과 연결된 직업병의 종류가 생리불순이나 불임이었다는 점이다. 실제로 제사업에서 일했던 여공들이 직업병으로 인해 이후 불임의 가능성이 높았다고 하더라도 중요한 것은 이러한 담론이 미혼이었던 여공 집단에게 아이를 낳지 못하는 여성이라는 사회적 낙인을 찍고 있다는 점이다. 더 이상 어머니가 될 수 없는 존재들이기 때문에 아내가 될 수 없다는 식의 이러한 담론은, 섹슈얼리티 문제를 부각시키면서 결혼을 해서는 안 되는 대상으로 이들을 범주화시키고 있다. '처녀 신세 망치는 곳', '폐병 걸리는 곳', '공장에 가면 못 쓰게 된다'는 사회적 담론 또한 유사한 맥락에서 형성된 것임을 알 수 있다.

장시간 노동과 열악한 노동환경 외에 벌금제와 강제 저금 제도는 여공의 노동을 통제하는 규율이었다. 벌금제는 대부분의 방직·제사 공장에서 생산성을 향상하기 위해 행해졌다. 벌금 산정 방식은 일관성이 없어 기준이 불분명했다. 벌금의 내용을 보면, 무단결석, 지각, 허락 없는 작업장 이탈 행위, 조는 행위, 출근카드 체크 시 줄을 서지 않는 행위 등이었다. 또한 강제 저금 제도는 노동자의 임금 중 일부를 강제로 저금하게 하는 제도였다. 면방 대기업의 경우는 임금 중 3분의 2

를 저금하고 노동자에게 3분의 1을 주었다고 한다. 강제 저금은 원칙적으로는 고용 기한[15]인 3년이 지나 퇴사할 때라야 찾을 수 있고 여공들이 자유롭게 찾을 수는 없었다. 벌금제와 강제 저금 제도로 인해 여공들의 임금은 삭감되었고, 이들은 마음대로 공장을 그만둘 수도 없었다.[16]

8월 8일 목요일

오늘은 무척 덥다. 공장내는 105도라고 한다. 아침에는 더위가 좀 싱싱하드니 차차 올라 잠이 들려 하고 아무리 마음을 가다듬어도 어제 저녁에 잠을 못 잔 탓인지 못 견디게 눈이 덥힌다. 감독은 벌써 알아차리고 내 앞을 여러 번 다니며 소리를 지른다. 조는 사람에게 뜨거운 물을 끼얹겠다고. … 순이는 오늘도 벌점이 나왔다. 죽도록 일하고 도리어 벌금을 내게 되었다. 감독은 법석이 났다. 무척 맞은 순이는 머리를 산산히 풀어 헤친 채 쓰러질 듯이 맥이 풀려서 자리로 돌아갔다. 복녀도 벌점이 나왔다. 불러다가 가운데 세워 놓고 손 위에 물통을 울려놓은 후에 하루 종일 서 있으라고 하였다. 복녀는 며칠 전부터 병이 나서 억지로 일을 하면서도 기운이 없어 허리를 추지 못하는 판이라 그만 물통을 떨어뜨리고 쓰러졌다. 감독은 소리를 지르며 때리며 일어서라고 한다.[17]

　여공들을 괴롭혔던 또 다른 문제는 공장 남성 감독의 노동통제 방식이었다. 이들은 폭언과 폭행, 해고의 위협으로 여공들의 노동을 감시하고 통제했다. 남성 감독들은 여공들이 작업 중 졸거나 작업 속도가 느린 경우 일상적으로 욕설과 구타를 가했다. 감독권의 횡포는 매우 심하여 1920·30년대 여성노동자의 파업에서 제기되는 주요한 내용이기도 했다. 또한 공장에서는 여공에게 성적 수치심을 주는 방법으로 벌을 주기도 하고 감독에 의한 성폭력의 문제가 불거지기도 했다. 방직공업 여공의 섹슈얼리티에 대한 부정적 담론은 이러한 맥락 속에서 설명할 수 있다.

> 감독은 입모습에 웃음을 띠며 조금 다가앉았다. … 선비는 갑자기 무서운 생각이 흠씬 끼쳐졌다. 그리고 그가 처음 덕호에게 유린받던 그날 밤 같아서 몸이 한줌만해졌다. 그래서 그는 조금 뒤로 물러섰다. 감독은 선비의 눈치를 슬금슬금 보면서 궐련을 피워 물었다. "선비, 금년에 몇 살?" …

> 까불이는 선비의 임금(林檎) 빛 같은 두 볼을 바라보면서, 저 계집을 … 하고 안타깝게 생각하며 몸이 달았다. 그래서 담박에 달려들어 그녀를 쓸어안고 싶었다. 그러나 자기들의 동료 중에 그 어느 누가 알든지 하면, 두 말 없이 상부에 보고 되어 생명줄이 떨어질 것이 두려웠다.[18]

방직공업 여공에 대한 담론 중 '방적 돼지'라는 표현이 있다. 이것은 여공들의 비위생적인 생활을 지적하는 것처럼 보이는데 표현을 그대로 읽으면 마치 방직 여공들이 사는 기숙사 시설의 더러움이나 정리하지 않고 사는 이들의 생활 습성을 의미하는 것처럼 보이기도 한다. 하지만 사실 이러한 담론이 나온 맥락은 비위생적인 기숙사 음식에서 기인한다. 기숙사 음식은 비위생적이어서 식중독을 일으키는 일이 빈번했고 상한 음식물을 주는 경우도 있었다. 공장주들은 식비에 비해 형편없는 음식을 공급해 이익을 챙기려고 했다. 기숙사비는 대체로 식비만 받았는데 노동자의 임금에서 공제되었다. 식사는 노동자들이 노동력을 생산하기도 힘든 정도의 수준이었고, 여성노동자는 영양실조로 쓰러지기도 했으며, 유년공의 경우는 발육 부진을 초래하기도 했다.

> 식당은 기숙사의 맨 하층으로 지하실이었다. … 그들은 밥을 보자 식욕이 부쩍 당기어 한참이나 퍼먹다가 보니 쌀밥은 틀림없는 쌀밥인데 식은 밥 쪄 놓은 것 같이 밥에 풀기가 없고 석유냄새 같은 냄새가 후끈후끈 끼쳤다. … 그나마 반찬 이나 맛이 있으면 먹겠지만 반찬 역시 금방 절인 듯이 소금덩이가 와그르르한 새우젓인데 비린내가 나서 영 먹을 수가 없었다. 그들은 식욕이 일어 배에서는 꼬록꼬록 소리가 났다. … 그들도 처음 며칠은 이 밥에 배탈을 얻어 십여 일이 나 설사까지 하고도 할 수 없이 이 밥을 먹게 되었던 것이다.[19]

방직공업 여공의 삶의 공간은 공장-기숙사-식당으로 연결되어 있 었다. 이들의 삶을 구성하는 공장의 각 공간에서의 규율과 통제는 이들 의 삶 전반에 대한 억압이었다. 또한 여공들은 장시간 고된 노동에 시 달렸지만 임금에서 벌금, 강제저금, 그리고 식비를 제외하고 나면 실 제 수령 임금은 얼마 되지 않았다. 특히 이 글에서 초점을 둔 방직공업 여공의 섹슈얼리티에 대한 부정적 담론은 방직공업의 노동력 구성, 노 동조건 그리고 노동통제의 특징과 연관되어 있다. 섹슈얼리티 문제는 1920·30년대 방직공업 여공의 정체성 형성에 영향을 미쳐 노동자로서 의 자신의 삶을 긍정하기보다 부정하는 모습으로 나타났을 수도 있다.

5. 노동 현장에서 저항했던 방직공업 여공들, 그리고 현재

역사를 되돌아보면 1920·30년대에 억압받는 여공들의 이야기만 있는 것은 아니다. 역사 속에서 우리가 발견할 수 있는 이들의 또 다른 모습은 이러한 현실에 굴복하지 않고 자신의 목소리를 내려고 했던 여공들의 삶이다. 식민지 조선의 노동운동은 1920년대에 본격적으로 전개되어 20년대 후반에서 30년대 전반에 걸쳐 노동운동의 전환기를 맞이하고, 30년대 중반 전후로 점차 약화된다. 1930년부터 1935년에 걸쳐 발생한 파업 통계를 보면, 거의 모든 노동 부문에서 노동자들이 동맹파업에 참여했다는 사실을 알 수 있다. 구체적으로 보면 방직이나 정미, 고무 등의 공장 노동자가 대략 40퍼센트, 인부나 짐꾼, 또는 토목건축 노동자와 같은 비공장노동자가 60퍼센트 정도의 비중을 차지한다. 그러나 이것은 동맹파업에 적극적으로 참여했던 고무공장 노동자들의 1930년부터 33년에까지 파업 건수를 통계적으로 파악하지 못한 채 정리된 자료임을 고려해야 한다.[20]

노동 현장에서 여공들은 거리시위, 태업, 절식, 작업거부, 잦은 이직 등 다양한 방식으로 저항했다. 구체적으로 보면 1920년대 제사공업 노동자들의 투쟁은 1922년 4건 302명, 1926년 8건 437명, 1929년 11건 930명으로 점차 증가했다. 파업의 참여자는 대부분 여공들이었다. 여공들은 작업시간 단축, 체불임금 지급 및 임금인상, 대우개선, 일본인 감독 태도 개선 문제, 벌금제 경감 및 강제저금제도 폐지 등을 요구했다. 이들은 강압적인 노동통제 방식에 대해 저항했고, 노동조건 개선을 요구한 파업에서 주로 성공적인 결과를 만들기도 했다. 제사공업

노동자들의 투쟁은 1930년대에도 이어져 1930년 19건 3,707명, 1933년 13건에 3,077명이 참여하였다. 노동자들은 독서의 자유, 민족적 차별 대우 철폐 등을 추가로 요구하기도 했다. 1930년대 들어와서는 산업별 노동조합의 조직화와 다른 사회단체와의 연대를 통해 투쟁을 진행했다.[21]

1930년대에 있었던 노동쟁의 중에 부산 조선방직공장 노동자 파업이 있다. 이 파업은 기숙사 남공들이 친목을 목적으로 만든 조직을 회사 측에서 못마땅하게 여겨 노동자들로부터 친목모임에 불참하겠다는 서명을 받으려고 시도한 사건에서 시작됐다. 친여 명의 노동사들은 공장 식당에 모여 자신들의 요구조건을 회사 측에서 수용할 때까지 파업하기로 결의했다. 이들은 민족적 차별대우 철폐, 식사 개선, 8시간 노동제 실시, 벌금제도 폐지, 임금인상, 기숙사 직공들에게 자유를 허용할 것 등을 회사 측에 요구했다. 경찰들은 서류를 압수하고 주동자들을 구속했고 이에 분노한 구백여 명의 여공들은 고함을 지르며 쏟아져 나왔다. 회사 측과 경찰은 문을 밖에서 걸어 닫고 여공들을 감금했다. 감금당한 여공들은 구속된 동지의 석방과 요구조건 수락을 내걸고 단식투쟁을 하며 협상하였으나 결렬되었다. 여공 통근자 삼백여 명은 남자 파업단 사무소와 별도로 파업단 사무소를 설치하였으나 회사 측은 주동 여공들을 해고하고, 업무 복귀를 강요했다. 당시 해고 노동자가 삼백 명이나 되었으나 파업이 장기화되자 많은 노동자들이 복귀하여 요구조건이 관철되지 못하고 끝이 났다.[22]

식민지 시기인 1920·30년대를 되돌아보면, 열악한 노동조건과 강압적인 노동통제 속에서 힘겨운 삶을 살았던 여공들의 모습과 노동

조건과 노동통제를 바꾸기 위해 싸웠던 여공들의 모습이 교차하고 있다. 식민지 상태였던 민족이 해방되고 한 세기 남짓 시간이 흘렀지만 여성노동자의 삶은 무엇이 변했을까?

2012년에 상영된 다큐멘터리 〈아무도 꾸지 않는 꿈〉은 여공들의 힘겨운 노동현실의 역사적 반복성을 보여준다. 주로 이삼십대 구미공단 여성노동자의 이야기를 담은 이 영화에서 여성들은 자신의 노동 세계에 대해 이렇게 말한다. '공장에선 사람이 아니고 기계가 된다', '꿈을 꿀 수 없다', '공장 노동자들은 짤순이, 탈수기다', '내 몸이 이렇게 상해가면서 일을 해야 하는 것인가', '밤에 집에 오면 눈과 코에서 솜과 실이 묻어 나온다', '하고 싶은 일을 한 적이 없다', '자유시간을 가질 수 없다', 비정규직은 회사 식당에서 밥 먹는 것도 눈치가 보인다' 등. 2012년 구미공단의 여성노동자들은 여전히 12시간 2교대로 일하거나 무단결석, 지각, 회식 불참 등을 이유로 벌금을 적용해 임금이 삭감되거나, 작업 중 접하는 유해물질로 인해 기관지염, 폐 기능 훼손, 비염 등 건강에 위협을 받으며, 어느 날 갑자기 회사로부터 일방적인 퇴사 통보를 받고 해고를 당하기도 한다. 그리고 2012년 현재 여전히 여성노동자들은 근로환경의 개선, 임금체불과 임금인상 문제, 정리해고 철회를 요구하며 거리에서 천막에서 공장에서 투쟁하고 있다. 여전히 현재에도 노동은 여성노동자들의 삶을 파괴하고, 생명을 앗아가고 있으며 여성노동자들은 이에 저항하고 있다. 1920·30년대 방직공업 여공들과 2012년 구미 공단 여성노동자들은 한 세기를 넘어 역사 속에서 교차되고 있다. 1920년대와 30년대 여공의 노동 현실은 지금 얼마나 달라졌다고 말할 수 있을까?

| 주 |

1 방직 공업은 내부적으로 직물업·제사업·방적업·메리야스업 등 다양한 업종을 포함한다. 메리야스업은 조선인 자본에 의해 운영되었고 제사업과 면방직업은 일본 자본의 진출과 함께 성장하기 시작했다.

2 강이수, 「1920~60년 한국 여성노동시장 구조의 사적 변화」, 『여성과 사회』 4집, 한국여성연구소, 1993, 173~176쪽.

3 「여직공 방문기」, 『근우』, 1929년 5월 19일자.

4 『신동아』, 1932년 6월.

5 강이수, 「근대 여성의 일과 직업관」, 『사회와 역사』 65집, 문학과지성사, 2004, 190~192쪽.

6 김원, 「여공담론의 남성주의 비판」, 서강대학교 정치외교학과 박사학위논문, 2003, 127쪽.

7 김원, 앞의 논문, 122쪽.

8 강이수, 「1930년대 면방 대기업의 노동과정과 여성노동자의 상태」, 이화여자대학교 사회학과 박사학위논문, 1992.

9 강이수, 앞의 논문.

10 강이수, 「1920-60년 한국 여성노동시장 구조의 사적 변화」, 『여성과 사회』 4집, 한국여성연구소, 1993, 179~181쪽.

11 강이수, 「근대 여성의 일과 직업관」, 『사회와 역사』 65집, 문학과지성사, 2004, 190~192쪽.

12 『신동아』, 1932년 6월.

13 「어느 제사회사 여공일기」, 『별건곤』, 1930년 3월.

14 한국여성사 연구회 여성사 분과, 『한국여성사-근대편』, 풀빛, 1992.

15 일제 하 여성노동자들은 3년에서 5년에 이르는 기간으로 고용계약을 했다.

16 강이수, 「1920~60년 한국 여성노동시장 구조의 사적 변화」, 『여성과 사회』 4집, 한국여성연구소, 1993, 184쪽.

17 『별건곤』, 앞의 글.

18 1934년 동아일보에 연재되었던 강경애의 소설 『인간문제』는 1930년대 여성노동자의 현실을 잘 보여주고 있다. 이 소설은 당시 농촌과 도시를 무대로 펼쳐졌던 여주인공 선비와 다른 여성들의 삶을 다루고 있다. 강경애, 『인간문제』, 소담출판사, 1996.

19 강경애, 앞의 책.

20 김경일, 『한국노동운동사 2』, 지식마당, 2004, 316쪽.

21 윤정란, 「식민지시대 제사공장 여공들의 근대적인 자아의식 성장과 노동쟁의의 변화과정 : 1920~1930년대 전반기를 중심으로」, 『담론201』 9(2), 사회역사학회, 2006, 57~65쪽.

22 신영숙, 「일제하 한국여성사회사연구」, 이화여자대학교 사회학과 박사학위논문, 1989.

2

글 쓰고,

일하고,
다른 세상을 꿈꾸며

5
갈등하는 기억과 상상, 역사인물 허난설헌

| 이숙인 |

1. 소문에의 개입

1985년 1월, 광주군 초월면 지월리의 한 묘역에서 관 속에 넣어둔 옷과 수의가 출토되었다. 중부고속도로 건설로 묘를 이장하던 중 발굴된, 총 15점 유물은 김첨(金瞻, 1542-1584)과 그의 딸, 그리고 그의 증손부(曾孫婦) 원주원씨가 남긴 것이다. 특히 '안동김씨지구(安東金氏之柩)'라는 명정과 유의(遺衣) 저고리 두 점을 남긴 딸은 15-16세로 추정되며 머리를 땋은 모습의 미라로 드러났다. 미혼으로 죽은 이 여성은 난설헌의 시누이였고, 그 아버지 김첨은 난설헌의 시아버지였다. 이들에게 말이 있다면, 허난설헌은 어떤 모습으로 그려질까?

허난설헌의 동생 허균(1569-1618)은 자신의 '누이가 그 시어머니에게 인정을 받지 못했고'[1], 자신의 자형은 인물로 보나 학문으로 보나 누이에 훨씬 못 미친다고 했다. 이 말은 곧 한 천재 여성의 '불행한' 삶이 결혼제도 내지는 '옹졸한' 남편에 연유한 것으로 번져나갔다.[2] 하지만 허난설헌의 남편 김성립(金誠立, 1562~1592)은 28세에 문과에 급제하여 홍문관 저작을 지낸, 조선시대 사대부의 일반적 수준을 만들어낸 인물이었다. 더구나 전쟁이 임박한 정국을 울부짖었고, 전쟁을 맞아서는 의병이 되어 싸우다가 전사하였으며, 시체를 찾지 못해 옷만 갖고 장례를 치렀다고 한다. 그 남편 김성립 또한 자녀들의 잇단 사망에 시대의 불운한 조짐, 거기에 과거를 통과해야 한다는 부담으로 아내 난설헌만큼이나 그 삶이 신산했을 것이다. 그들을 둘러싼 양쪽 가족들의 관계는 어땠을까? 허봉(1551-1588)은 누이 부부의 아들이면서 자신의 조카인 희윤을 위해 눈물을 흘리면서 비명을 지었다.

> 피어보지도 못하고 꺾인 아이는 희윤이다. 희윤의 아버지는 성립인데, 나의 매부이다. 희윤의 할아버지는 첨(瞻)인데, 내 친구이다. 눈물을 흘리며 비명을 짓는다. 해맑은 얼굴에 반짝이던 눈, 만고의 슬픔을 이 한 곡(哭)에 부친다.[3]

또 허봉이 1583년 갑산으로 귀양갈 때 21세의 난설헌은 아래와 같은 시를 지어 오라버니를 전송했다.

> 멀리 갑산으로 귀양가는 나그네여
> 함경도 가느라고 마음 더욱 바쁘시네

이에 난설헌의 시숙부 김수(金睟, 1547-1615)는 〈질부의 시에 차운하여 갑산으로 가는 벗을 전송하다〉는 시를 지어 친구 허봉에게 보냈다.

> 조정의 시론이 변해
> 철령 밖으로 쫓겨나는 신하 바쁘시네
> ....

허씨와 김씨 집안은 서로의 아픔을 함께 나누며 위로와 애정을 보냈던 사이였다. 난설헌의 아버지 허엽, 오빠 허성과 허봉, 형부 우성전, 시아버지 김첨과 시숙부 김수, 시외조부 송기수, 시외숙 송응개 등 친가, 시가, 시외가 등 난설헌의 모든 가족들은 동인에 속한 인물들이었다. 이들은 율곡 이이(1536~1584)를 비조로 하는 서인(西人)과 대립하며 혼인관계를 통해 동인(東人)으로서의 정치적 이해를 돈독히 했던 사람들이다.

한때 남편 김성립은 친구들이 집을 얻어서 과거 공부를 하고 있었다. 한 친구가 장난기가 발동하여 난설헌의 여종이 듣고 있다는 것을 계산하며 '김성립이 기생집서 놀고 있다'고 했다. 이를 전해 들은 난설헌은 안주와 술을 보내면서 시를 한 구절 써서 보냈다.

> 낭군께선 원래 무심하신 분,
> 동접들은 어떤 분이시기에 이간질이신가?

이를 보고 사람들은 난설헌이 시에도 능하지만, 그 기백도 호방함을 알게 되었다고 한다. 김성립의 이종사촌 신흠의 말이다. 설령 난설헌과 김성립 사이에 우리가 모르는 불온한 기류가 흐르고 있었다 한들, 그것을 필요 이상으로 벌여놓은 데는 천재 여성의 사생활에 대한 세속의 지나친 관심이 아니었나 한다. 적어도 천재라면 더구나 여성이라면, 사생활에 문제가 있어 주어야 하는 것 따위다. 난설헌의 표현대로 '이간질'의 충동이다. 이렇듯 역사인물 허난설헌을 놓고 벌이는 기억과 상상의 갈등은 그녀 작품을 통해서도 계속되었다.

2. 하늘로 간 시선(詩仙), 천선(天仙)의 재주

허난설헌은 유선시(遊仙詩)의 대표적 작가로 남녀 막론 최고 수준을 보인 것으로 평가되어 왔다. 동생 허균에 의해 간행된 『난설헌집』에는 총 210여수의 시가 실려있는데, 「유선사(遊仙詞)」 88수를 비롯하여 모두 99수의 유선시로 채워져 있다. 난설헌의 유선시는 묘사의 사실성과 환상적인 필치로 독자를 시인과 함께 황홀한 선경의 세계로 몰입케하는 예술성을 갖추고 있는 것으로 평가되고 있다. 유선(遊仙), 몽선(夢仙), 망선(望仙), 보허(步虛), 선유(仙遊) 등의 제목들이 시사하는 바, 그녀의 의식세계는 선계(仙界)를 지향하는데 대개는 여신들로 그 주인공을 삼고 있다. 즉 신선전설을 제재로 속세를 떠난 선계에서의 노닒을 통해 현실에서의 갈등과 질곡을 극복하려고 한 것으로 보인다.

허난설헌이 죽고 3년 후, 임진란이 발발했다. 이에 명나라 군사들과 문인들이 대거 조선에 출정하면서 조선 지식인들과의 교류 또한 활발해졌다. 조선에 참전했던 명군 오명제(吳明濟)는 중국으로 돌아가 『조선시선』(1600)이라는 책을 펴냈는데, 여기에 실린 신라부터 조선 선조

때까지의 시 332수 중에 허난설헌의 시도 포함되었다. 오명제는『조선
시선』을 편찬하게 된 동기를 이렇게 말한다.

기다렸던 한양에 도착하여 많은 문인들에 대한 이야기를 들었다. 공관 밖에
서 잠시 거주하면서 여러 학자들과 교분을 나눈 후에 다시 막사로 돌아오겠
다는 나의 간청이 받아들여져 군영을 떠나 허씨 집에 머물렀다. 허씨 삼형
제, 즉 봉, 성, 균, 이들의 문장은 동해 간에 드높았다. 봉과 균은 모두 장원
급제했으며 균은 더욱 영민하여 한 번 들으면 잊어버리지 않았다. 조선의 시
수백편을 외워 주었으므로 내가 모은 시들이 점점 많아졌다. 또 그 누이의
시 이백 편을 얻었다.[4]

오명제의『조선시선』에 수록된 시에 27명의 새로운 작가의 작품을
추가한『朝鮮古詩』(藍芳威 편)에서는 허난설헌의 시가 25수로 늘어났다.
또 역대 중국 사신 중 학문과 예술의 수준이 남달리 높았던 인물 주지
번(朱之蕃, 1558~1624)은 명나라 황태자의 탄생을 반포하기 위해 조선에 파
견되었는데, 허균이 편집한『난설헌시집』에 서문을 썼다. 그는 말한다.

허난설헌의 문집을 보니 속세를 초탈하여 아름답고도 깨끗하며, … 선녀의
자질이 있어 우연히 海邦 조선에 귀양왔으니 … 신선세계에서 떨어진 글자
욱이 모두 주옥을 이루어 감상을 하게 한다. … 어찌 어리석고 볼품없는 우
리들이 한숨짓고 억지로 읊어서 그 불평한 심회를 묘사하여 한갓 아녀자의
웃음과 빈축을 사는 것 따위이리오.[5]

주지번의 난설헌에 대한 평가는 '변방' 조선이 감당할 수 없는 그

릇을 가진 시인이다. 한편 조선에 와본 적은 없지만, 중국에 유행하던 조선의 시를 모으고 편집한 반지긍(潘之恒, 1556-1622)은 『긍사(亘史)』에서 허난설헌의 시 168수를 수록하였다. 이는 허난설헌을 요청하는 기류가 명대 문단에 형성되고 있다는 증거이다. 그는 〈허난설헌 편〉의 서문에서 이렇게 말한다.

이 나라(조선)에 이러한 여인이 있을 수 있다는 것은 한나라의 반소와 그 아름다움을 비교할 수 있으니 이는 역사를 기록하는 데 있어 조선의 군신들도 두말할 것이 없을 것이며 오히려 그녀보다 앞서지 못함을 느낄 것이다. 내가 이전에 말했다. 허경번은 단지 '혜녀'만이 아니라 '天人'이라 할 수 있다. 혜녀라함은 그의 시문에서 기인하고 천인이라함은 그녀를 조선과 같이 작은 나라에 국한시킬 수 없기 때문이다. 혜녀는 외부와 문을 닫고 홀로 지내며 수련을 연마하고 이미 문자와의 인연을 끊고 더 이상 글을 쓰지 않았다. 신선의 경지에 오르자 오백대선교주가 되었다. 만력 무신(1608) 봄.⁶

허난설헌의 시를 애호하는 중국의 독자들은 그녀를 인간이 아닌 신선과 동일시하기 시작한 것이다. 중국 문인 종성(鐘惺)은 36권으로 된 시 선집을 펴내면서 허난설헌을 이렇게 소개한다.

허경번, 자는 난설이며 조선인이다. 8세에 〈광한전옥루상량문〉을 지었다. 진사 金成立에게 시집을 갔는데 후에 김성립이 국난에서 순국하자 그녀는 여도사가 되었다. 그 형 허균장원과 둘째 형 허봉정랑이 있다. 번의 才名은 그 형들과 견준다. 주지번이 조선에 사신으로 갔을 때 그 문집을 얻어왔다. 판각되어 널리 전한다.(〈名媛詩歸〉)

난설헌이 김성립보다 나중에 죽었다는 것이나, 여도사가 되었다는 것, 허균을 난설헌의 오빠라고 한 것 등 그녀의 인기와 더불어 왜곡된 정보들이 나돌기 시작하였다. 이에 대해 남인 계열의 한치윤(韓致奫, 1765~1814)은 중국쪽 정보가 문제가 있음을 지적했다. "김성립은 애당초에 국난에 목숨을 바친일이 없으며, 허씨는 27세 때 김성립보다 먼저 죽었다. 그러니 어찌 여도사가 되었을 리가 있겠는가."**7**

이 외에 명나라 조세걸은 "20살에 과부가 되었으며 才名이 형과 견준다. 내가 북경에서 우연히 그 문집 한 권을 얻었는데 읽어보니 내 눈을 비비고 다시 보게 만들었다. 이역 땅에 이처럼 출중한 여인이 있음은 생각 밖의 일이지 않는가."(『古今女史』)라고 하였다. 또 '임진란에 남편이 죽자 개가하지 않고 수절했다'(제갈원성, 『양조평양록』)고도 하였다. 허난설헌에 대한 이러한 상상은 그녀의 작품에 대한 찬사와 맥을 함께 하는 것이다. 다시 말해 중국의 문인들은 허난설헌의 시가 당시 동아시아 문명권의 보편적인 특질을 갖추고 있음을 인정한 것이다.

16세기 조선의 심수경(1516~1599)은 "허봉과 허균도 시에 능하여 이름이 났지만 그 여동생인 허씨는 더욱 뛰어났다"(『遣閑雜錄』)고 했다. 허봉과 돈독한 우의를 나누었던 유성룡(1542~1607)은 그 누이 난설헌의 시집에 발문을 썼다.

"하루는 미숙[허봉]의 아우 단보[허균]군이 그의 죽은 누이가 지은 『난설헌고(蘭雪軒藁)』를 가지고 와서 보여 주었다. 나는 놀라서, "훌륭하도다. 부인의 말이 아니다. 어떻게 하여 허씨의 집안에 뛰어난 재주를 가진 사람이 이토록 많단 말인가."라고 하였다. 나는 시학(詩學)에 관하여는 잘 모른다. 다만 보는 바에 따라 평한다면 말을 세우고 뜻을 창조함이 허공의 꽃이나 물속에 비친 달과 같아서 맑고 영롱하여 눈부셔 볼 수가 없고, 울리는 소리는 형옥(珩玉)과 황옥(璜玉)이 서로 부딪치는 것 같으며, 남달리 뛰어나기는 숭산(嵩山)과 화산(華山)이 빼어나기를 다투는 듯하다. 가을 부용은 물 위에 넘실대고 봄 구름이 허공에 아롱진다. 높은 것으로는 한(漢) 나라 · 위(魏) 나라의 제가(諸家)보다도 뛰어나고 그 나머지는 성당(盛唐)의 것만 하다. 그 사물을 보고 정감을 불러일으키며 시절을 염려하고 풍속을 근심함에는 종종 열사의 기풍이 있다.[8]

유성룡은 난설헌이 시인으로서의 재주도 특출하지만 사회적인 의식을 갖추고 있는 것으로 평가했다. 유성룡의 말대로 난설헌에게 "시절을 염려하고 풍속을 근심함에는 종종 열사의 기풍이 있다"면 『홍길동』을 써서 적서 문제를 비판한 동생 허균이나 시국을 걱정하면서 전사한 남편 김성립의 '기풍'과도 통하는 면이 있다. 동인에 속하면서 난설헌의 오빠 허봉과는 절친한 친구였던 유성룡의 입장이라는 점을 감안하더라도, 난설헌의 시를 직접 읽고 소상하게 평가를 하고 있는 점에서 '떠도는' 소문을 자신들의 문집에 옮겨 놓은 부류와는 다르다. 허난설헌에 대한 기억과 상상의 갈등은 '표절설'로도 표출되었다.

3. 중국을 표절한 삼류 시인?

난설헌 시의 표절설은 이수광(1563-1628)에서 시작된 것으로 보인다.

그는 "유선사 88수 중 두 편은 조당(曹唐)의 시를 베꼈고, 「백옥루상량문」은 허균과 이재영이 지은 것이다. 난설헌의 시 가운데 두세편을 제외하고는 모두 위작이다"(『芝峰類說』)고 하였다. 이수광과 허균은 동서 사이로 김대섭(1549~1594)의 사위들이다.[9] 『지봉유설』은 이수광이 1614년에 썼지만 출간은 1634년에 그의 아들들이 하였다. 이에 앞서 허균은 역적으로 몰려 1618년에 죽임을 당했다. 어떤 식으로든 난설헌 및 허균과 거리를 '두어야 하는 것'이 생존을 위한 그 시대의 방법이었을 것이다. 『지봉유설』의 '난설헌 시 위작설'은 상식을 넘어선 악의적인 수준임을 이후에 제기된 '표절설'과 비교해보면 좀 더 분명해진다. 난설헌에 대한 공격은 여성 일반에 대한 그의 인식과 분리될 수 없는데, 즉여자가 시를 쓴나는 것을 부정하고 싶은 것이다.[10] 신흠(1566~1628)은 허난설헌의 시 중에서 유선시는 반 이상이 표절이라고 하였다.

> " … 다만 유선시 같은 것은 태반이 옛 사람의 시편을 그대로 옮겨놓은 것이다. 어떤 이는 말하기를 '그녀의 남동생 허균이 세상에 잘 알려져 있지 않은 시편을 표절하여 슬쩍 끼워넣은 것이다.'고 하는데, 이 말이 그럴 듯하기도 하다.[11]

신흠은 김성립와 같이 송기수의 외손자이다. 난설헌의 남편 김성립과 이종사촌인 신흠은 허균과 학문적 토론을 많이 했던 친구 사이다. 다만 김성립 가문과 허균 가문이 속한 동인 그룹으로부터 배척을 받은 인물이라는 점이 주목된다. 즉 우호적이지 않은 것이 그다지 이상할 게 없다는 뜻이다. 그 역시 허균이 역적으로 몰려 처단된 후의 상황에서 허씨 남매의 행적을 남의 말을 인용하며 슬그머니나마 부정적으로 이야기하는 것이 필요했을 것이다.

김시양(金時讓, 1581~1643)은 난설헌 작품에 표절한 것이 많다고 어떤 사람이 말했지만 믿지 않았다고 한다. 그런데 종성에 귀양가서 『명시고취(明詩鼓吹)』를 구해보고는 그것이 사실임을 알게 되었다고 했다. 그리고 "아, 중국 사람의 작품을 절취하여 중국 사람의 눈을 속이고자 하였으니, 이것은 남의 물건을 훔쳐다가 도로 그 사람에게 파는 것과 무엇이 다르겠는가."(『涪溪記聞』)라고 했다. 김시양이 보았다는 『명시고취(明詩鼓吹)』의 난설헌 작품이 과연 그녀의 것이었는가? 편집자가 난설헌의 인기에 틈타 남의 글을 편집해 넣었을 가능성이 있음은 남구만(1629~1711)의 글을 통해서도 알 수 있다. 남구만은 자신이 연경에서 『명원시귀(名媛詩歸)』를 얻어 보게 되었는데, 허난설헌의 작품이라고 하는 것을 보니 편집한 자가 아무렇게나 뒤섞어 놓은 것이지 난설헌의 것이 아닌 것 같았다고 했다.(『약천집』)

난설헌의 시가 중국을 표절했다는 주장은 전겸익(1582~1664)의 『열조시집(列朝詩集)』이 나온 후 더욱 거세졌다. 즉 '열조시집에서 말했는데 … ' 하는 식이다. 『열조시집』은 조선의 여성 시인 5인을 수록하면서 '허매씨소전'을 매우 상세하게 다루었다. 여기서 여성 시인 부분은 전겸익의 첩이었던 시인 유여시(柳如是)가 담당했는데, 해제에서 그녀는 말한다.

오명제의 『조선시선』에는 허난설헌이 유선곡 300수를 지었다고 했는데, 나는 그 81수를 얻었다. 지금 전해지는 것은 대부분 당나라 시인들의 시구를 본떠서 지은 것이다. … 이 어찌 계림으로 흘러 들어간 중국의 시편을 허매씨가 옥갑(玉匣) 속에 깊숙이 보관해 두고서 다른 사람들이 보지 못하였을 것이라고 여겨 원작자를 숨기고서 자신의 작품으로 만들고자 한 것이 아니겠는가. 우리나라의 문사들이 기이한 것을 찾아다니다가 한갓 외방 오랑캐의 여자 손에서 나온 것만 보고서는 놀라고 찬탄하면서 다시는 원작자가 누구인지를 따져 보지 않아서이다. … 남편의 명을 받아서 규중 여인들의 시편을 교정하다가 우연히 짧은 소견이 있기에 짤막하게 기록한다. 지금 찬록(撰錄)한 것 역시 『조선시선』에 의거하여 열 가운데 두셋만을 남겨 두었다. 그 가운데 자구(字句)를 따다 쓰거나 느낌을 표절한 것을 찾아보면 참으로 일일이 다 헤아릴 수가 없다. 그러니 보는 자는 자세히 따져 봐야 할 것이다.(『열조시집』 해제)

멍나라 시인 유여시는 조선을 '외방 오랑캐'로 표현함으로써 중국 중심의 문명인식을 여지없이 드러냈다. 그리고 중국의 문인들이 난설헌에 열광하고 있다는 사실에 질투심을 느꼈을 법도 하다.

김만중(金萬重, 1637~1692)은 난설헌에 대한 사실을 확인하는 차원이기보다 떠도는 말을 사실화하는 수준에 머물고 있다. 거기에다 중국에서 나온 것이라면 일단 인정하고 들어가는 태도, 즉 '소국'의 콤플렉스를 여지없이 드러냈다. 그는 일단 허난설헌의 시가 우리나라 여성 중 단연 최고임을 전제하였다.

다만 아까운 점은 그 아우 균이 원나라와 명나라 사람의 좋은 글귀와 아름다운 시 가운데 보기 드문 것을 뽑아서 난설헌의 문집 가운데다 침입하여 명성과 위세를 크게 한 점이다. 이것으로 우리나라 사람을 속이는 것은 될 수 있을지 모르지만, 다시 중국에 들여보내었으니 마치 도적이 남의 소나 말을 도적질하여 그

마을에다가 전매하는 것 같아서, 어리석기가 그지없다. 또 불행하게도 … 전겸
익을 만나서, 간사한 것을 적발 당하고 … 밑바닥이 온통 들어나게 되어 사람
으로 하여금 크게 부끄럽게 만드니 아까운 일이다. … 천고에 이름을 날린 사
람이 본래 많지 않다. 허씨와 같은 재주는 저절로 일대의 혜녀(慧女)가 되기에
충분한데도 이런 것을 하여 스스로를 더럽혔다. 사람으로 하여금 매 편마다 의
심나게 하고 매 구절마다 흠집을 찾게 만드니 탄식할 일이다.(『서포만필』)

이상의 논의를 정리해보면, 명나라 시선집에 수록된 허난설헌의
작품은 그녀의 것이 아닐 가능성이 있다. 이것은 난설헌 자신이 표절
한 것도 아니고 허균 자신이 위작한 것도 아닌, 난설헌의 인기에 영합
한 시집 편찬자들의 '작품'일 수 있다는 것이다. 이러한 추측은 남구
만(1629~1711)의 글을 통해 좀 더 분명해진다. 남구만은 서인으로 남인을
탄핵한 소론의 영수격인 인물로, 정치적인 이해에서는 허씨 집안과
대립하는 쪽임을 전제할 필요가 있다. 그럼에도 그는 난설헌 비평의
구조를 객관적으로 보려는 안목을 가진 것으로 보인다. 그는 말한다.

그러나 『열조시집』과 『명원시귀』에 실려 있는 것은 비록 부인의 작품이 아니
라도 오직 부인에게 의탁하여 선발에 참여되고 간책(簡冊)에 나열되었으니,
그렇다면 부인의 명성이 우리나라에서 넘쳐 중국에까지 알려졌음을 알 수
있다. … 그렇다면 그 시의 진위를 막론하고 부인이 해외의 작은 나라, 초야
에 사는 한미한 선비의 아내로서 마침내 대국 문원(文苑)의 여러 공(公)들에
게 칭찬을 받아서 책에 편차하여 기록한 것이 천하와 후세에 전해지게 되었
으니, 이는 참으로 거룩한 일이다.(『약천집』)

이덕무(1741~1793)는 난설헌이 남의 시를 표절했다는 것을 전제하고 여성에 대한 편견을 유감없이 드러냈다. 그러나 중국 여성 유여시의 주장 및 태도에는 아무런 의문이 없는 듯하다.

부녀자란 생각이 매우 얕고 문견이 넓지 못하기 때문에 이따금 고인들의 시집을 장중(帳中)의 비보로 삼다가, 끝내는 높은 안목이 있는 이에게 그 치기(稚氣)가 드러나고 만다. 허난설헌은 전겸익 유여시에 의해 너절하게 고시(古詩)를 표절한 흔적이 거의 여지없이 폭로되고 말았으니, 남의 작품을 표절하는 자들의 밝은 경계라 하겠다.[12]

4. '발칙한' 규방 여인?

허난설헌에 대한 기억과 상상의 갈등은 작품 밖 사생활의 영역에서도 일어났다. 주로 그녀의 자호(字號) 경번당(景樊堂)을 놓고 '규방 여성'으로의 자격을 문제 삼는 것이었다. 홍대용(1731~1783)이 중국을 방문했을 때, 청나라 학자 난공(蘭公) 반정균(潘庭筠)과 이런 대화를 나누었다고 한다. 1765년 2월 8월의 일이다.

난공이 "귀국의 경번당 허봉의 누이가 시를 잘하여 『중국시선』에 들어 있다"고 하였다. 내가 "침자일을 하고 나머지에 곁으로 서사(書史)를 통하고 여계(女誡)를 복습하며 행실이 규범을 지키는 것이 부녀의 일이고 문조(文藻)를 수식하고 시로써 이름을 얻는 것은 아무래도 정도(正道)는 아니다."고 하였다.[13]

홍대용의 문집인 『담헌서』에는 그가 여성인 허난설헌이 해야 할
일과 태도를 원칙론의 수준에서 제시한 것 뿐으로 나와 있다. 그러나
그들의 필담을 옆에서 지켜본 이덕무(1741~1793)는 이 대화를 전혀 다르
게 적고 있다.

> 난공이 "귀국의 경번당은 허봉의 누이동생으로 시에 능해서 그 이름이 중국
> 의 시선에 실렸으니, 어찌 다행한 일이 아니겠습니까?"했다. 담헌은 말했다.
> "이 부인의 시는 훌륭하지만 그의 덕행은 전혀 그의 시에 미치지 못합니다. 그
> 의 남편 김성립은 재주와 외모가 뛰어나지 못했습니다. 그래서 부인은 '이생
> 에서 김성립을 이별하고[人間願別金誠立] 저생에서 두목지를 따르고 싶네[地
> 下長從杜牧之]'라는 시를 남겼습니다. 이 시만 보아도 그 사람됨을 알 수가 있
> 습니다." 다시 난공이 말했다. "아름다운 부인이 못난 남편과 부부가 되었으
> 니, 어찌 원망이 없을 수 있겠습니까?"**14**

여기서 이덕무는 담헌 홍대용이 난설헌의 잘못된 정보를 중국 학
자에게 전했다고 하고, 이런 내용이 시집 편집에 끼어들 가능성을 우
려했다. 그리고 그는 홍대용과 반정균의 대화 밑에 자신의 견해를 첨
부했다.

> 형암은 논한다. 듣건대 경번은 스스로 지은 호가 아니고 부박한 사람들이 기롱
> 하는 뜻으로 붙인 것이라 한다. … 세상에서는 허씨의 시를 모두 맹랑하다고
> 한다. 이를테면, '첩이 직녀가 아니니[妾身非織女] 낭군이 견우일 수 있으랴[郞
> 豈是牽牛]'라는 시도 난설헌의 것이 아니라 중국 사람의 시이기 때문이다.**15**

5. 갈등하는 기억과 상상, 역사인물 허난설헌

박지원(1737~1805)은 허난설헌의 시가 중국에 알려진 것은 조선의 영예임을 일단 인정했다. 하지만 '경번'이라는 이름에 대한 추측이 난무한 것, 유명해지면서 사람들의 입에 오르내리게 된 것은 잇따를 재녀(才女)들에게 교훈이 될 것이라고 한다.

"대체로 규중 부인으로 시를 읊는 것은 애초부터 아름다운 일은 아니나, 이 외국의 한 여자로서 꽃다운 이름이 중국에까지 전파되었으니, 가히 영예스럽다고 이르지 않을 수 없겠다. 그러나 우리나라 부인으로서는 일찍이 그의 이름이나 자가 본국에도 나타나지 못했은즉, 이 난설의 호 하나라도 오히려 분에 넘치는 일이어늘, 하물며 경번의 이름으로 잘못 알고는 군데군데에 기록되어서 천추에 씻지 못하게 되었으니, 이가 어찌 뒷세상의 재사(才思)가 풍부한 규중 재녀들의 의당히 경계하여야 할 거울이 아니겠느냐."[16]

그렇다면 난설헌은 경번당(景樊堂)에 어떤 의미를 부여했을까? 당나라 시인 '외간 남자' 번천(樊川) 두목(杜牧)을 연모한다는 의미있가? 경번이란 기롱하는 뜻에서 남들이 붙인 것이라고 보는 주장이 있다. 박지원도 난설헌의 남편 김성립이 외모가 못생긴 탓에 그 벗들이 놀리는 말로 두번천(杜樊川)을 연모한다고 한 것이다.(『避暑錄』 『열하일기』) 그런데 경번이라는 자는 난설헌 자신이 직접 썼던 것 같다. 허균도 허봉의 말을 인용하며 "경번의 재주는 배워서 되는 것이 아니라 하늘이 내려 준 것이라"고 했다. 그리고 난설헌이 시인이 되는 데 절대적인 힘이 되었던 오빠 허봉은 두번천을 높이 평가하지 않았다는 사실을 볼 때, '번천 연모설'은 설득력이 없다. 그렇다면 난설헌의 자 경번에는 어떤 뜻이 있을까.

이규경(1788~1856)은 이렇게 말한다. "신돈복의 『학산한언(鶴山閑言)』에 의하면 허난설헌의 호 경번당에서 '번(樊)'은 두번천(杜樊川)이 아니라 당나라 선녀 번고(樊姑)를 가리킨다. 번고는 신선 유강(劉綱)의 아내로 『열선전』에 기록되어 있다. 난설헌의 '경번당'은 번고를 흠모한다는 뜻이다.(『景樊堂辨證說』『오주연문장전산고』)" 『태평광기』에 의하면 번고는 여신으로 남편 유강과 파트너십을 이루며 곧잘 도술을 겨루었다. 도술이 비슷했던 부부는 앞서거니 뒤서거니 했지만 항상 번고가 유강을 이기는 것으로 끝맺었다. 신선세계를 향한 난설헌의 작품세계를 감안할 때, 경번(景樊)은 번고를 존경한다는 뜻에서 지어진 것으로 볼 수도 있겠다.

한편 난설헌의 자 경번은 초장왕(楚莊王)의 부인 번희(樊姬)에서 왔을 것이라는 설이 있다. 초나라 사서(史書)에서 "장왕이 패업을 이룬 것은 번희의 힘이었다."고 했듯이 그녀는 현명하고 명석한 두뇌의 소유자이자 장왕의 훌륭한 내조자였다. 임상원(1638~1697)에 의하면, 난설헌의 이름이 초희(楚姬)이고 자(字)는 통상 이름과 연관해서 짓는 것을 볼 때, 경번의 '번(樊)'은 초나라의 번희에서 왔을 가능성이 있다(『교거쇄편』).

이상에서 본 바, 허난설헌에 대한 기억과 상상의 갈등은 동인과 서인의 정치적 권력 관계를 반영한다. 아버지 허엽을 비롯한 허봉과 허균, 형부 우성전 등은 모두 동인계의 중심인물로 서인계의 이이, 정철 등과 정치적으로 크게 대립하였다. 또 시가로 연결된 가족들, 시아버지 김첨, 시백부 김수, 시외조부 송기수, 시외숙 송응개 등도 동인에 속한 인물로 이이를 탄핵하는 데 앞장섰던 인물이다. 여기서 동인과 대립한 서인의 입장에서라면 허봉·허균의 누이인 난설헌에 대해 우호적일 수 없음은 자명하다. 거기에 허균이 저자거리에서 처형될 정도로 대역죄인이 된 마당에서 허균 남매를 객관적으로 비평한다는 것은 어려운 일일 수밖에 없다. 다시 말해 허난설헌에 대한 기억과 상상은 이러한 정치적 권력관계에서 자유로울 수 없었다.

그녀를 둘러싼 각종 담론은 다양한 차원에서 규명되어야 할 것 같다. 이 중에는 중국 시선에 들어있는 허난설헌의 시의 편성 과정에 대한 규명을 비롯하여 표절과 시적 변용의 경계를 정하는 문제 등이 있다. 한시는 옛사람의 글이나 고사와 같은 전고(典故)를 끌어 쓰기도 하고 옛사람의 시구를 끌어다 변화시켜 새로운 의미를 창출하기도 하는데, 이것은 이백이나 두보와 같은 대시인도 즐겨 썼던 방식이라고 한다. 유독 허난설헌에게는 그 표절의 잣대가 과도하다는 지적이 있어왔다. 거기에 '외간남자 연모설' 같은 인신적 희롱이나 사생활에 대한 지나친 추측 등은 실각한 정치세력이라는 당파적 배경과 천재적 재능을 가진 여성에 대한 편견이 빚어낸 산물이라 할 수 있다.

|주|

1 허균, 「훼벽사병서」, 「성소부부고」.

2 허난설헌의 일반적인 이미지는 다음의 글에서 잘 드러내고 있다. "그녀의 삶이 얼마나 불행했는지는 조선시대를 대표하는 다른 여성과 비교하면 더욱 분명해진다. … 신사임당과 신분은 같았으나 나머지는 갖추지 못했다. 그리고 황진이보다 사회적 신분은 높았지만 속내는 결코 나을 게 없었다. 황진이는 구박하는 시어머니, 없는 것만 못했던 남편에게 시달리지 않았다"(김권섭, 「난설헌 허초희」, 「선비의 탄생」) 다산초당, 2008.

3 허봉, 「喜胤墓誌」, 「荷谷集」.

4 吳明濟, 「朝鮮詩選序」「朝鮮詩選」.

5 朱之蕃, 「小引」「蘭雪軒詩集」.

6 潘之恒, 「朝鮮慧女許景樊詩集序文」, 「亘史」.

7 한치윤, 「許妹氏」, 「海東繹史」.

8 유성룡, 「跋蘭雪軒集」「西厓集」 권4.

9 허균은 김대섭의 딸인 첫 부인을 임진란의 피란길에 잃은 후, 동인의 영수 김효원의 딸과 재혼했다.

10 허균은 「학산초담」에서 "遊仙詞에 있어 둘째 형님과 李達도 모두 본 떠 지었지만 대개 그 울타리를 벗어나지 못하였다. 누이는 天仙의 재주라 할 만하다"라고 한 바 있다.

11 신흠, 「晴窓軟談下」, 「象村集」 제60권.

12 이덕무, 「청장관전서」 제33권.

13 홍대용, 「건정동필담」, 「담헌서」.

14 이덕무, 「天涯知己書」, 「청장관전서」 제63권.

15 이덕무, 앞의 글.

16 박지원, 「피서록」, 「열하일기」

6
대한제국 여인들의 신문 읽기와 독자 투고

| 이경하 |

1. 최초의 여성 독자 투고
1898년 11월 '평안도 여노인'이 신문에 투고하다

1898년 가을, 경성 대안동 40통 전 판서 김규홍 씨 댁. 40대로 보이는 한 여인이 낮게 웅얼거리며 제국신문을 읽고 있다. 여러 날치 신문을 한참 동안 뒤적이던 끝에 큰 결심이라도 한 듯, 지필묵을 끌어다 무언가 쓸 채비를 한다. 품었던 생각을 종이에 옮기니 공연히 가슴이 뛰고 눈물이 난다. 차마 다 하지 못하는 말을 아쉬운 대로 마무리하고 자신의 글을 두 번 세 번 읽어본다. 오랫동안 별러왔던 일이건만 막상 글을 신문사에 보내려니 다시 마음이 약해진다. 공연한 짓을 하여 집안 사람들에게 걱정이나 듣지 않을까.

이 여인이 신문사에 보낸 글은 11월 5일자 제국신문에 실렸다. "어떤 여인이 귀글을 지어 본사에 보내며 자칭 평안도 여노인이라 하였는데 유리한 말이 많기로 기재하노라"는 신문사 측의 설명이 첫머리에 붙어 있다. 편의상 문단을 나누어 전문을 옮긴다.[1]

날마다 신문 보니 논설마다 절담일세. 남자로 행세하여 충의가 없게 되면 남자라 할 것 있소. 남자로 생겼거든 대장부 사업하오. 사업이라 하는 것은 충효의리 으뜸이라. 충효의리 품었으면 두려울 것 전혀 없소. 충성 충 굳게 잡아 보국안민 합세다. 나라가 태평하고 백성이 안온하면 그 아니 좋으릿가.
삼천리 우리 강산 격양가를 부르려면 부국강병 속히 되게 절용절검 하오소서. 절용절검 하오시면 부강이 될 듯하오. 대한천지 창생들은 동심합력 하오소서. 개명진보 속히 하여 강국침노 받지 마오. 개명이 더디 되면 삼천리 가난보 될 듯. 독립협회 연설 소문 절절이 충군이요 사사이 애국이라. 우매한 여자들도 연설을 들어보니 충애지심 격발하나 여자 몸이 되었으니 보국안민 할 수 있소. 여학교 설시하여 개명규칙 배운 후에, 남자와 동등 되어 충군애국 목적 삼아 황실을 보호하고 민생을 구제하면 그 아니 좋으릿가.
여학교 회원들은 깊이 생각 하여 보오. 국재가 핍절한데 제국신문 난 것 본즉, 탁지로 지출한 돈 사천 원이 적잖거든 양삭 경비 쓴다 하니 어찌들 요량하오. 사천 원 되바치고 나라에서 예산하여 학교 설시하게 하되, 회원들에 숙식일랑 처소에서 하게 하고 공일이면 집에 와서 의복 입고 가게 하되, 대한국 피류으로 검소하게 입게 하오. 규칙을 엄히 하여 방탕잡념 없게 하고, 학원 중에 호사하면 회장이 걱정하고, 걱정하여 안 듣거든 회중에 축출하면, 기강이 엄정하고 공부가 착실할 듯. 아무쪼록 성취하여 외국 치소 받지 마오. 각 국 부인 보조금은 설교 위해 준 것이니, 학교 시종 없게 되면 그 치소 어이하리. 학교가 굳게 되면 외국에도 빛이 날 듯.
십칠 일 기원절에 여러 만 냥 내렸다니, 이 생각 같을진대 그 돈 도로 바치고서 각 회와 각 부에서 자비하여 놀았으면 외국 빚이 적을 듯. 남의 채전 많으면 필경 갚을 터인즉 무엇으로 갚으릿가. 국가든지 사가든지 빚 없어야 지탱하오. 심중소회 다 하려면 충언이역이 된 듯. (『제국신문』, 1898. 11. 5.)

4·4조 가사체가 눈에 띄는 이 글에서 '자칭 평안도 여노인'이 무엇보다 강조하는 것은 부국강병을 위한 절약정신이다. 단순히 개인적 차원의 절약이 아니라 학교 운영과 나라살림에 있어서 절약의 필요성을 주장하는 것인데, 서두의 일반적인 언술에 이어 두 가지 구체적인 사안을 들면서 자신의 주장을 펴고 있다.

먼저 여학교 운영에 관한 소견을 개진하였다. 아마도 11월 2일자 제국신문 잡보란에서, 여학교 설립에 필요한 11·12월 두 달치 경비를 학부(교육부)에서 탁지부(재정부)에 청구했다는 내용의 기사를 읽었던 모양이다. 이에 대해 '여노인'은 여학교 회원들에게 절용절검을 학교의 운영방침으로 삼으라고 충고하고 있다. 회원들의 숙식이나 의복 등 여학교 운영에 있어서 실제로 돈이 드는 문제들에 대해 규칙을 엄격히 하여 회원과 학생들이 사치하지 못하게 해야 한다는 것이 그녀의 생각이다. 여기저기서 보조금을 받아 학교를 설립해 놓고는 제대로 운영하지 못하여 외국의 비웃음을 사는 일이 없어야 한다고 당부했다.

북촌 부녀자들이 중심이 되어 여학교 설립을 주장하는 통문(通文)[2]을 돌린 것이 1898년 9월, 관립 여학교 설립 청원 상소를 올려 고종의 비답을 받아낸 것이 10월의 일이었다. 양성당(養成堂) 이씨, 양현당(養賢堂) 김씨 등을 중심으로 한 찬양회 회원들의 여학교 설립 운동은 독립신문, 제국신문, 황성신문 등 각종 신문에 며칠 동안 대서특필된 일대 사건이었다. '평안도 여노인'도 신문과 풍문을 통해 그러한 소식을 접했을 것이고, 부녀자와 관련된 문제인 만큼 할 말이 더 많았을 터이다.

끝에서는 계천기원절(繼天紀元節)의 경비사용에 관해 비판하고 있다. 계천기원절이란 1897년 황제즉위일을 기념하는 날이다. 제국신문에는 계천기원절인 10월 31일을 전후하여 경축행사에 관한 소식이 잡보란에 몇 차례 실렸다. 그 내용은 황제가 경축행사에 소용되는 경비를 각 부와 협회에 내렸다는 것이다. 이에 대해 '여노인'은 각 부와 협회가 받은 돈을 되돌려주고 자비로 행사를 치렀어야 한다고 말한다. 왜냐하면 대한제국은 국가 재정이 궁핍하여 외국에도 많은 빚을 지고 있는 형편이기 때문이란 것이다. '국가든 사가든 빚이 없어야 산다'는 이 한 마디가 그녀의 소박하지만 확실한 경제관념을 보여준다.

'평안도 여노인'의 글이 1898년 11월 5일 제국신문에 실리기 이전, 여성 독자들이 신문에 글을 보내는 일이 전혀 없었던 것은 아니다. 제국신문보다 2년 앞서 발간되기 시작한 독립신문에는 개인 간의 이해관계에 얽힌 고발이나 탄원의 성격을 갖는 여성 독자들의 투고가 심심치 않게 실렸다. 예를 들어, 평강군 현내면에 사는 강경선의 처 박소사가 억울한 사연을 적어서 신문사에 보낸 경우처럼, 개인의 사적 이해에 관련된 투고가 드물지 않았다. 한 신문사에 기자의 수가 극히 적었던 1900년경의 사정을 고려하면, 전국 각지에서 다양한 사건사고를 전하는 독자들의 투고는 기삿거리 제공의 주요한 원천이었다. 그런데 이런 투고를 바탕으로 쓰인 기사들은 대개 어디서부터 어디까지가 독자가 투고한 글인지 구분하기 어렵게 되어 있다. 이와 달리 투고문 전체를 그대로 게재하여 처음과 끝이 대체로 명확한 이른바 '근대화 시책'

에 관련된 글들이 있다. 이런 사례들을 통해 근대 계몽기 여성 독자들의 신문투고 양상을 엿볼 수 있는데, '평안도 여노인'의 제국신문 투고는 그 가운데 최초다.

'평안도 여노인'이 투고를 감행할 수 있었던 데는 제국신문이 특별히 부녀자를 위한 신문이라는 사회적 인식도 한몫을 했을 것 같다. 제국신문은 사장 이종일이 애당초 '부녀자계몽지(婦女子啓蒙紙)'를 염두에 두고 창간한 신문이다. 1898년 8월 10일에 창간호가 나왔는데, 국한문혼용으로 발행된 황성신문과 달리 제국신문은 국문만을 사용했다. 때문에 당시 사람들은 제국신문을 황성신문과 대비하여 각각 '암신문'과 '숫신문'으로 불렀다고 한다. 이종일을 비롯하여 제국신문 창간 멤버들이 신문을 국문으로 간행한 것은 여성을 주요 독자층으로 상정한 때문이었다.[3] '평안도 여노인'은 이 신문의 열렬한 독자의 하나였던 것이다.

'평안도 여노인'은 자신의 글이 신문에 활자화된 것을 보니 한편 부끄럽고 한편 스스로가 대견하다. 크게 야단을 들을 줄 알았는데 집안에서도 큰 사단 없이 넘어가는 분위기다. 다하지 못한 말이 못내 아쉽다. 늘 처음이 어려운 법, '평안도 여노인'은 다시 붓을 든다. 이 두 번째 글은 11월 10일자 제국신문에 실렸다. 이번에는 '평안도 안주 여노인 신소당'이라고 당당히 자신을 밝힌다. '신소당'이라는 당호를 가진 이 여인은 누구인가?

2. 근대계몽기 여성의 자유발언대
"귀 신문에 낼 만하면 내시고 …"

신소당(申蕭堂, 1853-1930)은 평안도 안주 출신이고, 아버지의 이름은 신효린이다. 1877년경 김규홍(1845-1905)의 첩이 되었고, 경성에 거주하며 1881년에서 1896년 사이에 아들 네 명을 낳았다. 확실하지는 않지만 김규홍의 첩이 되기 전에 기녀였을 가능성이 적지 않다. 김규홍은 관찰사와 판서, 중추원의관과 의정부참정 등을 역임한 사람이다. 신소당의 이름이 신문지상에서 두드러지기 시작한 것은 애국계몽운동가로서 그녀의 행보가 빨라지는 1906년 이후다. 애국계몽기에 설립된 최초의 여성단체인 여자교육회에서 활동했으며, 그 경험을 토대로 진명부인회를 새로 설립하고, 대안동 국채보상부인회를 주도적으로 운영했으며, 광동학교와 양정여학교 교장을 지낸 바 있다. 대부분의 민족지가 폐간하는 1910년까지 신소당의 신문투고는 모두 여섯 차례 확인된다. 1898년 제국신문에 2회, 1907년 대한매일신보에 2회, 만세보에 1회, 1909년 황성신문에 1회다.[4]

1898년 가을은 그 어느 때보다 정치적 상황이 급박하게 돌아가면서 독립협회와 만민공동회를 중심으로 민중의 요구가 뜨겁게 분출되던 시기다. 국왕암살미수사건을 계기로 만민공동회가 7대신(大臣) 탄핵운동을 전개하여 수많은 시민들이 참여한 연좌시위가 인화문 앞에서 주야로 계속되고 있었다. 황제는 언론과 집회를 엄히 통제한다는 조칙을 내리고, 독립협회에서는 이에 불복하는 상소를 올렸다. 헌의6조와 5개조 조칙으로 시국이 안정되는가 싶더니, 11월 4일에 다시 독립협회 해산 명령이 떨어지고 7일에는 독립협회원 17명이 체포되기에 이르렀다.

11월 10일자에 실린 신소당의 두 번째 투고는 이 당시 급박한 정세에 대한 자기 나름의 판단과 감회를 피력한 것이다. 신소당은 대한의 백성들이 황제의 명을 어기면서까지 계속해서 집회를 열고 직간(直諫)하는 것은 그것이 '옳은 일'이기 때문이고, 나라와 백성을 위해 죽음을 무릅쓰고 하는 가슴 아픈 절규라고 평했다. 독립협회를 혁파하고 충군애국하는 사람들을 가두었다는 소식이 들리지만, 독립협회가 완전히 혁파될 리 없다는 낙관론을 폈다. 또한 황제가 그러한 칙령을 내린 것은 백성의 마음이 얼마나 굳은가를 시험하기 위함이라고 해석했다.[5]

1898년 11월은 제국신문이 창간된 지 석 달이 채 되지 않았을 시점이다. 제국신문에도 독립신문과 마찬가지로 '누구든지 하고 싶은 말이 있으면 적어서 보내라'고 하는 독자투고를 유도하는 광고가 여러 차례 났지만, 제국신문에 실질적으로 여성 독자의 투고가 실린 사례는 아직 없었다. 독자투고는 반드시 거주지와 성명을 밝히도록 요구되었는데,[6] 더구나 양반 가문에 속한 부녀자가 자기 신분을 밝히면서 신문지상을 통해 공적 발언을 하기란 쉽지 않았을 것이다.

그럼에도 신문투고를 결심하고 실천할 수 있었던 것은 당시 사회적 분위기와 함께 신소당의 개인적인 특성이 맞물린 데서 원인을 찾아야 할 듯하다. 신소당의 시대인식과 참여의식이 남달랐음은 1906년 이후에 보여준 그녀의 행적이 입증한다. 1898년 당시 신소당은 40대 중년의 나이였고 첩이라는 신분상 좀 더 자유로운 사고가 가능했다고 짐작할 수 있다. 세상 돌아가는 이치에 자신의 말을 보태고 싶은 욕구가 신문투고를 통해 발현된 것이다. 신문투고라는 새로운 글쓰기 방식이 신소당처럼 사회참여의식이 높은 여성들에게는 낯설지만 매혹적이었으리라.

근대 계몽기에는 독자투고로써 세상에 자신의 목소리를 드러냈던 신소당과 같은 여성들이 드물지 않게 있었다. 1900년대 초반까지는 주로 제국신문에서 여성독자들의 투고가 발견되고, 1907년 5월에 발간되기 시작한 대한매일신보 국문판에도 여성독자들의 글이 종종 실렸다. 신소당이 대한매일신보 국문판 간행을 감축하며 보낸 투고에서 보듯이,[7] 국문신문의 간행은 특별히 '부인사회와 보통사회를 위한 것'으로 인식되었고 그만큼 여성 독자들의 투고가 용이했을 수 있다.

신문을 즐겨 읽었던 여성 독자들은 이를 통해 세상 돌아가는 소식을 접하고 개화를 주장하는 남성 지식인들이 유포하는 근대계몽담론에 익숙해져 갔다. 그러한 논리들을 자기 나름대로 이해하고 해석한 바탕 위에서 여성독자들이 계몽담론의 생산에 참여하는 가장 직접적인 통로가 바로 신문투고였다. 여성독자들은 특히 여성 자신과 관련된 사안에 대해서, 즉 처첩제나 과부개가의 문제, 여성교육의 필요성, '여자도 국민'이라는 주의주장들에 대해 저마다 한 마디씩 말을 보태고 싶어 했다. 그들이 생산하는 계몽담론은 남성 지식인들의 언술과 궤를 같이하지만, 같으면서도 또 조금씩 달랐다.[8]

여성 독자들이 신문을 통해 생산되는 계몽담론을 무비판적으로 수용한 것만은 아니었다. '어떤 유지각(有知覺)한 시골 부인'은 처첩제를 바라보는 신문의 시각을 문제 삼았고, '가긍한 여노인'은 동사(凍死) 소식을 전하는 기사가 당사자에게 그 책임을 돌리는 논조로 쓰인 데 대해 이의를 제기했다. '어떤 유지각한 시골 부인'은 정실과 천첩을 마땅히 차등을 두어 대우해야 한다는 주장에 대해, 봉제사·접빈객에 자식 낳고 일부종사하는 첩은 오히려 행실이 나쁜 정실부인만 못하지 않다면서, 첩의 신분인 여성을 모두 '행실이 방탕한 계집'으로 모는 신문 논설을 반박했다.[9] 신문이 동사 사건을 기사화하면서 동사자가 모두 나태하고 주변머리가 없어 그런 화를 자초했다는 식으로 논평한 데 대해, '가긍한 여노인'은 "내 마음 부끄럽고 어이없어 두어 마디 설명"한다 전제하고, 의탁할 곳 없는 불쌍한 백성들을 제대로 구휼하지 못한 책임이 정부 관원들에게 있지 않으냐고 완곡한 말로 깨우쳤다.[10] 또한 인천에 거주하는 18세 농운낭자(弄雲娘子)라고 자신을 밝힌 여성은 경인선 열차를 타고 경성에 다녀온 소감을 적어 보냈는데, 경성 교육계에 대한 비판을 서슴지 않았다. 교육자라는 사람들이 겉으로는 신학문이니 교육이니 떠들며 구학문을 심하게 나무라기만 할 뿐, 실상은 학문과 교육과 독립과 자유가 무엇인지 구분하지 못하는 '문명 교육계의 마귀'라며 대오각성을 요구했다.[11]

1906년 8월 22일부터 24일까지 제국신문에 「부인기서(婦人寄書)」라는 제목으로 실린 글은 '참서 노병선의 아내'가 투고한 글인데, 앞서 보았던 신소당의 글과는 관심사도 문체도 사뭇 다르다. 투고자가 스스로 붙인 제목은 "보구녀관·업"인데, 사흘 동안 연재될 만큼 분량이 매우 길다. 분문 첫머리에서 "우리나라에 급히 할 일이 하나 둘이 아니로되이 미련한 여편네 소견은 여인을 위하여 병원을 설시(設施)할 일이 급한지라"라고 한 것이 이 글의 주제다.

경계자 본인은 새문 밖 냉동 일백 칠십 육 통 십오 호에 사는 노참서 병선의 아내인데, 속병으로 십여 년을 신고하다가 보구여관이라는 병원에 가서 병을 고친 고로 감사한 뜻을 표하려고 되지 않은 말로 몇 마디 기록하여 보내오니, 귀 신문에 낼만 하면 내시고 쓸 데 없거든 도로 보내 주시옵소서. (중략)

되지 않은 내외 하느라고 의원인들 쾌활히 보며, 소위 고명한 의원이라고 병 좀 보아 달라 하면 거드름피고 아니꼽상스럽게 차탈피탈 하다가, 급기 병을 보는 지경에는 남녀유별이라고 외면하고, 진찰하는지 맥을 보는지 어떻게 메라메라 하면서, 이 약 삼십 첩 먹으면 아주 나으리라 하며, 여차여차한 병이라고 언정이순하게 우부우부가 속을 만큼 말하니, 이렇게 하기를 십여 년을 속아왔으니, 차라리 무당과 소경에게 속는 것만 못하도다. 무당은 굿 할 때에 장구나 시원히 치지요, 소경은 경 읽을 때에 감은 눈을 번쩍거리면서 경이나 시원히 읽지요, 의원이란 자들은 약성가줄이나 읽고 의원노릇 하느라고, 감초는 맛이 달다, 인삼은 원기를 보한다, 그것도 간신히 말하니, 참 위태한 자 의원이로다. 지중한 인명이 풀뿌리 탕약 몇 첩에 달렸구나. (중략)

생각하여 보시오. 여자의 병은 흔히 생산하는 데서 납니다. 병이 나니 의원 이나 잘 보게 해주오? 사시장철 추우나 더우나 시원한 거동 보지 못하고 안 방구석에서 끓소. 그래도 욕심 많은 사나이는 자식 낳기만 바랍디다. 여보, 의복 음식 걱정 없고 만사가 태평으로 지내는 대관네 부인들, 생각하여 보시 오. 우리가 병 곧 들면 고명한 의원 어디 있소? 고명한 의원은 있는지 모르거 니와 전국에 여의 하나도 없으니, 아무리 부귀가 흔천동지 하더라도 죽을 수 밖에 없소. 여자교육회니 잠업시험장이니 여자회니 하는 것이 급선무가 아 닌 것은 아니로되, 여자가 성함이 급선무로 나는 생각하오. 왜 그런고 하니, 우리가 전국 인구를 번성케 하는 처지에 우리 속에 병이 있고는 자녀간 암만 많이 낳더라도 또 변변치 못한 병든 자녀를 낳아 이 시대 사람보다 더 나을 것이 없을 듯하오. (중략)

우리 여편네는 빈부귀천 물론하고 초록은 한 빛으로 병 곧 들면 약 한번 시원히 얻어먹을 수 있습데까. 돈 없는 사람은 이무가론 이어니와 돈 있는 사람도 과연 의원 얻어 보기 어렵습데다. 공연히 유사 사린교 타고 노비 세우고 호기 있게 남북촌 부질없이 쏘다니지 마시오. 옥석이 구분으로 애매한 소리 많이 듣습데다. 나라는 결단나고 거 무엇이 그리 좋소. 지금 보구여관 일을 대강 말하였거니와, 우리가 독단하여 전국 여인동포를 위하여 아직 병원을 설시치 못하려니와 이 보구여관에 확장되는 일을 찬조하여 주면 대단히 우리 여인에게 행복이 되겠기로 몇 마디 말합네다. (『제국신문』, 「부인기서」, 1906. 8. 22~24)

'신문에 낼 만하면 내고 쓸 데 없거든 도로 보내 달라'는 단서를 붙인 것은 신문편집자에게 하는 말이다. 여기까지는 서문이고, 본문의 내용은 미국 선교사가 운영하는 부인병원에서 자기의 오랜 지병을 고친 사연과, 부인들을 위해 이런 신식병원을 설립하는 것이 시급하다는 주장이다. 투고문의 문체와 어휘, 내용 등을 미루어 볼 때, '노병선의 아내'는 아마도 경제적으로는 부유하나 신분은 그리 높지 않은 여성인 듯하다. 그녀가 보기에, 여자의 병은 흔히 임신·출산과 관련된 것이고, 그 점에서 여자들은 빈부귀천을 막론하고 '초록(草綠)은 동색(同色)' 같은 처지인 것이다. '남북촌 대갓집 부인네들'을 향해 전국의 여인 동포를 위한 신식 의료시설을 갖추는 사업을 도모하자고 촉구할 수 있었던 것은 그러한 동류의식에 기반한다.

여기에 언급된 여자교육회, 잠업시험장 등은 1906년 당시 고관대작의 부인들이 중심이 되어 일었던 '여자계의 새 바람'을 상징하는 것이다. 제국신문을 비롯한 당대 신문들은 논설이나 기사를 통해 여성계의 새로운 동향을 계속해서 소개하고 있었으니, '노병선의 아내' 역시 신문지상을 통해서나 풍편에 그러한 소식들을 접했을 터이다. 그런데 여자교육이나 여자회 결성도 중하지만 여자의 건강을 돌보는 일이 급선무이고 이를 위해서는 보구여관 같은 신식 부인병원을 많이 세워야 한다는 것이 '노병선 아내'의 생각이다. '신식' 병원을 경험한 그녀의 눈에 비친 '구식' 의원들은 그럴듯한 말로 환자를 속여 약만 팔아먹는 한심한 존재로, 굿하는 무당이나 경을 읽는 소경만도 못한 것으로 희화화되었다. 병으로 십여 년을 고생하며 의원들을 찾아다녔지만 별 효험을 보지 못했던 개인적 경험에서 그런 발언이 가능했을 것이다.

3. 신문 읽기의 즐거움
"날마다 신문 오기를 어진 스승과 착한 벗 기다리듯"

대한제국기에 신문이란 새로운 문물과 신사상의 상징이었다. 세상 돌아가는 소식을 전하고 어리석음을 깨우치는 유익한 수단일 뿐 아니라, '새로운 읽을거리'로서 한문 경전이나 국문소설 등 구시대 글 읽기를 대체하는 근대적 산물이었다. 전통사회에서 대개 제한된 '언문' 글 읽기에 한정되었던 여성들에게 있어서 그 새로움의 충격은 훨씬 더했을 것이다. 국문해독이 가능한 여성독자들에게 매체의 새로움과 정보의 새로움 두 가지를 갖춘 국문신문은 색다른 즐거움의 원천이었다. 1900년 이전에는 독립신문과 제국신문이 그 구실을 했고, 1900년 중반부터는 대한매일신보 국문판이 여기에 합세하였다.

이 시기에 국문신문을 즐겨 읽었던 여성 독자의 전형적인 한 사례로, 1900년 2월 5일자에 글이 실렸던 '어느 가긍한 여노인'을 들 수 있다. 이 여인은 딸 하나를 데리고 남의 집에 방 한 칸을 빌어 삯바느질로 어렵게 살아가는, 최소한 40대 이상으로 짐작되는 가난한 여성이다. 앞에서 이야기했던, 제국신문의 동사 기사에 토를 달았던 바로 그 여인이다.

투고문에는 '가긍한 여노인'이 자신의 평소 글 읽기에 대해 서술한 대목이 있다. "낮에는 침선, 밤에는 서책"을 본다는 이 여인은 삼황오제로부터 송·원·명·청에 이르기까지 중국의 역사책은 보지 않은 것이 없고, 국가의 흥망성쇠와 효자·충신·효부·열녀의 이야기를 읽으며 부질없이 감격하고 분개하곤 했다고 적고 있다. 그처럼 책 읽기를 좋아했던 여인에게 독립신문과 제국신문은 새로운 읽을거리로 다가왔음에 틀림없다. 제국신문 논설이 "마디를 깨치고 씨를 발라낸 듯" 깨우침을 준다 하고, 흥미롭고 감동적인 이야기, 훌륭한 문장, 재미있는 구절이 신문에 가득하니, 말마다 탄복하고 수무족도(手舞足跳)한다고 했다. 신문에서 지식과 정보를 얻을 뿐 아니라 글 읽기의 즐거움을 얻는 것이다. '가긍한 여노인'은 이어서 신문의 유익함을 이렇게 서술하고 있다.

우리 사세가 조불여석 하되 불석전량하고 날마다 신문 오기를 어진 스승과 착한 벗 기다리듯 하는데, 모르는 사람은 내가 신문 본다고 비소하되 청이불문하고, 어린 딸의 식견도 넓히려니와 사농공상 중 소년들은 배울 일도 첩첩하니 어찌 보배의 글이 아니리오. 성현의 끼치신 글이 허다하나, 당차시 하여 하가에 한만이 숙독하여 사군보국 하리오. 제국신문 논설 중에 효제충신

예의염치 팔조목이 분명하고 시급한 시국대세와 내외국 사절이 자세하니 성경현전 보아 가지고 그런 일을 알 수 있소. 내 남 없이 주의하여 깊고 깊은 잠 깨듯이 애국심을 격발하여 충군애국 힘쓰소서. 나 같은 노병지인 다만 모녀 상대하여 남의 집 협방간도 넉넉지 못한 곳에 삼순구식 근근득생 하면서도 신문 값은 건 제 없소. (『제국신문』, 1900. 2. 5.)

'가긍한 여노인'은 어진 스승과 착한 벗을 기다리듯 날마다 신문을 기다린다고 했다. 어려운 살림살이 속에서도 밤에는 모녀가 마주 앉아 중국과 조선의 역사를 비롯하여 독서를 일삼는다는 이 여성에게, 제국신문은 성인의 경전과 현인들의 전기에서는 얻을 수 없는 많은 정보를 제공하는 새로운 읽을거리다. 성현이 남긴 글이 많지만 시급한 오늘날에 언제 그것들을 한가하게 읽고 익혀서 나라를 지키겠는가 묻고, 천태만상(千態萬象)과 천사만언(千事萬言)을 절절이 갖춘 제국신문이야말로 '보배의 글'이라 했다. 자기가 신문 보는 것을 비웃는 사람들도 있지만 못 들은 척하고, 신문에는 배울 것이 첩첩이 쌓였으니 어린 딸의 식견도 넓힐 겸 열심히 읽노라 했다. 남의 집에 방 한 칸을 빌어 근근이 생활하면서도 신문 값은 거른 적이 없다는 이 여성은 실로 열렬한 신문 독자였다.

일찍이 독립신문 창간호에서는 "조선 부인네도 국문을 잘 하고 각색 물정과 학문을 배워 소견이 높고 행실이 정직하면 무론 빈부귀천 간에 그 부인이 한문은 잘 하고도 다른 것 모르는 귀족 남자보다 높은 사람이 되는 법"[12]이라고 천명하였다. 그만큼 이 시기에 국문의 가치는 여성의 교육과 계몽이라는 문제와 긴밀하게 연결되어 있었다. 여성 독자들 가운데는 이 '국문신문'의 유익함과 고마움을 표하고 신문 발간을 격려하는 글을 신문사에 보내오는 경우가 종종 있었다. 신문 구독을 신청하거나 신문사에 기부금을 보내면서 편지를 동봉하는 것이다.

함경북도 길주에 사는 '리금사'도 제국신문 구독을 신청하면서 그런 사연을 담아 편지를 보냈다. 자신을 일러 앉은뱅이나 장님과 다름없는 신세였다 하고, 국문을 배워서 겨우 고담책이나 읽는 정도였는데 우연히 제국신문 한 장을 얻어 보고 고담책의 허탄함을 깨달았다고 했다. "국민의 지식 발달을 권도(勸導)하는" 제국신문을 열심히 읽어 앉은뱅이와 장님의 신세를 조금이라도 면할까 싶어 신문 구독을 신청한다고 했다.[13] 국문신문을 즐겨 읽는 여성 독자는 해외 교포들 가운데에도 있있는데, 하와이에 거주하는 '손창희의 아내'는 제국신문사 사장 앞으로 격려편지를 써서 제국신문의 확장을 기원하고 미금(美金) 2원을 기부하였다. 이 여성은 남편과 함께 제국신문을 오래 전부터 구독해 왔는데, 덕분에 국내의 사정을 외국에서도 알 수 있으니 참으로 고맙다고 했다.[14]

1907년 9월 제국신문이 폐간 위기에 처했을 때, 한 여성 독자가 "우리 대한 제국신문이 없어지면 우리 이천만 인의 귀와 눈이 없어짐"과 같다면서 제국신문을 살리자는 내용의 글을 투고한 일도 있다. 바로 이준 열사의 부인 이일정(李一貞)이었다. 재정난으로 인해 여러 차례 휴간을 해야 했던 제국신문은 급기야 폐간하지 않을 수 없게 되었다는 기사를 실었는데, 이일정이 그 기사를 보고 동포 형제자매들을 향해 제국신문을 어떻게든 살리자는 호소문을 쓴 것이다. 첫째는 나라를 위하여, 둘째는 제국신문을 위하여, 셋째는 이일정 자신을 불쌍히 여겨

부디 제국신문을 다투어 보자고 했다.[15] 이 호소문을 계기로 제국신문을 살리기 위한 의연금 모집이 이루어졌고 제국신문은 폐간 위기를 넘길 수 있었다.

4. 국채보상운동과 여성의 공적 발언권
"여보시오 여보시오 우리 여자 동포님네"

1907년 한 해 동안 '여자도 국민'이란 말은 신문의 여성 독자 투고에서 가장 빈번하게 등장하는 표현일 것이다. 특히 국채보상운동을 계기로 '나라 위하는 마음과 백성 된 도리에는 남녀의 차이가 없다'는 주장이 확실한 명분을 얻을 수 있었다. 대구에서 시작된 국채보상의연금 모금을 위한 금연 운동에 이어 국채보상운동을 위한 부인회가 3·4월에 전국 각지에서 결성되었고, 각 신문들은 부인회 취지서를 게재하는 등 국채보상운동 소식에 많은 지면을 할애했다.

전국에서 일어난 국채보상부인회의 취지서는 '국민 된 의무'를 환영하며 기꺼이 구국의 대열에 동참하여 한 몫을 하겠노라는 여성들의 강렬한 참여의식을 반영한다. "조선 부인들아, 이 때를 당하여 국민 된 의무를 행하여 봅시다"[16] 하는 식으로, 부인회 취지서에는 여성 독자들의 참여를 유도하는 청구형 문장이 흔하다. 또한 각 지역의 부인회 취지서 가운데는 국민 된 의무에 대한 인식뿐 아니라 여성의 위치와 권리에 대한 자각이 엿보이기도 한다.

이렇듯이 국채를 갚고 보면 국권만 회복할 뿐 아니라 우리 여자의 힘을 세상

6. 대한제국 여인들의 신문 읽기와 독자 투고

에 전파하여 남녀동등권을 찾을 것이니, 여보시오 여보시오 우리 여자 동포 님네, 동성일심하여 때를 잃지 말고 지환 한번 벗게 되면, 일천만 명 무명지 에 속박한 것 벗음으로 외인수모 부지하고 자유국권 회복하여 독립기초 이 날이니, 충군애국하는 민충정 최면암은 생명도 아끼지 않고, 학문 종사하는 일본 유학생은 손가락도 끊었거든, 하물며 쓸 데 없는 지환으로 생명지체 그 아니 용이하오. (『대한매일신보』, 「탈환회취지서」, 1907. 4. 23.)

옛글에 하였으되, 나라가 어지러움에 어진 정승을 생각하며 집안이 간난함 에 어진 아내를 생각한다 하였으니, 슬프다 우리 동포여, 생각합시다. 우리 나라에 무엇을 생각하며 무엇을 생각지 않겠나요. 두 가지가 다 필요한지라. 동포시여, 이 사람들의 말을 괴이타 마시오. 옛글에 말하였으되, 남자는 밖 에 거하어 안을 말하지 말며 여자는 안에 거하여 밖을 말하지 말라 하였으 니, 너무 분하며 절통함을 이기지 못하여 한마디 말씀하오며 또한 그 뿐이 라. 그 말은 옛적에 문 닫고 외국이 무엇인지 모르고 다만 내 몸 하나만 알고 우물 안에 있는 고기와 같이 있을 때거니와, 이때는 어느 때며 이 세대가 어 느 세대요. 비유컨대 쌍룡이 여의주를 다투는 듯, 두 범이 고기를 다투는 듯, 세계 열강국이 각기 용맹을 다하며 따라서 빈약한 나라를 빼앗아 삼키려 하 는 세대로다. (『제국신문』, 「재외부인의연서」, 1907. 5. 27.)

'여자도 국민' 담론은 애당초 남성 계몽론자들에 의해 형성되어 여 성들에게 주입된 측면이 강했다. 그러나 어떤 면에서 이는 근대적 여 권론의 시발점으로서, 시간의 경과와 함께 여성들 스스로의 각성에 의 한 담론의 내적 변화가 없지 않았던 것 같다. 하와이 동포 여성들이 '여자는 안에 거하여 밖을 말하지 않는다'는 옛 법이 더 이상 시대에 맞지 않는 구습이라고 천명한 데서 보듯이, '여자도 국민' 담론은 여성의 공적 발언권 획득과 연결될 수 있었다. 여성들에게 있어서 '국민된 의무'를 행한다는 것은 국가 또는 정치와 같은 바깥일에 대해서도 '입을 열 수 있는 권리'와 상통한다는 점에서, 귀찮은 의무가 아니라 기꺼이 자청할 만한 의무였던 것이다. "여자이기 때문에 나라 일에 참여하지 못하고 초목과 같이 썩을 신세가 안타까워 그 한이 가슴에 사무쳤다."[17]는 신소당의 한 마디 고백이 근대 계몽기 많은 여성들의 사회참여 의식을 대변한다. 그런 여성들에게 국채보상운동은 공적 발언과 실천에 대한 확실한 명분을 제공하였고, 각종 부인회 취지서를 비롯해 그들의 활동을 공론화하고 격려한 것이 당시 민족지들이었다.

대한제국기 신문들은 국문을 해독하는 여성 독자들에게 새로운 읽을거리인 동시에 여성 글쓰기의 영역을 대폭 확대하는 역할을 했다. 어쩌면 신문의 독자투고는 당시 여성들에게 일종의 '자유발언대'로 인식되었던 것이 아닐까. '안에 거하여 밖을 말하지 말라'는 구습은 부정되었고, 이제 여성도 신문투고라는 공적 경로를 통하여 공적 사안에 대해 자신의 목소리를 낼 수 있었다. 여전히 여성 독자들은 자신의 공적 발언이 허물이 될지도 모른다고 우려하지만, 공적 담론에 동참하는 여성 독자들의 목소리는 매우 조심스러우면서도 또한 의욕에 차 있었다. "우매한 한 개 여자"가 "감히 세상사를 장황 논설"하니 남에게 "욕 낱이나 퍽 듣겠"다고 송구해 하면서도, 그런 우려가 이 여성 독자들의 투고 결심을 결국 꺾지는 못했다. 이들은 신문을 통해 세상을 읽고, 신문을 통해 용감하게 자기 생각을 세상에 공포했다. 낡은 신문의 지면들 사이로 지금도 그 열기가 느껴진다.

1 신문투고문을 인용할 때 표기법은 가능한 현대 국어에 맞게 고치되, 한자어는 원문의 어감을 살리기 위해 풀어 쓰지 않고 그대로 두었다.

2 통문(通文)이란 조선시대에 개인이나 민간단체가 어떤 사실이나 주장을 여러 사람들에게 알리기 위해 작성한 문서로, 참여자들의 이름을 적어서 돌리는 것이 특징이다. 서원이나 향교, 문중(門中)이나 유생, 의병 등이 주체가 될 수 있다.

3 이종일(1858-1925)의 『묵암비망록』을 보면 그러한 제국신문 창간의도가 잘 드러난다. 『묵암비망록』은 이종일이 1898년 1월부터 1925년 8월까지 기록한 일기체 메모를 집대성한 책이다.

4 신소당의 생년에 관해서는 의문이 남는다. 『청풍김씨세보』 1919년~1958년 간행본에 따르면 1853년생이고, 1989년 간행본에 따르면 1869년생이다. 1881년 첫 출산을 한 나이, 1907년 각종 여성단체에서 회장직을 맡았던 경력 등을 고려할 때, 1853년생일 가능성이 더 높아 보이나 확실하지 않다. 신소당의 생애 고증과 신문투고 6편에 대한 분석은 이경하, 「애국계몽운동가 신소당의 생애와 신문독자투고」,『국문학연구』 제11호, 국문학회, 2004)를 참조할 수 있다.

5 『제국신문』, 1898. 11. 10.

6 일단 신문사측에서 투고자의 신분을 확인만 하면 투고자의 요청에 따라 신문지상에는 익명으로 게재하는 경우도 흔했다. 서순화, 「독립신문의 독자투고 연구」(충남대 박사학위논문, 1997), 11~12쪽.

7 「대한매일신보」(국문판), 「대범 신문은 천하의 이목이라」(1907.5.23.)

8 자세한 내용은 이경하, 「제국신문 여성독자투고에 나타나는 근대계몽담론」,『한국고전여성문학연구』 제8집, 한국고전여성문학회, 2004)을 참조할 수 있다.

9 『제국신문』, 「엇던 유지각한 시고을 부인의 편지」, 1898. 11. 10.

10 『제국신문』, 1900. 2. 5.

11 「대한매일신보」(국한문판), 「교육이 현금(現今)의 제일급무」, 1908. 6. 5.

12 「독립신문」, 1896. 4. 7.

13 『제국신문』, 「유지부인(有志婦人)」, 1907. 4. 3.

14 『제국신문』, 「감루선인(感淚先咽)」, 1907. 6. 26.

15 『제국신문』, 1907. 9. 11.

16 『제국신문』, 「인천항적성회취지서」, 1907. 4. 1.

17 「만세보」, 「긔부용형서」, 1907. 4. 2.

7
단군신화 바깥에서 유랑하는 여성, 탄실 김명순

| 이은경 |

　최초의 근대소설 작가는 누구인가? 사람들은 이 질문에 그다지 힘들이지 않고 이광수라고 대답할 것이다. 하지만 최초의 근대 소설을 쓴 여성작가가 누구인지 알고 있는 사람은 그다지 많지 않을 것이다. 성차를 따져 사태를 구분하는 것이 최근의 일이기도 하지만 무엇보다도 지금으로부터 그다지 멀리 떨어지지 않았던 그 시절의 여성들에 대한 관심이 대두한 것도 최근의 일이기 때문이다. 근대 최초의 여성 문학작품으로 알려진 『의심의 소녀(疑心의 少女)』의 작가 김명순은 내면묘사에 탁월한 소설가였으며 "뛰어난 감수성을 감정의 절제를 통하여 묘사"[1]한 시인이었다. 그녀는 김일엽, 나혜석 등과 함께 우리나라 신문학의 태동기였던 1920년대를 대표하는 여성이자 근대적인 교육과 근대적인 문물을 선두에서 받아들인 여성집단으로 통하는 '신여성'에 속했다. 이들 세 여성들 중에서 본격적인 창작 활들을 하고 가장 작가다운 공적을 남겼던 김명순이 작가로서는 물론, 존재했던 흔적조차 희미해

진 정도로 잊힌 이유는 무엇인가? 과연 감상적인 시 몇 편과 문학 작품도 아닌 짧은 수필이나 신문 기사로서 시인 작가 행세나 하고 문단 내의 사교 활동을 함으로써 당대의 명성을 얻었으나 문학사적 의미가 전혀 없음으로 인해 후세대에 이르러 까마득히 잊혀져버린 것[2]으로 그녀를 해석해야 될까?

김명순에 대해 전해오는 이러한 오해는 많은 부분이 『김연실전(金妍實傳)』에서 비롯되었다. 김명순을 모델로 한 것으로 알려진 『김연실전』의 주인공 김연실은 허영을 포장하는 수단으로 문학을 이용하고 당대를 풍미하던 여성해방운동을 자유연애사상 쯤으로 오해하여 분방한 연애행각을 벌이다 도덕적인 타락으로 인해 파멸하는 인물로 그려져 있다. 「김탄실과 그 아들」을 쓴 전영택이나 김기진과 같은 보수적이고 새디즘적인 남성작가들은 혈통 속에 오염된 피가 흘러서 변태적인 생활을 하지 않을 수 없었다는 식으로 그녀를 매도했다. 이들에 의하면 김명순은 물려받은 화냥기를 싸구려 여성주의로 분장함으로써 여류문인이라는 이름에 먹칠을 한 인물이 되는 셈이다. 김명순에 대한 감정적이고 전기적인 접근이 아니라 문학적 성취를 통해 객관적으로 접근해보고자 하는 김윤식 역시 이런 보수적인 관점에서 그다지 멀리 떨어져 있지 않다. 「인형의식의 파멸」이라는 글에서 김윤식은 김명순이나 김일엽은 가정환경부터가 정상이 아닌 데다가[3] 인간적인 결함으로 인해 도덕적인 파멸을 자초했다고 비판하고 있다. 이와 같이 김윤식 역시 가정, 전통, 도덕적 파멸과 같은 어휘들에 관해서 반성적인 사고를 한 다음 접근한 흔적을 보여주지 못하고 있다는 점에서 전형적인 남성 비평가의 태도를 보이고 있다. 적어도 근대적인 자의식과 근대적인 개인을 거론하는 평가라면 근대를 구성하는 요소가 무엇인지에 대해서 비판적인 성찰이 앞선 다음에 민족, 전통, 가문, 혈통과 같은 기존 개념에 접근해야 하지 않겠는가.

다행히 최근 들어 김명순을 비롯한 신여성에 대한 평가가 조심스럽게 시도되고 있으나 아직은 미흡한 실정이다. 여성주의적 문학의 관점에서 김명순을 구출해내려는 여러 여성 평자들도 남성 평론가들이 거론한 도덕적인 문란을 수용하여 김명순의 파멸을 당연한 것으로 받아들이거나 아니면 민족 모순은 전혀 개의치도 않은 자유주의 부르주아 여성작가에 불과한 것으로 혹은 관념적이고 턱없이 애상적인 낭만주의에 입각한 연애지상주의자 정도로 치부해버린다. 김명순에 대해 거의 최초로 본격적인 관심을 가진 김영덕마저 '한 남성이라도 이 여인들에게 진정으로 인간답게 대해 주었더라면'[4] 이런 여류문인들이 그처럼 파멸하지 않았을 것이라고 말함으로써 여성은 언제나 남성에 의해 구원받는 수동적인 존재인 것처럼 만들어버리고 있다. 아니면 김명순이 일부일처제를 부정했음은 물론이거니와 모성마저 폐기했기[5] 때문에 그녀의 비극은 여성의 입장에서 보더라도 당연한 것으로 받아들여야 할 것처럼 주장하기도 한다.

이 글에서 필자는 그녀에 대한 문학사적인 위상을 조명하는 데 일차적인 관심이 있다기보다 근대로 진입한 1920년대의 신여성을 대표하는 이미지로서 그녀를 재구성하고자 한다. 그녀의 삶 자체가 제대로 알려지지 않았음은 물론 죽음조차 제대로 알려진 바 없다. 다만 전영택에 의하면 그녀는 말년에 정신을 놓아 버리고 일본의 청산뇌병원에서 사망했다고 한다. 그러므로 이제까지 발굴된 작품과 단편적으로 드러난 생애를 종합하여 근대적인 자의식과 근대적인 이미지로서 김명순의 삶을 여성의 역사이자 여성의 이야기로 발굴하고자 한다. 작가, 기자, 영화배우로서 다양한 삶을 살았던 그녀는 근대적인 대중문화를 상징하는 인물이었으며 그런 의미에서 새롭게 도시 군중으로, 도시 노동자로 형성된 여성들의 갓 눈뜨기 시작한 은밀한 욕망을 가시화할 수 있는 입장에 서 있었다. 신문물을 표상하는 그녀의 이미지를 통해 대다수의 여성들은 자신의 욕망을 투사시켜 대리만족을 느끼는 한편으로 그녀처럼 욕망을 대담하게 노출시켰다가는 처벌을 받지 않을까라는 자기들 내부의 두려움을 느꼈을 것이다. 그러나 이 역시 그녀에게 투사하여 그녀의 몰락에 한숨을 내쉬면서 안도하도록 만들어준 여성이었다는 점에서 그녀의 존재 그 자체가 페미니즘에 일정한 의미를 부여해주고 있다.

1.

김명순은 역사의 도시이며, 기독교와 더불어 근대문화의 발상지인 평양에서 아버지 김희경과 기생 출신의 소실 어머니 김인숙 사이에서 태어났다. 세 어머니에게서 태어난 12남매 중 둘째였다. 어려서는 "반도 안에 둘째가는 큰 도회처에서 또 거기서도 권력 있는 집의 귀한 따님으로 여러 사람들 위에 받들려 길러온"[6] 김명순은 유복한 환경에서 인물이 곱고 태도가 귀여웠기 때문에 탄실이라는 아명으로 불리며 아쉬운 것 없이 자랐다. 1902년 평양 남산현학교에 입학해서 다니던 탄실은 어머니가 심히 꺼렸으나 1903년 기독교 계통의 학교인 평양 사창골 야소교학교에 3학년으로 진급하여 옮긴다. "50원을 기부하고 입학한" 학교에서도 선생들의 귀여움을 독차지하며 학예회나 크리스마스 행사에 늘 뽑혔다. 하지만 교회학교에 다니면서 탄실과 어머니와의 정은 "점점 옅어갔다. 그것은 탄실이가 학교에서 공부를 잘하게 될수록 세상 영화가 쓸데없다든지 또 남의 첩 노릇을 해서는 못쓴다든지 기생은 악마 같은 것이라는 교훈을 듣게 된 탓이었다."(「탄실이와 주영이」, 『김명순』, 176쪽) 어린나이에 기생의 딸이니 난봉이 나기 쉬울 것이라는 주위의 손가락질에 깊은 상처를 받았던 탄실은 하느님께 어머니에게 회개하는 마음을 달라고 밤이나 낮이나 기도를 하였다. 탄실을 데려가 길러 첩살림하는 남편의 마음을 돌려보려했지만 소용이 없자 구박을 일삼는 적모를 비롯해서 본가 식구들이 모두 멸시를 해도 "탄실은 얼른 집으로 돌아가서 산월을 '어머니, 어머니' 하기에는 얼른 싫었다. 그는 산월이를 무엇인지 어머니라고 부르기가 꺼리었다. 하나 탄실은 결코 그 모친을 진심으로 싫어하는 것이 아니고 다만 '첩의 딸', '기생의 딸'이라는 말이 듣기 싫었다."(「탄실이와 주영이」, 『김명순』, 181쪽)

친어머니가 기생이라는 이유로 인해 비롯된 친어머니에 대한 애증의 관계에서 그녀는 어린 시절에 이미 분열을 경험한다. 한국적인 맥락에 대한 아무런 이해가 없이 들어온 기독교의 교리 역시 그녀의 죄의식과 그로 인한 분열에 한몫을 했다. 서얼제도의 피해자이자 축첩제도의 희생양이면서도 명순은 신분이 높은 아버지와 가부장제가 인정하는 제도적인 어머니인 적모를 받아들여 자신의 신분 상승을 소망한다. 적모야말로 그녀가 소망하는 것을 줄 수 있는 강력한 어머니로 간주하여 친모를 대체하는 위치에 적모를 세우게 된다. 하지만 명순은 친모가 일찍 죽게 되자 부재하는 어머니로 인해 해소되지 않는 애도와 그리움을 후일 그녀의 시에서 절절히 드러내게 된다.

명예심 많고 지식욕이 강했던 명순은 12세에 관립여자고보에 진학한 후 '자전(字典)'이라는 별명을 들을 정도로 열심히 공부한다. 명순은 봉건적인 신분질서에서 벗어날 수 있는 유일한 수단으로 공부를 택한다. 여기서부터 봉건적인 신분질서로부터 스스로를 단절하려는 자의식과 기생의 딸로서 경험한 수모로 인한 여성적인 자의식이 싹트기 시작하게 된다. 이런 자의식은 1910년대 후반부터 20년대 중반에 이르기까지 신지식인층에 의해 외세 지배하에서의 '실력양성운동론'이 이론화되면서 식민치하에서 비롯된 민족적인 각성과 반봉건 의식이 싹트게 되는 시대적 상황과도 무관하지 않다.

나는 남만 못한 처지에서 나서 기생의 딸이니 첩년의 딸이니 하고 많은 업신여김을 받았다. 그리고 내가 성장하는 나라는 약하고 무식하므로 역사적으로 남에게 이겨본 때가 별로히 없었고 늘 강한 나라에 업심을 받았다. 그러나 나는 이 경우에서 벗어나야겠다. 남의 나라 처녀가 다섯자를 배우고 노는 동안에 나는 놀지 않고 열 두자를 배우고 생각하지 않으면 안된다. 남이 겉으로 명예를 찾을 때 나는 속으로 실력을 기르지 않으면 안되겠다. 지금의 한 마디 욕, 한 치의 미움이 장차 내 영광이 되도록 나는 내 모든 정력으로 배우고 생각해서 무엇보다도 듣기싫은 「첩」이라는 이름을 듣지 않을 정숙한 여자가 되어야 하겠다. 그렇려면 나는 다른 집 처녀가 가지고 있는 정숙한 부인의 딸이란 팔자가 아니니 그대신 공부만을 잘해서 그 결점을 감추지 않으면 안 되겠다. *(「탄실이와 주영이」, 『김명순』, 194쪽)*

자신의 결함, 즉 기생의 피가 흐른다는 그런 결함을 감추기 위해서라도 정숙해야한다는 자기검열은 그녀의 시 「추억(追憶)」[7]과 같은 탁월한 시와 「단장(斷腸)」[8]에 잘 드러나 있다.

漢江이미쳐 귀한님타신배를 삼켰너니라/ 오실듯오실 듯이 드놉흔내마음에/ 별고흔밤에 落花인듯억해서 치마를펴고서 한아름밧건마는 허전한이모양을/ 사람의말이 계집들의젊음만 바란다거니 행혀나말을마라 네 번목메든맬르/ 곤한다리를 락산밋성허리에 쉬여지라고 어스렁져녁때를 길일허우럿서라/帝王에게도 허락안될내정조 뭇입이되니 산이야재되려문 바다야불타려문/가든 사공아 여긔는복판이라 고만져어라 하늘에별따라서 바다에불꽃하나/치켜든 눈을 안으로듸리보매 세상이 和해 하늘과땅과빗이 聖스런노래로써

이 시가 보여주다시피 제왕에게도 허락하지 않을 정조를 세상이 오해하고 조롱하는 것에 대한 분노와 억울함이 내 안에서 별빛과 더불어 화해하여 하늘과 바다와 땅이 혼연일체가 되면서 느끼는 성스러움을 노래하고 있다. 「追憶」에서는 "적은금방울소리에 어린미듬에 도라가면은/가시덩굴에서 능금을 못따고/파초잎에 가시는 못 보았지요"라고 노래한다. 이 시에서 보다시피 그녀는 정숙하려고 노력했지만 가시덩굴에서는 능금을 못 따고 순결치 못한 처녀는 사랑받지 못한다는 것이 세인의 눈이고 그것이 자기 시대를 지배하는 전통적인 도덕이라는 천연덕스러운 얼굴을 하고 있으므로 그것을 초월하려는 의지를 보이기도 한다. 하지만 단죄의 목소리는 마치 "날셈 장거과 가태서 「네몸의 썩은 것은 잇는대로 다-찍으라!」"[9]라는 호통으로

되돌아온다. 부패한 육신으로 내리 찍히는 날카로운 검을 자신의 것으로 만들려는 명순의 노력은 남성들의 검이자 펜인 글쓰기로 이행된다. 그녀는 자신을 여자의 입장에서가 아니라 남성적인 호사였던 지식으로 자신의 혈통을 대신할 수 있으리라고 처음에는 생각하였던 것 같다. 이처럼 그녀에게 강박으로 남은 순결 의식은 모친에 대한 보상 심리에서 비롯된 것일 뿐만 아니라 그녀가 기독교 학교를 다녔다는 것과도 무관하지 않다.

하지만 일본유학을 통해 접근하게 된 낭만적이고 자유주의적인 서구 페미니스트인 엘렌 케이[10]에 영향을 받으면서 근대적인 여성의식이 싹트게 되었다. 이 때 근대적인 자아의식이라는 것은 가부장적인 전통과의 급격한 단절을 의미하는 것이었으며 전통 속의 개인이 아니라 자율적인 개인으로 세상과 주체적으로 대면하려는 주체의 노력을 의미한다. 그녀는 전근대적인 신분질서와 성질서와 철저하게 단절할 수 있는 길은 남성 중심적인 성질서에 복수하는 것이라고 믿기라도 한 것처럼 자유로운 연애에 탐닉하였다. 기생첩인 친모에 대한 수치심과 죄의식이 이와 같은 강박적인 순결 의식으로 남아있으면서도 근대적인 자의식을 구현할 수 있는 거의 유일한 방법으로서의 자유연애를 내세우게 되는 것 사이에서 초래된 그녀의 혼란은, 그녀의 혼란이기도 했지만 그 당시 신여성이라고 불리었던 여성들의 혼란이기도 했다. 자유연애를 부르짖던 남성들에게는 대체로 조혼했던 본처가 있었기 때문에 그들 대부분이 첩의 위치에 머물러야 했던 혼란이 그것이었다. 그것이 신여성들의 아이러니였다.

명순이 진명여학교를 졸업하기 1년 전 여러 여자에게 관심을 보이느라 바빴던 아버지는 파산하여 빚만 남기고 사망한다. 아버지의 파산과 죽음은 기생 딸이라는 열등감을 어느 정도 덜어주었던 갑부 딸이라는 위치를 더 이상 허락하지 않게 되었다. 더구나 "부친의 사랑도 허사였던 것을 알았다. 자기만을 귀애하던 부친이 그 아들 정택에게만 재산을 남기고, 탄실의 것은 다 전당에 넣은 채로 운명했다."(「탄실이와 주영이」, 「김명순」, 176쪽) 명순의 이름으로 생명보험회사에 돈을 넣었다던 것도 그녀의 이름이 아닌 아들의 이름으로였다. 김명순은 이제 더 이상 갑부인 아버지의 딸이 아니었다. 그녀는 다만 기생의 딸일 뿐이었으며 앞에 놓인 것은 가난이었다.

2.

김명순은 1916년 숙명여자고등보통학교에 편입하여 1917년 졸업한다. 같은 해 단편 「疑心의 少女」로 『靑春』지 현상 응모에 2등으로 당선한다. "17, 8 밧게 아니되든 소녀의 몸으로 일즉 최남선 씨가 주재하든 청춘잡지에 의심의 소녀란 단편소설 일편을 내여, 현상응모원고 70여편 중에서 2등에 뽑히었다." 당시 심사를 맡았던 이광수는 선후평문에서 언문일치, 문학에 대한 비유희적인 엄숙한 태도, 비현실적인 관념 사고를 배제한 현실재현, 권선징악을 초월한 현실묘사, 근대사상의 반영을 들어 이 작품을 칭찬하였다.

> 그러나 李常春 군의 〈岐路〉(1등 당선작-필자 주)보다도 金明淳女史의 「疑心의 少女」는 가장 이 점에 있어서는 特出하외다. 거기는 教訓 같은 痕迹도 조금도

없으면서도 그러면서도 재미있고, 또 그 재미가 決코 비열한 재미가 아니오, 高尙한 재미외다. 이 作品에서 만일 敎訓을 求한다면 그는 失敗되리라. 그러나 나는 朝鮮文壇에서 敎訓的이라는 구투를 완전히 脫殼한 소설로는 猥濫하나마 내〈無情〉과 泰瞬星의 〈부르짖음〉(學之光)과 그 다음에는 이 〈疑心의 少女〉뿐인가 합니다.[11]

후에 이광수는 『춘원, 요한 교담록(春園, 요한 交談錄)』에서 이 작품을 근거도 제시하지 않은 채 일본작품의 표절작이라고 언급하고 있다. 그러나 창조동인이었던 김동인은 1940년 김명순을 회고하면서 「疑心의 少女」를 김명순의 작품으로 인정하고 있다. 삼일운동 전후의 여성의 사회적 표량을 표현한 「疑心의 少女」는 문학사적으로 재평가되어야 한다. 문학을 통해 구사회를 비판한 신여성의 제 일성이라 볼 수 있는 이 작품은 신여성의 자화상이었다는 점에서 사회문제뿐 아니라 여권운동적 측면에서도 중요한 의미를 갖는다.

「疑心의 少女」는 전통사회의 불합리한 부부관계에서 생긴 비극을 소재로 한 작품으로서 봉건사회 가치관에 죽음으로 항거한 여성과 그녀의 딸의 이야기로 구성되어 있다. 이광수가 지적한 것처럼 구소설과 달리 교훈적 의도를 직접 내세우지 않았다는 점에서 이 작품은 높이 평가된다. 그러나 김동인이 지적한 대로 노인과 범례가 빚는 신비적 분위기를[12] 그것보다 더 높이 평가해야 할 것이다. 이러한 신비로운 분위기는 그 당시까지 우리 소설에서 볼 수 없었던 새로운 시도이다. 모든 것을 설명하려 하지 않는 여백의 처리 방식은 모작의 의심을 받기에 충분히 세련된 기교이다. 「배따라기」(김동인), 「소년의 비애」(이광수),

「천치냐? 천재냐?」(전영택) 등 우리 신문학 소설들이 일본 작품들의 영향을 받은 것으로 드러난 사실을 참고해보면 이 작품의 표절 여부에 대한 구체적인 연구는 김명순 문학 연구의 최우선 과제로 여겨진다.

어쨌거나 「疑心의 少女」에서 첩에게 남편의 사랑을 빼앗기고 이혼을 해달라고 해도 이혼도 해주지 않아서 수인(囚人)처럼 생활하던 어머니는 가장 극단적인 저항의 방식으로 자결을 선택한다. 그 어머니의 딸 범례가 아버지의 집을 떠나 외할아버지 황진사와 함께 정처 없는 표랑을 계속하는 것으로 작품은 끝난다. 이 작품은 그 당시 소설로서는 드물게 볼 정도로 세련되고 열려진 결말로 인해 외할아버지와 표표히 떠돌 범례의 인생행로가 과연 어떻게 되는지에 대한 궁금증을 자욱한 안개처럼 남겨놓아서 신비스러운 분위기와 서늘한 아름다움을 불러일으키는 단편 소설이다. 이와 같은 범례의 표랑은 당시 소위 신여성들과 작가 자신의 자화상이다. 봉건사회의 불합리에 저항한 신여성들은 아버지의 집을 뛰쳐나온 뒤 갈 곳을 모른 채 표랑을 계속할 수밖에 없었다. 온몸을 던져 구사회의 가치관에 반역을 꾀했음에도 새로운 목표를 세울 능력이 아직 부족했던 당시의 신여성들은 대부분이 불행한 종말을 맞을 수밖에 없었는데, 길 위에서 떠도는 범례의 유랑은 이러한 종말을 암시하고 있는 것처럼 보인다.

가부장제에 두 발을 완전히 들여놓지 않았던 김명순의 경우, 이런 유랑 의식은 당대의 경제적인 궁핍과 가부장적인 문화와 사회적인 편견에서부터 비롯된 점이 많았다. 그 당시 신여성 문제에 관심이 많았던 채만식은 「인형(人形)의 집을 나와서」라는 소설을 쓰면서 여성문제를 본격적으로 조명해보고자 했다. 채만식이 임노라의 경험을 소설적으로 형상화하는 데는 발언이 미친 영향을 무시할 수 없었을 것이다. 노신은 「노라는 집을 나간 후 어떻게 되었는가」라는 강연에서 집을 뛰쳐나간 노라가 택할 길은 굶어죽는 것을 빼놓고는 두 가지 선택밖에 없다고 했다. 말하자면 타락을 하던가 아니면 결국 집으로 되돌아가던가라고 말하면서 경제의 균등한 분배가 없는 상태에서의 참정권과 같은 여권론의 한계를 지적한 바 있었다. 사유를 얻는 대신 치르는 대가는 엄청났다. 채만식에 의하면 "노예가 되는 자유, 웃음과 아양과 정조를 파는 자유, 그렇지 아니하면 굶어죽는 자유, 또 그렇지 아니하면 자살을 해버리는 자유!"가 있었다. 여기에 덧붙여 미쳐버릴 자유가 있다.

신여성들이 처한 사회·경제적인 한계에 대한 통찰은 대단히 보수적이고 탐미적이었던 김동안마저 인정하는 측면이 있다. 신여성들의 여성해방운동을 못마땅하게 여겼던 김동인은 "이즈음 소위 새여자라는 사람들이 온전한 자각 업시 남녀평등을 그릇 깨다러 가지고 덤뷔는 것은 아니껍지만 소위 사내라는 사람들도 그 사조를 오해하여 가지고 여자에게 참정권을 주어라 어저라 덤뷔는 것이 한심하다"[13]라고 하면서도 그의 조롱기 섞인 목소리에서 신여성이 처한 사회적인 맥락이 보다 구체적으로 드러나고 있다. 『金姸實傳』 서문에서 목표를 정하지 못한 신여성들의 실상을 그는 정확히 지적하고 있다.

그(김연실-필자 주)가 세상에 나서 여남은 살적부터 서른댓 살까지 약 사반세기의 세월을 걸어온 자취는 그 기간 동안의 조선 신여성상이다. 구사회에서 신사회로 한 끝에서 다른 한 끝으로 지도자도 없이 정경도 없이 목표도 없이 다만 새로운 것으로의 돌진이었다. 거기서 선구자로서의 고독과 거기 따르는 슬픔이 있었다. 누구를 배우고 무슨 일을 하며 어떻게 하랴? 그런지라 그들은 그저 눈감고 돌진하였다. 자기네들의 생각에 「새롭다」 인정되는 일에는 제삼자의 비판이며 욕설을 꺼리지 않고 돌진하였다. 이리하여 조선의 여성의 제 일기생은 조선 여성의 주춧돌로, 시험대로 귀중한 희생이 된 것이다.[14]

그럼에도 불구하고 김명순을 『창조(創造)』 동인으로 영입했던 김동인, 전영택 등이 그녀에게 훨씬 가혹했던 이유는 무엇이었을까? 이것은 근대를 식민지 지식인으로 경험했던 그들의 정신세계와 결코 무관하지 않았을 것이다. 가난해진 김명순에게 대리 아버지였던 김유방은 서북 출신 화가였으며 김동인 역시 서북 출신이었다. 하지만 식민지 지식인으로서 사회적인 진출이(친일을 통해 관직에 나가지 않는 한) 거의 막혀있었기 때문에 그들은 처음부터 잉여인간에 속했다. 그들은 세련된 교양과 지식으로 자신들의 잉여성을 포장하거나 아니면 그들의 좌절된 삶을 관능이나 허무주의로 치장했다. 계몽주의적 선각자라는 자기 나르시시즘과 동시에 그런 선구자를 알아주지 않고 잉여인간으로 만드는 사회 속에서 절망하는 자신을 무기력한 여성의 위치에 두고 자기학대를 했다. 그들은 역사적인 조건으로 인해 거세된 인물들이었다. 20년대는 일본이 식민지 지식인들의 정치적인 불만을 무화하려고 유화정책을 펼쳤던 탓으로 이들은 문학이나 예술에서 출구를 찾을 수밖에 없었고 그런 의미에서 삶이 곧 문학이자 예술일 수밖에 없었다. 자연스럽게 그들은 탐미적인 댄디가 되어갔다. 이런 김동인에게 김명순은 『創造』를 위한 페티쉬처럼 보였을런지도 모른다. 이들 댄디들은 대체로 새롭게 유입된 소비문화를 받아들여 남산골 딸깍발이와 같은 양반기질로 상징되는 보수적인 민족주의자와는 달리 상당히 여성화된 취향을 가지고 있었다. 근대적 맥락에서 본다면 댄디라는 의미 자체가 그런 풍경을 제시하기 위한 개념이기도 하였다. 그런 창조파들에게 지적이고 아름답고 세련된 신여성 김명순은 구식 여성이 풍기는 자연과 모성이라는 촌스러움을 대표하는 것이 아니라 문화를 상징하는 존재였다. 댄디의 속성상 정성을 다해 유혹을 하지만 그런 유혹의 대상은 유혹에 넘어가지 않는 한 욕망의 대상으로 남아있게 된다. 그러므로 차갑고 초연한 그래서 칭칭 감기는 듯한 감상성이 배제된 건조한 미학적인 대상으로 남아있지 않는 여성은 더 이상 그들에게 매력을 주지 못한다. 그런 의미에서 공들여 모셔온 김명순은 유혹에 넘어가야 하면서두 결코 그런 유혹에 넘어가지 말아야 했다. 온갖 유혹으로 인해 김명순이 조금이라도 허트러진 자세를 보인다면 그 순간 그들은 냉담하게 등을 돌리고 가혹하게 단죄하려고 했을 것이다. 마치 도리언 그레이들처럼.

그러한 측면은 『創造』 동인으로 김명순을 끌어들일 때, 마치 그녀가 시의 여신이라도 되는 것처럼 받들어 모셨던 그들의 태도에서 읽을 수 있다. "양은 불붓는 듯한 열정과 흐르는 듯한 예술적 천분이 잇서서…"(『創造』, 제8호, 1921, 115쪽)라는 극찬과는 달리 그 다음 호인 창조 8호에서는 단 한 줄로 "망양초 김명순은 8호부터는 우리 글벗이 아닙니다"라고 기록해 놓았다.

근대와 더불어 형성된 이들 신지식인들의 분열된 의식은 여성을 대할 때 가장 극적으로 연출되었다. 지주의 아들이 아닌 이상은 생계마저 아내에게 의존하는 거세되어 '여성화되고' 무기력한 인물군상이었음에도 바로 그런 이유로 인해 더욱 남성적인 치기를 부려야 했다. 게다가 식민지 지식인으로서의 선각자적 우월감과 동시에 식민지 종주국에 대한 열등감으로 인해 그런 이중적인 감정을 투사하는 장치가 여성이었다. 여성은 그들에게는 훼손될 수 없는 조국이자 자연이며 언제라도 귀향할 수 있는 정결한 공간이었다. 이런 성녀로서의 여성적인 이미지에서 벗어나면 그 순간 성녀는 창녀가 되어버린다. 소위 사회주의자였던 김기진 역시 여성문제에 관한 한 한 걸음도 더 나아간 태도를 찾기 어렵다. 『신여성』 인물평에 실린 김기진의 「김명순 씨에 대한 공개장」은 명예훼손 수준의 인신공격을 퍼붓고 있느 바 김명순에게 가해진 세인의 비난의 정도를 짐작케 한다.

> 다시 요령만 따라 간단히 말하면 그는 평안도사람의 기질(썩 잘 이해하지는 못하나마)인 굿고도 자가방호하는 성질이 만혼 천성에 여성통유의 애상주의를 가미하야갓고 그우에다 연애문학서류의 펭키칠을 더덕더덕 붓치어 놋코 이부자식이라는 환경으로 말미암아 조곰은 꾸부정하게 휘어어가지고(이것이 우울하게 된 까닭이다) 처녀 때에 강제로 남성에게 정벌을 밧덧다는 이유가 잇기 때문에 더 한층 히스테리가 되어가지고 문학중독으로 말미암아 放奔 하야겟다는 것이다. 그리고 이것들 제요소를 층층으로 싸아논 그 중간을 뀌여 뚤코 흘르는 것이 외가의 어머니 편의 불결한 부정한 혈액이다. 이 혈액이 때로 잠자고 때로 구비치며 흐름을 말해서 그 동정이 일관되지 못한다. 그리하야 이 동정이, 그의 시에, 소설에, 또한 그의 인격에 나타난다.[15]

3.

앞에서도 밝혔다시피 이 글에서는 김명순에 대한 객관적인 접근을 하려는 것이 아니었다. 그녀에 관한 여러 자료 자체의 사실성이 의심스럽고 그 당시의 기사나 그녀를 아는 지인들의 말조차 객관성이 의심스러웠다. 그렇다면 여성의 관점에서 왜 김명순을 되살려내야 하는가라는 점에 초점을 맞추는 것이 오히려 낫겠다는 생각이 들었다. 그녀가 속했던 근대 자체를 정신분석해봄으로써 '방종한' 신여성으로서의 그녀를 다시 맥락화하고 싶었다.

근대 초기를 신여성의 선두주자로서 살다간 김명순은 그녀의 삶 자체가 시였고 문학이었다. 작품없는 문학생활과 그런 문학생활이 곧 지적 허영과 방종이라는 의미에서 매도당했던 그녀는 시인으로서도 탁월한 서정시, 민족저항시를 남겨두고 있다. "북방의 처녀가 남방을 생각하면"으로 시작되는 그녀의 시 「남방(南邦)」은 김영랑의 시를 능가하는 서정시로서의 품격을 가지고 있다. 또한 "늙은병사가 잇서서/오래싸왓는지라/왼몸에 상처를 밧고는 싸훔이시러서/군기를 호미와 괭이로갈앗섯다"로 시작되는 「싸움」과 「귀여운 내수리」는 이육사, 윤동주에 앞선 저항시로 평가받아야 될 것이다. 그럼에도 불구하고 그녀는 문학사의 뒤켠에도 끼이지 못한 채 잊혀지고 말았다. 그녀가 망각 속에 정신이상으로 처참한 생애를 마칠 수밖에 없던 데에는 남성평론가들의 망각에의 적극적인 의지가 개입하지는 않았을까.

이미 정립된 문학사와 남성원로 비평가들의 말에 공손히 귀기울이면서 문학 없는 문학생활을 한 김명순이라는 식으로 간주하면서 여성으로서도 시인으로서도 제대로 대접받지 못하는 앞서 간 여성들을 남성의 눈으로 내재화된 남성적인 시선에서 바라볼 것이 아니라 여성의 관점에서 다시 본다면, 다시 말해 젠더의 관점을 개입해서 본다면 관객성이라는 이름하에 온갖 남성적인 편견과 이해관계의 실타래들이 헝클어져 김명순의 이야기를 역사로 만들어내고 있음을 볼 수 있었다. 근대 지식인으로서의 남성들은 봉건적인 가부장제에 머물러 있어서 하등 손해볼 것이 없었다. 그들을 근대적인 지식인이라고 부르기조차 민망하게 구식의 아내에게 기생하고 신여성을 첩으로 두면서도 자기네들이 마치 봉건제도와 단절한 것처럼 행동하였다. 그런 그들의 행동은 그다지 문제가 되지 않는 반면, 여성에게는 성적 방종이라는 딱지만 붙으면 사회적인 금치산자가 되는 것은 과거에도 그랬고 지금도 그렇다. 이런 시절에 '애정 없는 결혼은 매춘'이라고 주장하면서 "양의 새끼 같은 착한 여자가 아니고 이리 새끼나 호랑이 새끼"(「탄실이와 주영이」, 「김명순」, 171쪽) 같은 여자가 되고 싶었던 김명순은 미치지 않을 방법이 없었다. 정신병자로 죽었다는 것 자체를 가부장제에 온몸으로 저항한 적극적인 행위로 보지 못하고 신여성의 방종한 말로라는 식으로 해석하는 것은 여성 스스로 가부장적인 이데올로기를 내재한 탓은 아닌지 묻고 싶었다.

가부장제와 적당히 타협하지 않고 내면에 천재를 가진 여자가 있었다고 하자. 민족모순, 계급모순, 성모순, 적서차별의 모순 등 온갖 모순을 자기 속에 가지고 있는 그런 여성이 시대를 앞선 자의식과 튀는 개성과 성애를 적극적으로 표출한다면 사회적인 처벌이 뒤따를 것은 분명한 사실이고 그로 인해 미치지 않으면 도리어 이상하지 않겠는

가. 그녀의 파멸은 곧 가부장제에 온몸으로, 적극적으로 저항한 형태이며 단순히 가부장제의 희생양인 것만은 아니다. 그녀의 비극 자체가 그녀 나름의 적극적인 저항의 흔적이며 이런 저항은 후세대 여성들의 비극을 줄여주면서도 일보 진보한 여성의식을 위한 밑거름이 된 측면은 없겠는가.

김승희의 시가 보여주다시피 순종적이고 착한 곰이 아니라 호랑이가 되고자 했던 여성들은 어떻게 되었을까? 호랑이가 되고 싶었던 그 여자, 그래서 남성의 것으로 간주된 지식과 자유와 독립을 훔치고 싶었던 여자, 그래서 가부장제에서 완전한 일탈은 자살이거나 창녀가 될 수밖에 없었던 시절에 그녀가 택할 수 있었던 것은 제정신을 놓는 것이다. 이것은 기존질서를 파괴하려는 강력한 새디즘적인 충동이 내면화된 결과로서 자기파괴를 통해 세상을 파괴하고픈 충동의 전도된 형식이다. 이런 의미에서 그녀를 부끄럽다고 여기기에 앞서 여성인 우리 스스로가 가부장제에 공모하고 있는 측면은 없는지를 들여다보아야 할 것이다. 내 안에 살고 있는 호랑이 한 마리가 뛰쳐나올 수 있도록, 김승희가 노래한 "쑥과 마늘을 먹고/백일 동안 동굴 속 어둠을 견디면/신시의 햇볕을 그대에게 주리라던/환웅의 약속을 기다리지 않고/스스로 햇볕의 폭포속으로/뛰어나간 호랑이/단군신화 속에서 낙제하고 단군신화 밖에서/외출한 그녀"(김승희, 「다시 보는 단군신화」)는 바로 김명순, 단순신화 바깥으로 뛰쳐나간 호랑이 그녀에게 인간의 몸을 입혀주는 것이 후세대 여성들이 해야 할 작업은 아닐까?

| 주 |

1 정영자, 「김명순 연구」, 『월간 문학』, 1988. 2, 266쪽.

2 이상경, 「강경애의 삶과 문학」, 『여성과 사회』, 한국여성연구회, 1990, 333쪽.

3 문학보다는 성적 방종이라는 사생활 때문에 더욱 유명해졌다고들 하는 신여성 3인조에 해당하는 나혜석의 경우는 가문 좋은 수원 나참판의 자녀지만 왜 그렇게 타락했는가?

4 김영덕, 「한국 近代의 女性과 文學」, 『韓國女性史 II』, 이화여자대학교 한국여성사편찬위원회, 이화여자대학교 출판부, 1972. 380쪽.

5 박혜경, 「빼앗긴 집을 찾아 헤매는 영혼의 언어: 김명순의 시」, 『문학과 의식』, 1994년 가을호, 201쪽.

6 김명순, 「네 자신의 위에」, 『生命의 果實』, 1925, (김상배 편, 『꾸밈없이 살았노라: 김명순 自傳詩와 小說』, 388쪽에서 재인용. 이후 김명순으로 약칭함)

7 朝鮮詩人選集: 二十八文士傑作(조선편신중학관: 경성, 1926), 망향초 김탄실, 44쪽.

8 韓國現代詩史資料集成: 詩集篇(태학사, 1982), 489쪽.

9 김명순, 같은 책, 335쪽.

10 엘렌 케이(1849-1926)는 스웨덴의 사회개혁가로서 여성의 성해방과 모성찬미운동을 펼쳤다. 그녀는 모성은 사회의 온갖 미덕의 원천이므로 여성의 가장 고귀한 천직으로 인정해야 하며 그러기 위해서 여성은 법적으로도 경제적으로도 남성과 평등해야 한다고 생각했다. 또 불행한 결혼이나 밖에서 일하는 것은 모자관계에 스트레스를 주므로 여성은 강제로 결혼이나 취직생활을 해서는 안 된다고 믿고 국가가 어머니에게 그 비용을 지불할 것을 주장하였다.

11 이광수, 靑春, 1918, 3, 제12호, 99쪽.

12 김동인, 每日新報, 1941.

13 김동인, 「령혼」, 『창조』, 제9호, 1921. 5, 45쪽.

14 김동인, 『東仁全集』 제2권, 홍자출판사, 1964.

15 김기진, 「김명순 씨에 대한 공개장」, 『新女性』, 1924, 11, 50쪽.

8
타자의 삶 타자의 문학, 강경애

| 문영희 |

1. 타자로서의 삶과 문학

강경애(1906-1944)는 황해도 장연 출생으로 1920년대에 신식교육을 받고 1930년대에 문학 활동을 한 여성작가다. 장편 『인간문제』를 비롯, 여러 편의 주목할 만한 중·단편소설을 썼건만 작품집이나 단행본 한 권 갖지 못한 잊혀진 작가였다. 1980년대 전반까지만 해도 강경애의 문학과 삶은 왜곡과 훼손의 모욕을 겪어야 했으며 제대로 된 연구조차 할 수 없었다. 그 까닭은 이러하다.

우선 작가 생전에 작품집이나 단행본이 발간되지 못했다. 일제는 스크랩하여 모아둔 모든 자료를 압수하고 출판허가를 내주지 않았다. 내용이 불온하다는 이유였다.[1] 이 과정에서 작가 자신이 지니고 있던 작품과 자료는 모두 유실되었다.

둘째, 작가가 주로 활동하던 1930년대는 문인들이 일제로부터 가장 가혹한 탄압을 받았던 시기였다. 1931년의 만주사변과 세계적 공황, 1931년과 1934년 두 차례에 이은 KAPF 검거 사건, 사상보호관찰법의 시행과 중일전쟁 등의 불똥이 리얼리즘 문학을 지향하던 작가들의 발등에 떨어져 있는 형편이라, 그 누구도 강경애의 작품에 대해 언급조차 할 수 없거나 아니면 전혀 무관심할 수밖에 없는 상황이었다. 더군다나 강경애가 창작활동을 하던 지리적 공간은 서울 중심의 문화적 눈길이 미치지 못하는 간도 지방이었다. 따라서 당대의 서울 중심, 남성 중심의 권력지향적 문학 비평가들의 눈에 강경애의 작품이 들어오지 않았던 것이다. 1세대 여성작가인 김일엽, 나혜석, 김명순 등이 가부장적 남성 비평가들의 편협과 부정으로 일관된 시선에 의해 타자화 되었다면 강경애는 문단에 존재하지도 않는 사람처럼, 관심과 주목을 받기는커녕 언급조차 되지 못하는 침묵의 방식으로 타자화 되었다.

강경애의 대표작이라 할 수 있는 『인간문제』 역시 타자화의 과정을 겪을 수밖에 없었다. 이 작품을 단행본으로 출간한 곳은 평양, 1949년 노동신문사에서 『인간문제』를 단행본으로 펴낸 것이다. 그러나 북한의 『인간문제』는 1934년 동아일보 연재 당시의 「인간문제」와는 다르다. 어휘 수정, 삭제된 부분의 복원, 특정 부분의 삭제, 이데올로기성의 강화 등으로 분명한 첨삭이 가해졌다. 그러나 작가 스스로 1934년 당시의 연재본을 고친 것인지, 아니면 북한의 문예정책 하에 다른 사람에 의해 고쳐졌는지는 알려져 있지 않다. 다만 강경애의 남편 장하일이 1949년 당시 노동신문사의 부주필이었다는 사실만 알려져 있다. 짐작해 보건대 강경애가 자신의 원고를 직접 고쳤을 가능성보다는 남편 장하일의 암묵적인 승인하에 북한에서 문학 활동을 하는 어떤 사람이 1949년 당시의 북한의 문예정책에 맞게 고쳤을 가능성이 크다. 왜냐하면 강경애는 1936년부터 이미 건강이 악화되어 적극적인 문학 활동을 하지 못한 것으로 알려져 있으며 1944년에는 귀가 먹고 앞조차 보지 못하게 되어 사망한다. 1934년에 연재한 작품을 1-2년 사이에 다시 고쳐 쓰기는 무리가 있다고 보기 때문이다.

당시 북한 예술의 지배담론은 '건국사상을 구현한 새로운 인간 타입'의 형상화였다.[2] 『인간문제』의 남주인공 첫째의 경우 무자각적 농민에서 노동자로, 다시 투철한 계급의식을 지닌 실천적 인물로 형상화되어 있다는 점이 1949년 당시의 새로운 인간 타입의 형상화 문제와 부합된 것으로 판단할 수 있다. 따라서 『인간문제』를 개작하는 과정에서 작가는 철저히 무시된 채 북한의 정치적 이데올리기성을 강화하는 방향으로 제작된 것으로 짐작된다. 이러한 사정은 남한에서도 마찬가지였다. 남한 역시 1978년에 한 출판사에 의해 『인간문제』가 출간되었다. 그러나 이 작품은 온전한 강경애 작품으로 읽기 어려울 만큼 심각하게 훼손되고 왜곡되어 있다. 북한과는 반대로 계급의식을 약화하고 이데올로기성을 배제하면서 남녀 주인공의 낭만적인 사랑 쪽으로 완전히 개작해 놓은 것이다. 따라서 1978년 간행한 남한판과 1949년 간행한 북한판, 그리고 1934년 당시 동아일보에 연재했던 것을 복원한 연재본은 동일한 이름의 다른 텍스트다. 작가 고유의 권한인 창작성이 국가 이데올로기에 의해 타자화 되는 과정이 『인간문제』를 통해 적나라하게 드러난 것이다.

남한에서 강경애가 새롭게 부각되고 복원의 영광(?)을 누리게 된 것은 비교적 최근의 일이다. 1980년대 문학계의 리얼리즘 문학에 관한 관심과 연구, 1990년대 페미니즘적 시각에 의한 문학연구가 활발하게 개진되면서 강경애의 작품과 생애사는 새로 태어난 것이나 마찬가지로 발굴되고 재평가되기 시작한다.[3] 과연 강경애는 온전히 되살아났는가?

2. 장연-평양, 장연-서울: '책'을 찾아서

강경애는 1906년 황해도 송화에서 한 농부와 그의 아낙의 딸로 태어났다. 아버지를 여의고 다섯 살에 고향땅을 떠난다. 개가한 어머니를 따라 황해도 장면으로 이주한 것이다. 의붓아버지 최도감은 돈 많은 불구자 노인이었다. 이 노인 아버지와 열여섯 살 의붓오빠, 그리고 한살 많은 여섯 살 의붓언니와의 가족생활은 그리 행복하지 않았던 것으로 회고하고 있다.[4]

한 부모의 형제가 아닌 상태에서의 가족 관계란 철저히 권력적이다. 경제 능력이 없어서 생계를 유지하기 위해 선택한 어머니의 개가를 통해 알 수 있듯이 이 가족의 권력자는 두말할 것도 없이 의붓아버지이고, 그 다음이 의붓아버지의 친자식일 것은 뻔한 이치이다. 강경애의 유일한 한 편인 어머니는 개가한 집안에서 노예와 다름없는 생활을 하였으므로 실질적인 힘이 되지 못했을 뿐 아니라 어린 딸로 인해 자신의 위치마저도 불안정했을 것이다.

일찍이 아버지를 잃은 나는 다섯 살에 의붓아버지를 섬기게 되었으며 의붓아버지에게는 소생 아들딸이 있었으니, 그들이 어찌나 세차고 사납던지 거의 날마다 어린 나를 때리고 꼬집고 머리를 태를 뜯어서 도저히 나는 집에 붙어 있을 수가 없었다. 그래서 어머니만 빨래나 혹은 어디 볼일로 집에 안 계시면 언제나 쫓겨나 서울 뒷산에 올라 망연히 어머님이 오시기를 기다리곤 하였다. 삼십을 넘은 나의 눈엔 아직도 어머니가 돌아오실 그 길이 아련히 남아 있다.[5]

강경애가 처한 불안한 가족 관계와 어린애답지 않게 발달한 이지는 자신의 정체성을 확인받을 수 있는 다른 세계를 찾게 된다. 그 세계는 '이야기', 혹은 '책'의 세계였다. 강경애는 여덟 살 때 의붓아버지가 보다 놓이둔 『춘향전』에서 한글을 터득하기 시작한다. 홀로 터득한 문자의 세계에 빠져 집안에 있는 책이란 책은 모조리 읽기 시작한다. 이때 읽은 책들이 『삼국지』, 『옥루몽』 등이다. 뿐만 아니다. 가족에게서는 늘 소외당했지만 동네에서는 할머니 할아버지의 사랑을 독차지했다. 동네 어른들을 상대로 이야기책을 읽어주고 다녔기 때문이다. 동네 할머니 할아버지들은 강경애에게 '도토리 소설장이'란 별명을 지어주고 다투어 데려가 소설을 읽히고 과자를 사다 주곤 하였다. 이런 식으로 강경에는 타인들을 통해 자신의 정체성을 획득하게 된다. 가족 제도는 강경애에게 지독한 소외와 억압을 안겨주었지만 책은 강경애에게 사랑과 보람을 주었던 것이다. 이때부터 강경에는 오로지 책, 혹은 문학만이 타자에서 주체로 나아가는 유일한 출구임을 느끼기 시작했으며, 학교에 다니는 기간(1915-1923) 동안에 일어난 일련의 사건들을 통해서도 이를 확인할 수 있다.

강경애는 1915년 장연소학교를 거쳐 1921년 평양 숭의여학교에 입학한다. 딸의 총명함을 간파한 어머니가 빌다시피 하여 늦은 나이인 열 살에 소학교에 입학하게 되고, 뒤이어 형부의 도움으로 겨우 숭의여학교에 진학하게 되는 것이다. 강경애의 학창 생활에 대해서는 알려진 바가 거의 없다. 그러나 동무들로부터는 외면당했고 선생님으로부터 비난받았던 기억을 작품과 회고를 통해 확인할 수 있다.[6] 당시 평양 숭의여학교는 엄격하기로 소문난 기독교 학교로 학생들은 전원 기숙사 생활을 하고 있었다. 그런데 기숙사 사감의 감시와 감독이 너무 혹독하여 학생들이 동맹 휴학하는 사건이 발생한다. 강경애는 이 때 맹휴사건에 연루되어 퇴학당한 것으로 되어 있지만 강경애 자신이 이 사건에 대해서는 일체 언급하지 않았다.

그러나 북한의 연구자는 40년 당시 '미 제국주의 타도'의 정치이념에 맞게 맹휴 사건을 끼워 맞추고 있다.

이 학교가 일본제국주의와 야합한 미국인들로써 건립된 것인 만큼 그들은 조선녀성들을 자기에게 순종하는 노예로 만들기 위하여 그들에게 유심론적 종교교육을 주었기 때문이다.
그러므로 결국 강경애는 종교교육을 반대하여 진보적인 동지들과 함께 그가 3학년 내에서 동맹 휴학을 조직한 원인으로서 학교에서 출학을 당하였다.
이때로부터 그에게는 당시 불합리한 사회의 질서를 깊이 해부할 수 있는 그러한 사회적 충동을 받게 되었다.[7] *(강조 필자)*

그러나 숭의여학교는 종교교육에 대한 과도한 집착으로 일제와 사이가 나빴다. 1911년 이후 일제는 사립학교규칙을 정하면서 종교교육을 금지하기에 이른다. 숭의학교는 이에 반발하여 여자고등보통학교로 승격하지 않은 채 그냥 '여학교'로서 학력 지정학교로 전락하게 된다. 그렇다면 연구자의 발언(강조 부분)은 이념성을 강조하기 위해 꾸며 낸 말이 된다. 이런 식으로 뜯어보면 강경애가 퇴학당한 이유 역시 의문을 품어볼 수 있다. 연보를 통해 확인할 수 있는 것은 행동 혹은 행위에만 국한될 수밖에 없다. 사실 퇴학의 이유 따위는 중요하지 않을 수도 있다. 그러나 개인의 행위가 조직이나 제도, 혹은 국가의 정치성으로 철저하게 왜곡될 수도 있다는 사실을 지적하고 싶다.

1923년 퇴학당하고 고향으로 돌아온 강경애는 한 문학청년과 조우하게 된다. 양주동이었다. 양주동은 와세다대학 예과를 마치고 모항인 장연에 돌아와 문학강연회를 열었고, 이 강연회에서 강경애는 또 다른 '책'을 발견하게 되는 것이다.

"선생님 나 영어 좀 가르쳐줘요! 그리고 시도, 문학도, 전 중학교 3학년생, 아무 것도 아직 잘 몰라요. 그러나 문학적 소질은 담뿍 가졌으니 좀 길러주세요."[8]

가족과 학교의 제도로부터 밀려난 강경애는 '책'을 따라가는 길이라면 어떤 길도 포기하지 않았을 것이다. 강경애는 양주동이라는 새 책을 따라 서울로 이동한다. 청진동의 금성사에서 먹고 자며 새 책들을 탐독해 나가기 시작하는 한편 동덕여학교에 편입하게 된다. 이 시기에 강경애는 문학관련 서적을 닥치는 대로 읽으며 문학 수업에 전념한 것으로 알려져 있다.[9] 따라서 강경애의 초기 시 「책 한권」은 우연한 작품이 아니다.

나는 가난합니다
그리고 또 외롭습니다
그러나 나에게는 가장 사랑하는
책 한권이 있습니다
〈중략〉
볼 때마다 볼 때마다 내 가슴은
끝도 없는 영원의 나라를 그려 봅니다
〈중략〉
나는 가난하고 또 외롭습니다
그러나 나에게는 사랑하는
이 책 한권이 있습니다
오 나는 행복됩니다[10]

독자투고란에 강가마(강경애의 별명)라는 이름으로 게재된 이 어설픈 시에서 강경애가 어떤 상황에 처해 있는지, 그리고 무엇을 지향하는지를 확연하게 알 수 있다. 가난과 외로움에 지친 자신의 심사를 행복하게 해주는 것은 애인도 어머니도 가족도 향교도 아니다. 오로지 한 권의 책이다. 이 책을 통해 끝도 없는 상상의 나래를 펼치고 영원의 나라를 그릴 수 있었다. 이처럼 강경애에게 있어서 책은 자신의 꿈을 펼칠 수 있는 열린 공간이었던 것이다.

그러나 책을 매개로 한 강경애-양주동의 정신적 교류는 1년이 채 못 되어서 끝나고 만다. 1924년 9월 강경애는 양주동과 헤어져 장연으로 돌아오게 된다. 강경애와 양주동의 만남은 책을 매개로 이루어졌지만 두 사람은 환경, 계층, 기질 등에서 같은 길을 갈 수 없는 사람이었던 것으로 판단된다.

그러나 강경애는 짧은 서울생활을 통하여 문학수업을 하는 동시에 자신이 어떤 문학을 지향해야 할 것인가에 대한 뚜렷한 자각이 있었음이 분명하다. 아울러 양주동과 해외문학파 위주인 「금성」[1] 동인들의 문학적 경향이 자신의 가치관과 다름을 깨닫고 고향으로 돌아갔을 것이다.

3. 장연-간도 : 현실이 책이며 타자들이 주인공이다

고향 장연으로 돌아온 강경애는 본격적으로 문학수업에 전념하면서 습작기간을 갖게 된다. 이 시기 강경애의 관심은 오로지 문학밖에 없었던 듯하다. 이 당시 강경애는 장연의 언니 집인 서선여관에서 기거하다가 어머니와 함께 다른 집으로 옮겨 앉은 듯하다. 이 당시 생활은 말할 수 없이 궁핍했지만 문학 수업을 향한 열망과 의지에 불타고 있었다.

문예란 말만 들어도 나는 입을 해 하고 벌리던 그때라 신문이나 잡지권을 애써 얻어들여 가지고는 시간 가는 줄을 모르고 붙잡고 있다. 어머님은 나의 이러한 행동에 불만하셔서 항상 꾸지람을 하시며 일감을 내놓아. 나로 하여금 책을 보지 못하게…(중략)… 재독을 한다. 삼독을 한다. 내지 오륙차를 거듭해도 점점 더 아득하다. 나는 기가 있는 대로 치밀어서 벌떡 일어나 미친

년 같이 온 방을 휩쓸다가도 못 견디어서 밖으로 튀어나간다.[12]

　강경애가 문학적 대상으로 삼은 것은 자신처럼 소외되고 가난하며 타자화된 사람들이 인간으로서 어떻게 바른 길을 찾는가 하는 것이었다. 따라서 강경에는 항상 타자에 관해 애정의 눈길을 쏟았다. 초기 시편들의 대부분이 가난한 농부, 아니면 무식한 어머니들을 향한 시적 화자의 안타까운 마음을 표현하거나 끝내 그들을 각성시키기 위해 노력하는 내용[13]이며, 초기의 소설 작품[14]과 장편『인간문제』역시 구조상으로는 타자의 주체화를 문제삼고 있다. 심지어는 수필에서조차 항상 눈길은 타자를 향해 열려 있다.

나는 이켠으로 머리를 돌리니 길회선 철도 공사 인부들이 까맣게 쳐다보이는 석벽 위에 귀신같이 발을 붙이고 돌을 쪼아내린다. 나는 바라보기에도 어지러워서 한참이나 눈을 감았다. 다시 보면 볼수록 아찔아찔하였다. 아래 있는 인부들은 굴러내리는 돌을 지게 위에 싣고 한참이나 이켠으로 돌아와서 내려놓으면 거기에 있는 인부들은 그 돌을 이를 맞추어서 차례차례로 쌓아 올라가고 있다.

나는 차 안을 새삼스럽게 둘러보았다. 그러나 누구 한 사람 그곳을 주시하는 사람조차 없는 듯하다. 모두가 양복장이었으며 학생이었으며 숙녀였다. 우선 나조차도 저돌 한 개를 만져보지 못한 사람 아니더냐.

학생들은 무엇을 배우나, 소위 인테리층 나리들은 어떻게 살아가나. 누구보다도 나는 이때까지 무엇을 배웠으며 무엇으로 입고 무엇으로 먹고 이렇게 살아왔나.

저들의 피와 땀을 사정없이 긁어모아 먹고 입고 살아온 내가 아니냐! 우리들이 배운다는 것은, 아니 배웠다는 것은 저들의 노동력을 좀 더 착취하기 위한 수단이 아니었더냐!

돌 한 개 만져보지 못한 나, 흙 한 줌 쥐어보지 못한 나는 돌의 굳음을 모르고 흙의 보드라움을 모르는 나는, 아니 이 차 안에 있는 우리들은 이렇게 평안히 이렇게 호사스럽게 차 안에 앉아 모든 자연의 아름다움을 맛볼 수가 있지 않은가.

차라리 이 붓대를 꺾어버리자. 내가 쓴다는 것은 무엇이었느냐. 나는 이때껏 배운 것이 그런 것이었기 때문에 내 붓 끝에 씌어지는 것은 모두가 이런 종류에서 좁쌀 한 알만큼, 아니 실오라기만큼 그만큼도 벗어나지 못하였다. 그저 한판에 박은 듯하였다.[15]

이렇게 본다면 강경애의 문학적 행로 전체는 강점기 기층민의 식민 현실을 책으로 삼고 타자들을 주인공으로 하여 그들이 주체로서 우뚝 서는 모습을 그려내는 데 집중한 것으로 판단할 수 있다. 그러므로 문학과 삶에 관한 한 강경애의 질문은 한 가지였다고 볼 수 있다. 그것은 사회적 타자들을 어떤 방식으로 주체로 서게 하느냐 하는 것이었다. 이 질문을 해결하기 위해 선택한 공간이 만주다. 1930년대의 만주는 두 부류의 조선 사람들이 존재했었다. 한 부류는 조선의 땅에서 살 길이 막연하여 남부여대하고 만주로 이주한 농민층이다. 다른 한 부류는 독립운동의 근거지를 확보하기 위해 거주하는 항일무장세력이다. 농민층이 사회적 타자로 인식된다면 항일무장세력은 타자화를 거부하고 주체로 서기 위해 모인 집단으로 파악할 수 있었을 것이다. 이 두 부류가 존재하는 만주 땅은 강경애의 창작의 거름이 되기에 충분한 곳이었고 이런 의미에서 강경애의 만주행은 필연이었다. 그러나 강경애는 1932년 일본군대의 대대적인 토벌작전을 피해 다시 고향으로 돌아오게 된다.

4. 간도 이주, 그리고 죽음 : 또 다른 '책'의 만남

강경애는 1931년 장하일과 결혼, 간도 지방으로 이주하게 된다. 남편 장하일은 구여성인 전처와 이혼한 인물로 강경애와는 연애결혼을 한 것으로 되어 있다. 장하일의 직업은 용정 동흥중학교의 수학교사였으나 해방 직후 노동신문사의 부주필이 된 것으로 보아 사회주의 운동에 깊이 관여하고 있었던 것으로 판단된다. 강경애와 장하일의 관계는 겉으로는 평범한 부부의 관계였지만 두 사람은 사상적 동지였다. 강경애에게 있어서 남편 장하일은 또 다른 '책'의 역할을 하는 사람이었고 그 책의 내용은 사회주의 사상이었다.

> 나는 언제나 글을 쓰게 되면 맨 먼저 남편에게 보입니다. 그는 한참이나 말없이 묵묵히 읽어본 후에 나에게로 돌리며 다시 한 번 크게 읽어보기를 청합니다. … 울울한 가슴으로 읽어 내려가다가는 남편이 어느 구에 불만을 품게 되었는지를 곧 발견하고 즉석에서 다시 펜을 잡아 고치는 것입니다. … 그러나 남편이 없어 혼자 쓰게 될 때에는 이 위에 다 갑갑하고 안타까운 때는 없습니다.[16]

강경애의 간도 이주는 두 가지 점에서 중요한 의미를 갖는다. 방랑하는 타자의 삶에서 안정된 생활인의 삶으로 정착한 것이 그 하나이며, 두 번째는 본격적으로 작품을 생산해냈다는 것이다. 강경애의 중요한 창작품은 간도 지방에서 탄생한 것이며, 작품의 주요 무대, 인물 역시 간도를 배경으로 한다. 경애에게 있어서 간도의 의미는 생활과 활동을 동시에 만족시켜주는 공간이었다. 1934년의 중편 「소금」과 장편 『인간문제』는 리얼리즘 문학에서 기념비적 위치를 차지할 수 있는 작품으로 평가되며 1936년에 발표된 중편 「지하촌」은 자연주의 문학의 극치로, 사회적 타자들이 집단적으로 기거하는, 지하 세계와 마찬가지인 한 마을의 구조적인 비참함을 통해 출구가 보이지 않는 식민지 농촌의 현실을 적나라하게 묘파하고 있다.

그러나 1935년부터 건강이 악화되면서 병을 고치기 위해 1940년 서울과 원산지방 등에서 요양하기도 했으나 1944년 4월 38세의 짧은 생애를 마감하게 된다.

강경애는 철저히 타자로서의 삶을 살아간 사람이다. 가난하고 불우했던 어린 시절이 그러하고, 문학 활동을 전개한 소외된 땅 간도에서의 삶이 그러하고, 생애사 전체가 그러하며 작품 경향 또한 그러하다. 그녀의 훼손된 작품과 왜곡된 평가들 또한 그러하다.

그러나 강경애는 일생동안 강점기의 가장 소외된 민중들—노동자, 농민, 여성, 노인, 장애인—의 흩어진 목소리를 서사로 형상화하여 주체로서 굳건히 세우려는 노력을 아끼지 않았으며, 페미니즘이 강경애를 중시하는 이유도 여기에 있을 것이다.

| 주 |

1 안수길의 회고, 이상경, 『강경애전집』, 소명출판, 1999, 서문에서 재인용.

2 문영희, 『한설야 문학연구』, 시와 시학사, 1996, 225쪽.

3 1988년 도서출판 열사람에서 강경애 전집을 간행했으며(오현주, 임헌영 엮음) 1999년 소명출판사에서 강경애 전집을 한 권으로 묶어냈다.(이상경 편).

4 강경애, 「나의 유년시절」, 『신동아』, 1933. 5.

5 강경애, 「자서소전」, 『여류단편결작집』 후기, 조광사, 1939.

6 단편 「월사금」, 「원고료 이백원」 등은 가난했던 학창시절의 외로움과 소외감을 가감 없이 드러내고 있다.

7 기석복, 「인간문제 서문」, 『인간문제』, 노동신문사, 1949, 3쪽; 이상경, 『강경애-문학에서의 성과 계급』, 건국대학교 출판부, 1997, 29쪽에서 재인용.

8 양주동, 「청사초-문학소녀 k의 추억」, 『인생잡기』, 탐구당, 1963, 149쪽.

9 이 시기에 읽은 책은 『근대문학 10강』, 『근대사상 16강』, 『자본론』, 『맹자』 등이다. 양주동, 앞의 책, 153쪽.

10 강경애, 「책 한 권」, 『금성』 제 3권, 독자투고란, 1924. 5.

11 잡지 『금성』은 1923년 11월에 창간호가 나온 시 전문 동인지로서 그 동인은 양주동, 백기만, 유엽, 손진태, 이장희 등이었고, 편집은 유엽이 맡았다. 창작시와 함께 해외시의 번역·소개에도 힘쓴 자취가 나타나는 시지이다. 양주동의 프랑스 상징파 시인의 작품 번역·소개, 백기만·양주동의 타고르 작품 번역·소개, 그리고 손진태의 투르게니에프 散文詩抄) 등이 게재되어 있다. 뚜렷한 주조라고 할 것은 없었으나 그런대로 타고르식인 명상적 측면이라든지 바이런 풍의 낭만주의적 기질이 지배적이었다. 특히 그 3호에서 「적성(赤星)을 손가락질하며」를 쓴 김동환을 발견해 낸 것은 동지의 큰 수확이었다. 1924년 1월 3호로 폐간되었다.

12 강경애, 「고향의 창공」, 『신가정』, 1935. 5.

13 「오빠의 편지 회답」은 시적 화자의 의식 각성을 오빠에게 전하는 내용이며 「참된 어머니가 되어 주소서」는 빚을 갚기 위해 딸을 파는 무지한 어머니에서 농조에 가입하는 깬인 어머니가 되기를 촉구하는 내용이다. 「숲속의 농부」는 농조에서 배운 사상을 잊지 않는 의식적인 농부를 그리고 있다.

14 「파금」은 아들을 공부시키기 위해 가산을 탕진한 부모형제가 만주로 떠나게 되자 주인공 역시 현실을 깨닫고 만돌린을 깨어버리고 비밀 조직에 가입했다가 총살당한다는 내용이다. 「어머니와 딸」은 자신을 길러준 시어머니가 생전에 못한 것을 실행하기 위해 의식 각성을 하고 남편 봉준과 헤어진다는 내용이며, 「소금」은 남편과 자식을 죽인 것이 공산당인줄 알았는데, 알고 보니 공산당이 아니라 지주와 순사였다는 것을 깨닫게 되는 내용이고, 「인간문제」는 남녀 주인공이 무지한 농민의 아들딸에서 각성하고 실천하는 노동자로 전신한다는 내용이다.

15 강경애, 「간도를 등지면서」, 『동광』, 1932. 8.

16 강경애, 「원고 첫 낭독」, 『신가정』, 1933. 6.

9
1930년대의 새로운 여성들을 만나는 창, 임순득

| 이상경 |

1. 여성작가의 계보와 임순득

근대 여성사에는 나혜석으로 대표되는바, 이름이 대중적으로 알려진 1920년대 초반의 신여성들 말고도 흥미로운 삶의 궤적을 그린 여성들이 많다. 특히 정종명, 허정숙, 박진홍, 이순금과 같은 사회주의 계열의 여성들은 그 이전의 신여성과는 다른 사상적 지향을 가지고 연애와 결혼에 임했으며, 이들의 앞선 생각과 남달랐던 삶은 오히려 현대에 와서 더 많은 논의거리를 제공하고 있음에도 불구하고 그동안의 냉전 체제나 여성에 대한 편견 등으로 그리 주목을 받지 못했다. 게다가 허정숙을 제외한 나머지 여성들은 직접 대중운동을 펼친 활동가였기에 자기 기록을 거의 남기지 못했고 그런 점에서 근대사, 근대문학사에서 침묵 당했다. 그러나 일제 경찰의 심문 조서나 재판 기록, 당시의 신문 잡지의 기사 속에 남겨진 조각을 모으고 그것을 여러 사회적 관계망 속에서 재구성할 수 있다면, 그리고 그들을 대변하는 작가가 있다면 우리는 그녀들과 어떻게든 접촉할 수 있을 것이고, 굴곡 많은 근대사가 낳은 새로운 종류의 여성상을 만나는 기쁨을 누릴 수 있을 것이다. 그리고 1930년대에 등장한 여성작가 임순득(任淳得, 1915-?)은 1930년대의 새로운 여성들을 만날 수 있는 창이다.

그동안 우리는 신여성의 대표자로서 '여성문인'의 면모에 주목해 왔다. 당시 저널리즘의 각종 지면에 오르내린 신여성 중에서 문학 활동을 한 이들만이 좀 더 체계적이고 지속적으로 여성 자신의 생각을 표현하는 글을 남길 수 있었기 때문이다. 1910년대 말에 등장하여 성적 억압으로부터의 자유를 추구한 나혜석은 남성의 부속물로서의 여성에서 벗어나 독자적인 인간이 되기를 갈망한 제1세대 작가의 대표이다. 1920년대 중반에서 1930년대 초에 등장하여 개인적인 자유주의만으로는 여성의 해방은 어렵다고 하면서 여성해방은 계급해방으로부터 가능하다고 생각한 강경애는 개인의 해방에서 나아가 고통 받는 하층 계급과의 연대를 모색한 제2세대 작가의 대표이다. 1930년대 중반에 등장하여, 식민지 조선을 "여성이 살아나가기 가장 어려운 땅"으로 규정하고 식민지 여성에게 씌워진 삼중의 억압 저편의 새로운 삶, 대안적 여성주체를 꿈꾼 임순득은 여성 개인의 자각이나 계급적 해방도 식민지라고 하는 조건에서는 쉽지 않다고 생각하게 된 제3세대 작가의 대표이다.

제1세대 작가인 나혜석(羅蕙錫, 1896-1948), 김명순(金明淳, 1896-1951), 김일엽(金一葉 본명은 金元周, 1896-1971)은 모두 1896년 생으로 1910년대에 여학교를 다니고 일본 유학 경험이 있으며, 3.1운동 이후인 1920년대 전반에 활발한 활동을 보였다. 그들은 개인적 주체를 세우는 것이 곧 사회적 자아를 세우는 것이라고 생각했다. 그러나 결혼이든 취업이든 뜻대로 되지 않는 상황에서 개인적으로 그 해결을 모색해야 했고 성공적인 결혼은 나머지 문제를 해결해주는 것처럼 보였다. 그래서 연애와 결혼은 가장 중요한 화두가 되었다. 이들 신여성의 연애와 결혼의 상대자로 간주된 '신남성'들은 신여성을 결혼의 상대로 상정하고 동경하면서도 한편으로는 그들의 자기주장이 가부장제에서 남성들이 누리는 특권에 위협이 될지도 모른다는 생각으로 두려워했고 조혼 같은 기존의 관습에서 벗어나기도 쉽지 않았다. 이런 상황에서 신여성의 연애와 결혼이라는 개인적 문제는 곧 사회의 풍속이나 관습에 도전하는 사회적 실천이 되었다. 봉건적 가부장제에 맞서 여성 개성을 내세우는 문제, 그 중에서도 연애, 결혼, 정조 등 여성의 성적 자기결정권에 관련된 문제에 관심과 논의가 집중되었다.

제2세대 작가로는 박화성(朴花城, 1904-1988), 강경애(姜敬愛, 1906-1944), 최정희(崔貞熙, 1906-1990), 백신애(白信愛, 1908-1939)를 들 수 있다. 1919년의 3.1운동은 새로운 대중 운동의 전기가 되었고, 러시아혁명, 관동대진재 등으로 식민지 조선의 지식인들은 민족 문제와 계급 문제를 본격적으로 고민하게 되었다. 경제적 독립 없이 개성의 독립이란 요원하다는 것, 개인의 힘으로 강고한 사회적 인습을 헤쳐 나가기란 쉬운 일이 아니라는 것을 여성들은 알게 되었다. 자유연애라는 화두가 가졌던 혁명성이 사라진 자리에 계급이라는 새로운 인식 지평이 들어왔다. 계급적 관점에서 사회 현상을 볼 수 있게 되고 계급 해방이 이루어지면 여성도 해방될 수 있을 것이라고 생각하는 여성들이 등장했다. 여성 동우회 같은 사회주의 계열의 여성운동 단체도 결성되었고 좌우파 여성들이 민족협동전선의 견지에서 근우회를 만들기에 이르렀다. 이런 분위기에서 신여성들은 각자가 처한 위치에 따라 대중에게 근대 문물을 전달하는 계몽자이고자 했고, 활동가로서 사회 운동에 투신하기도 했다. 박화성은 근우회 동경지회 회장, 강경애는 숭의여학교 학생맹휴의 주동자, 최정희는 카프 제2차 사건으로 검거, 백신애는 조선여자동우회와 경성여성청년동맹의 구성원이라는 경력을 가지고 있었고 이것은 그들의 문학세계도 크게 규정했다.

문단에서 여류작가 논의가 달아오르는 1937·8년 무렵이면 박화성은 재혼을 하여 목포에서 큰살림을 꾸려나가느라 작품활동을 하지 않았고, 강경애는 신병이 악화되었고, 백신애는 1939년 병으로 사망한 반면 최정희는 자신의 여성주의를 강화하면서 제3세대의 '여류'문인으로 새로 출발을 한다. 박화성, 강경애, 백신애가 더 이상 작품 활동을 하지 못하는 1930년대 후반의 상황에서 소설가로는 최정희, 이선희, 장덕조, 시인으로는 모윤숙과 노천명이 작품 활동을 했고, 신진작가로 지하련(池河連, 1912-?), 임순득, 임옥인이 등단했다.

그런데 보통 제3세대의 여성작가로 최정희만을 떠올리게 되는 것은 그의 작품이 구축한 '여성적' 세계가 1930년대 후반 문단의 관심을 끌게 된 것과 최정희 자신이 『삼천리』지의 기자로서 문단의 중심에 있었다는 점이 상호 작용을 한 결과, 최정희가 '여류'스러움을 극명하게 드러내 보이면서 논의의 중심에 서게 되었기 때문이다. 당시 '여성적'인 작가의 등장을 기대하는 문단 분위기에 부응하여 '여성적' 소재를 최정희 스스로 발굴해 나갔을 뿐만 아니라, 기자로서 여성 문인들을 계속 지면에 등장시키면서 최정희 자신이 일종의 여성문단의 권력이 되었고 그런 만큼 '여류'문학의 파급력도 있었다. 게다가 최정희, 모윤숙, 노천명은 1930년대 전반에 등단하여 문인으로서의 입지를 굳혔을 뿐 아니라 1930년대 후반부터 일제 말까지 잡지사나 방송국, 신문사의 기자로서 작품 발표와 다른 사회 활동을 활발하게 하여 각종 저널리즘에 자주 등장했고, 해방과 전쟁을 거치면서 남쪽 사회 여성 문단의 중심부에 있었기 때문에, 1930년대 후반 여성문인이라면 보통 이들을 떠올리게 되었다. 이선희, 임순득, 지하련은 해방과 전쟁기에 북쪽을 선택함으로써 1990년대의 남한문학사에서는 지워졌고, 장덕조는 대구에 살면서 서울 중심 문단과는 거리가 있었기에 이런 측면이 더 강화되었다. 특히 작가 최정희는 긍정적 의미에서든, 부정적 의미에서든 '여류작가'의 대표로서 일제시대나 그 이후 남한의 문학사에서 '여류문학' 논의의 중심 대상이있다.

그런데 일제 말기 최정희, 모윤숙, 노천명의 활동이 결국은 일제에 적극 협력하는 것으로 귀결되었기에, '친일문학'을 논할 때면 곧잘 이들 여성 문인의 이름이 전면에 나오게 되었다. 그리고 유명했던 여성 문인 모두가 '친일 협력'의 길을 걸었다는 것은 여성으로서 사유하는 것과 민족 구성원으로 사유하는 것이 서로 배치될 수밖에 없다는 유력한 증거가 되었다. 그리하여 민족주의의 입장에서는 '여성'의 문제를 사유하는 것은 민족을 분열시키는 것이라는 비판이, '여성적' 입장에서는 여성작가의 '친일문학'은 '민족'의 허약한 엘리트 남성에 대한 반발이라는 원초적 페미니스트 감정을 바탕에 깐 것이라는 일부 긍정이 나오게 되었다. 그러나 신진 작가라고 부를 만한 임순득과 지하련의 작품을 보면 '여성'임을 강조하는 것이 '민족'의 문제를 사유하는 것과 전혀 배치되지 않는다.

특히 임순득은 최정희식 '여류'문학을 거부하고 새로운 종류의 여성문학과 문학론을 주장하면서 등장했다. 임순득은 민족해방운동에 힘쓰면서 여성으로서의 정체성을 찾아나간 1930년대의 새로운 여성들과의 유대를 배경으로 하여, 그러한 '구성된바 여성적인 것'을 비판하고 거부하는 평론 활동을 하고 작품도 썼다. 등단 작품부터가 민족적 현실의 맥락 속에 여성 문제를 놓고 사고하는 것이었으며, 그가 일본어로 쓴 소설들도 식민주의에 저항하는 자세 속에서 새로운 여성과 모성의 모습을 추구한 것이었다. 낭만적 사랑이나 본능적 모성에 휘둘리지 않고, 주변의 소외되고 억눌린 사람들의 고통에 연대감을 가지면서 피식민지의 여성이라고 하는 민족적 현실에 민감한, 그리고 그런 억압들을 넘어서고자 하는 대안적 여성 주체를 꿈꾸었다.

2. 1930년대의 새로운 여성들

여학교 교육을 받은 여성들의 수가 급증하면서 '신여성 되기'는 자라나는 여성들의 당연한 목표가 되었지만 1930년을 전후하여 유명했던 제1세대 신여성들이 이혼, 자살하면서 신여성의 부정적 측면에 대한 논의가 무성해졌다. 여성들 자신도 계급적 입장에서 이들을 비판하거나 여성에게 가정과 모성을 적극적으로 강조하는 현모양처론의 입장에서 이들을 비판했지만 그렇다고 해서 누구도 구여성의 삶으로 돌아가자는 주장을 하지는 않았다.

계급적 입장에서 제1세대 신여성을 비판한 사회주의 여성들이 접하게 된 콜론타이즘은 사회주의 운동에 대한 탄압이 극심한 조건 하에서 매우 제한적으로 수용되었다. 연애는 개인적인 일이고 그렇게 자유로운 개인의 자유로운 만남이 불가능한 가혹한 조선의 현실에서는 사회적 임무가 우선한다고 보았다. 그래서 남녀 사이의 관계에서 성욕의 해소는 가능하지만 더 높은 차원의 이상적인 연애가 유예된 상황에서, 그리고 남성 지배적인 문화에서, 수행해야 할 과업에 급급하여 여성들은 성적 자기 결정권 같은 것을 생각하거나 주장할 겨를이 없었다. 저널리즘에서 허정숙이나 정종명을 '조선의 콜론타이'라고 불렀지만 막상 이들이 자신들의 연애관이나 결혼관을 적극적으로, 혹은 체계적으로 피력한 글은 없다. 게다가 1930년대 중반, 대중운동이 위축되고 운동이 지하화 되면서 사회주의 여성운동 쪽의 명망가들은 뚜렷한 활동을 하지 못하게 되었다. 허정숙은 중국으로 가고 정종명과 정칠성은 특별한 조직적 활동 없이 개인적인 생활을 하게 되었다.

그런가 하면 기독교계 여학교를 나와 교직에 있던 많은 민족주의 계열의 여성활동가들은 현모양처론의 연장선에서 생활개선운동을 펼쳤고, 1930년대 후반이 되면 그 연장선상에서 일제의 총동원 체제에 호응하여 '군국의 어머니'를 주장하는 데까지 간 경우도 있었다.

이런 상황에서 극소수이긴 하지만 노동자들과의 결합을 외치면서 새로운 종류의 여성들이 등장하였다. 1930년대 초, 동덕여고보에서의 학생운동을 거쳐 혁명적 노동조합 운동과 당 재건 운동에 투신하고 일제 말까지 운동에 헌신한 박진홍(朴鎭洪, 1914- ?), 이순금(李順今, 1912- ?), 이경선(李景仙, 1914- ?), 이종희(李種姫, 1912- ?), 김재선(金在善, 1916- ?) 같은 이들이다. 이때 동덕여고보에는 이관술(李觀述, 1902-1950)이 지리 및 역사 교사로 학생들의 인기를 한 몸에 모으고 있었고, 한글학자인 신명균(申明均, 1889-1940)

이 조선어와 한문, 습자를 가르치는 등 민족주의 기운이 농후했다. 이관술은 경남 울산의 부유한 집안 출신으로 히로시마고등사범학교를 졸업하고 1929년 교사로 부임했고 1933년 1월 '반제동맹사건'으로 검거되어 1년 남짓 옥고를 치렀다. 1934년 9월부터는 조선공산당 재건운동을 하던 이재유(李載裕, 1905-1944)와 연결되어 활동했다. 조공재건 경성준비그룹 간부, 경성꼼그룹 조직 등 활동을 계속하다가 1941년 1월 검거되었다. 1942~43년 경 출옥하여 비밀 지하 활동을 계속하다 해방을 맞이한 경성꼼그룹의 일원이었다.[1] 신명균은 주시경의 제자로 1921년 조선어연구회의 창립 동인이 되어 동인지 『한글』의 편집 겸 발행인으로 일하였으며 조선어학회 회원으로서 「한글맞춤법통일안」 제정사업에 앞장섰다. 1940년 『동아』, 『조선』이 폐간하고, 창씨개명이 강요되고, 1941년 2월의 『문장』과 『인문평론』의 폐간이 예정되었을 때, 그리고 전향의 물결 속에서 ─ 이헌구의 회상에 따르면 이윤재마저 까까머리에 국민복을 입고 다녔을 때[2] ─ 비관한 나머지 1940년 11월 자결했다.

　이관술의 제자로 이재유 그룹의 조공재건운동에 관련되었고 일제 말기의 경성꼼그룹에까지 연결되어 당시 저널리즘의 주목을 받았던 여성들은 1920년대의 신여성과는 완전히 다른 면모를 보인다. 성장 배경과 경력이 다양해졌을 뿐 아니라 활동 양상도 달라졌다. 앞 세대 여성이 의사, 교사, 간호사, 기자 같은 상층부의 전문 직업을 가졌다면 이들은 사무원, 공장노동자, 백화점 판매원, 카페 여급 같이 다양한 직업을 가지고, 독립적인 생활을 하면서 민족의 독립과 이상 사회 실현을 위해 노력하는 한편, 그 과정에서 전래의 인습을 뛰어넘는 성 역할을 하기도 했다. 여고보 시절 이관술을 중심으로 한 독서회 활동 등을 통해 의식화되고, 맹휴 같은 투쟁 경험을 통해 단련된 여성들의 활동은 지속적으로 학생층을 조직화하여 노동운동과 결합시키는 모범이 되었고, 여성 활동가들이 성장하는 토대가 되었다. 이들은 실제 여성 노동자들이 많이 모여 있었던 경성 지역 노동운동에서 이들을 조직화하고 지도하는 데에 매우 중요한 역할을 하였다. 이들의 선진성과 독특함은 일제의 조서나 재판 자료에 드러난 간단한 이력으로도 충분히 알 수 있는데 대표적으로 이순금과 박진홍의 이력을 살펴본다.

이순금은 이관술의 누이동생으로서 동덕여고보를 다녔다. 1932년부터 경성학생RS협의회 사건, 반제동맹사건, 직로사건 등에 관계되어 1933년 초 검거되었다 풀려난 후 이재유와 연계를 맺고 경성고무공장의 적색노조 조직을 위해 활동했다. 1934년 검거되어 3년간 옥고를 치른 후 1937년 만기 출소하여 바로 공산당 재건 운동에 나섰다가 금세 또 검거되었고 1938년 6월 예심 면소로 나온 이후 경성꼼그룹에 참여하여 연락원 간의 조직 활동에 종사하다가 해방을 맞았다. 박진홍은 함북 명천 출생으로 1928년 동덕여고보에 입학한 뒤, 경성학생RS협의회사건, 미야께(三宅)교수사건(1934.5), 용산적로사건(1935.1), 조선공산당재건그룹사건(1937.12), 1941년 말의 경성꼼그룹사건 등으로 6회나 검거 및 투옥을 당했다. 그 중간 중간에 조선연초공장 여공, 조지아(丁子屋) 백화점 점원 등의 일도 했다. 그리고 1944년 11월에는 연안으로의 망명을 감행한 보기 드문 경력과 불굴의 투지, 열정의 소유자이다.

이렇게 1930년대 조공재건운동과 각종 노동운동에 관여한 여성들도 활동과정에서 연애와 결혼 문제에 부딪혔다. 이들의 연애론을 살펴볼 수 있는 대표적 예가 이재유를 사이에 둔 이순금과 박진홍의 관계이다. 수차례 일제의 검거를 피해 지하에서 오랫동안 활동한 이재유는 1933년 이순금을 '아지트 키퍼'로 해서 지낸 지 일주일 남짓한 때인 1934년 1월 일제 경찰의 습격을 받았다. 이재유는 도망쳤으나 이순금은 사로잡혔다. 이순금이 체포된 뒤 이재유는 반년 남짓 다시 박진홍을 아지트 키퍼로 해서 일제의 검거를 피했으나 박진홍은 1935년 1월 체포되어 옥중에서 아기를 출산하기까지 했다. 아지트 키퍼란, 일본에서 심한 탄압을 받았던 공산당이 감시의 눈을 피하고 속이기 위해서 여성당원으로 하여금 아지트를 관리하게 한 제도, 혹은 풍습을 가리킨다. 그런데 이들 여성활동가는 사건이 공개될 때 남성활동가의 아지트 키퍼로서 활동했다는 사실로 저널리즘에서 주목과 도덕적 비난을 받는 경우가 많았고, 활동가 그룹에서는 그런 사실 자체를 부인하는 방식으로 대응했다. 식민지 조선에서도 유사한 방식이었을 것이다. 1937년 7월 이순금과 박진홍이 연이어 체포되었을 때 당시의 저널리즘은 '유치장에서 해후된 연적이자 또 동지'라고 선정적으로 보도하기도 했다. 이재유는 결국 1936년 12월 체포되었는데 일제의 조사를 받을 때 대중들의 신망을 잃을 것을 두려워하여 이순금이나 박진홍과의 연애관계를 부인했다.

이순금은 1937년 5월에, 박진홍은 7월에 석방되어 나온 뒤, 두 사람은 이재유를 사이에 두고 얽힌 껄끄러운 관계를 청산하고자 노력했다. 두 여성은 이재유의 운동 노선에는 동의했지만 그가 자신들과의 연애관계를 부인한 것에 대해서는 함께 비판했다. 이순금이나 박진홍처럼 실제 공장에서 조직 활동을 하기도 하고 때로는 남성활동가의 아지트 키퍼로서 혹은 레포로 활동하기를 자처했던 여성이 남성활동가와 실제로 부부 관계에 들어간 경우가 많았고, 또 그 상대자도 상황에 따라 바뀌었기에, 당시 인구에 회자되던 '게니아니즘'의 체현자라고 부를 만한 요소가 없는 것은 아니었다. 게니아는 콜론타이의 소설 〈삼대의 사랑〉의 여주인공이다. 그러기에 이들의 성의식에 대해 '콜론타이즘'이라든지 '방종'이라는 비난도 있었다. 그러나 이들은 필요에 따라서는 수수한 여공이나 살림 사는 부인의 모습으로도, 혹은 직업을 가진 모던 걸의 모습으로도 돌아다니면서 당시에 '동지적인 연애'라고 부르던 것을 실천하려고 한, 1930년대의 상황에서 가장 첨단의 사회의식과 여성 의식을 가진 신여성이었다. 일제 경찰이 작성한 기록에서는 이순금과 박진홍이 이재유 문제를 두고 서로 마음 상해했으나 이재유가 자기들과 맺었던 연애 관계를 부인하는 것에 대해서는 여성으로서 비판을 함께했다고 한다. 여성들은 이제 일제의 경찰이나 저널리즘뿐만 아니라 운동권의 남성중심주의에 대해 비판적 거리를 가지게 되었다. 새로운 여성들이 등장한 것이다.

이들 그룹이 생각한 이상적 남녀 관계는 어떤 것이었을까. 구체적인 내용을 알기는 어렵지만 운동의 대의에 개인의 연애를 종속시키고 성을 하나의 도구로서 바라보는 '당시의 콜론타이즘'에 대한 무조건적인 수용에서 한 발 나아간 지점으로 생각된다. 박진홍의 연안망명길에 동행했던 김태준은 박진홍이 '이지와 감정, 그리고 도덕과 애정이 계급적으로 통일된' '참다운 부부생활'을 할 것을 주장했다고 한다. 박진홍은 경성꼼그룹 사건으로 1941년 말 검거되었다가 1944년 10월 출옥한 뒤 11월에 김태준과 함께 연안 망명길에 올랐다. 김태준은 경성제대 교수를 지낸 국문학자로서 경성꼼그룹의 일원이었고 두 사람은 중국의 정세를 파악하고 중국의 무장 그룹과의 연대를 도모하기 위해 화북조선독립동맹을 찾아 나선 길이었다. 이지와 감정, 도덕과 애정이 계급적으로 통일된다는 말 속에는 그 이전 사회주의 계열의 활동가들 사이에서 벌어진 아지트 키퍼 문제, 위장 부부 문제에 얽힌 여성의 도구화에 대한 박진홍의 비판이 깔려 있다. 그러나 지하 운동에 몸담고 있던 이들 여성 활동가들은 역사에서 '침묵' 당했다. 운동선상의 많은 지식인 남성들이 운동을 하면서 글도 쓰고 가정도 꾸린데 반해 데 반해, 여성들은 그럴 여유가 없었다. 이들이 체포되어 신문에 기사화 될 때에도 여성이라는 이유로 그녀들이 활동가로서 원하고 추구한 것과는 거리가 있는 선정적인 이슈의 인물로만 보도되었다. 그러니 이들에 대한 정보는 경찰과 법원의 심문 조서라든지 재판 기록을 통해서 얻을 수밖에 없다. 그것은 일제 당국의 기록이어서 편향되어 있으며, 매우 공식적이어서 개인사나 내면을 들여다보기에는 부족하다. 또한 이후의 역사적 연구도 남성 활동가 중심으로 진행되면서 이들은 배제 혹은 무시당하고 있었다는 의미에서 '침묵' 당한 것이다. 바로 이 지점에서, 1930년대 후반에 등장한 제3세대 여성 작가 임순득은 이들 세대의 대변자라고 하는 여성사적, 여성문학사적 의의를 가진다.

3. 강요된 침묵을 뚫는 여성작가의 성장

임순득은 1915년 전북 고창에서 2남 3녀 중 막내딸로 태어났다. 개명하고 여유있는 가정에서 큰 어려움 없이 자란 것 같다. 성장기에서 특기할 만한 것은 세대적 의미를 가지는 독서체험과 오빠인 임택재의 영향이다. 임순득은 소설 「가을의 선물」에서 자신의 세대를 방정환의 이야기를 읽고 자란 세대로 규정을 했다.

> 시골에서 태어나, 시골에 고향이 있고, 유년기는 그렇다 치고, 그 소년시대에 싹터 오르는 정신을 고 방정환 씨의 수많은 아름다운 이야기들로 보낸 그대 ― 그런 그대들은 처음으로 피가 용솟음치는 것을 깨닫고 인생에는 감동할 만한 많은 아름다움이 있다는 데에 눈을 뜨고 행복으로 전율한 기억이 틀림없이 있으시겠지요. (임순득, 「가을의 선물」, 1942)

임순득의 동덕여고보 신배였던 이효정도 이런 독서체험을 회상했다. 이효정은 임순득보다 세 살 위로 험난한 인생을 겪고 난 뒤 여든이 넘어선 시점에서 과거를 돌아보는 시를 썼는데 그 중에는 어머니가 바느질하는 옆에서 방정환의 『어린이』지와 『사랑의 선물』을 읽어드렸다고 하는 구절이 있다.³ 그런데 임순득이 방정환의 이야기를 읽은 기억을 자기 한 개인의 기억이 아니라 동년배의 기억으로 아무렇지도 않게 말할 수 있는 것은 방정환이 펼쳤던 어린이 운동의 기억이 있었기 때문일 것이다. 임순득이 자란 고창은 군민들이 힘을 모아 고창고보를 설립할 정도로 민족의식이 아주 강했고, 청년들이 아이들을 모아 『어린이』지를 돌려 읽히는 등 각종 운동도 활발했다고 한다. 이런 점에서 임순득이 말한 '방정환 씨의 수많은 아름다운 이야기'란 한 세대의 정신적 문화적 분위기를 말해주는 상징이 될 수 있을 것이다. 그 이전 세대, 가령 강경애는 어린 시절 『춘향전』을 읽으면서 한글을 깨치고 또 이야기책을 읽어 주러 동네 사랑방에 불려 다녔다고 하는데, 임순득

세대의 여학생은 방정환의 글을 통해서 한글을 접하고 세상을 보고 문학적 감수성도 길러나가게 된 것이다. 구소설이나 신소설도 접했겠지만 그보다는 서구의 동화, 위인전, 세계사적 지식 같은 것을 더 열독했을 뿐만 아니라 독서가 그냥 개인의 경험이 아니라 독서 토론회 같은 사회화된 집단의 경험으로 이루어졌다는 것이 중요하다. 특히 여학생의 경우는 가장 중요한 사회화의 과정이 아니었을까. 이들 세대는 각종 독서회를 바탕으로 1929년 광주학생운동의 주역이 되고 또한 각종 조직 활동을 활발하게 벌였던 것이다.

임순득의 둘째 오빠 임택재(任澤宰, 1912-1939)는 고창고보를 거쳐 일본 야마구찌(山口) 고등학교에 다니던 시절 반일 격문을 배포했다가 치안유지법 위반 혐의로 검거된 적이 있고 유학에서 돌아와서는 미야께교수사건에 연루되어 2년 가까이 일제의 경찰에 시달렸다. 1935년 12월 집행유예로 출옥한 뒤 임택재는 미곡상을 경영하면서 문학 수업을 하여 1936년 말 시인으로 등단했지만 1939년 2월 사망했다. 사인은 폐결핵이라 하는데 실상 감옥에서 나올 때부터 건강이 좋지 않았으니 일제 경찰의 고문과 감옥살이의 후유증이었을 것이다. 이런 오빠의 활동과 이른 죽음은 임순득에게 많은 영향을 미쳤을 것이다. 자전적 요소가 짙은 등단작 「일요일」(1937.2)에는 감옥살이를 하는 남자 친구가, 해방 후의 작품 「우정」(1948.12)에는 일제시대 사상운동과 관련해서 죽은 오빠의 삶이 묘사되고 있다.

임순득은 고향에서 보통학교를 마친 뒤 1929년 이화여자고등보통학교에 입학했는데, 그 해 11월 광주학생운동이 일어났고 그 여파로 1930년 1월에는 이화여고보의 주도로 서울여학생만세운동이 벌어졌다. 여학

생들은 광주학생운동이 일본인 남학생이 조선인 여학생을 희롱한 데서
발단이 되었다는 점에 주목하여 여성들이 더 적극적인 문제를 제기하고
시위에 참여하여야 한다고 생각하였다. 그래서 근우회의 지도를 받아
시위를 조직하고 서울 시내 거의 모든 여학교가 시위에 참여하면서 남
학생들의 참여를 촉구하는 형식으로 시위가 이루어졌다. 이 사건과 그
것을 이은 일련의 맹휴 사건을 통해 단련된 여학생들은 학교 밖으로 나
와 각종 사회운동에 참여하면서 새로운 종류의 여성운동을 펼쳤다.

　　이화여고보 1학년 학생으로 서울여학생만세운동을 겪은 임순득은
3학년 때인 1931년 6월, 종교의 자유를 요구하는 항의 시위를 주도했
다. 대표적인 기독교 여학교에서 종교 교육에 반대하여 일어난 시위와
맹휴는 세간의 주목을 받았고 치안유지법 위반 혐의로 체포된 임순득
은 40여 일간 취조를 받은 뒤 나이가 어리다는 것으로 기소유예처분을
받고 석방되었다. 퇴학을 당한 임순득은 1932년 동덕여고보에 편입을
했다. 이 시기 서울에서 여학생의 중등 교육을 담당한 여학교는 공립
경성여고보, 사립 이화여고보, 숙명여고보, 진명여고보, 동덕여고보,
배화여고보, 그리고 경성여상 등이 유명했다. 당시 이화여고보가 기독
교 계통 여성운동가들의 산실이었다면, 천도교 계통의 동덕여고보는
사회주의 활동가들의 산실이었던 만큼 임순득이 동덕여고보에 편입한
것은 자연스러운 선택이었다. 동덕은 규모도 작고 이차로 가는 학교였
기에 들어가기도 쉬웠겠지만 민족주의적인 기풍도 강했다. 일찍이 작
가 강경애도 평양 숭의여학교의 기독교 교육 강요에 반발하여 맹휴를
벌였다가 퇴학당한 뒤, 1923년 동덕여학교에 1년 정도 몸을 담았던 적
이 있다.

동덕여고보에서 임순득은 교사 이관술과 그 이전의 세대와는 다른 방식으로 성장하고 활동하는 여성 동료들을 만나 자연스럽게 이들의 한 구성원이 되었고, 1932년 10월경 이경선, 김영원과 함께 이관술의 지도하에 독서회를 꾸렸다. 『자본주의 가다쿠리』, 『임노동과 자본』 같은 책을 강독하면서 모르는 것은 이관술의 설명을 듣는 식으로 공부를 하다가 1933년 1월 종로경찰서에 검거되었고 임순득의 오빠인 임택재도 검거되었다. 4학년이 된 임순득과 김영원은 김재선과 다시 독서회를 조직하고 학생자치단체구성을 시도했다가 결국 1933년 7월에 퇴학당했다.

　이런 여학생기를 거쳐 임순득은 작가이자 평론가의 길을 걷게 되었다. 학생운동이나 사회운동에 관여했던 경험을 가진 여성 작가는 임순득 외에도 여럿 있지만 대개는 결혼 같은 것으로 이전의 사회적 관계망에서 떨어져 나와 한 개인으로서 작가의 길을 가게 되었다. 강경애는 결혼과 함께 간도 용정으로 이주하면서 그 이전의 관계망에서는 떨어져 나왔다. 박화성은 두 번째 결혼으로 한동안 문단에서 떠나게 된다. 송계월은 요절했다. 백신애도 결혼과 이혼으로 이전과는 다른 관계망으로 들어갔다. 최정희는 처음부터 여성운동의 관계망 속에 있지는 않았다. 그에 비하면 임순득은 여학생기의 관계의 연장에서 일제 말기까지 굽히지 않고 저항의 자세를 견지했던 경성꼼그룹의 사람들을 접하고 의식하고 있었고 이것은 그의 작품활동의 중요한 동기이자 배경이 되었다.

임순득이 문단에 나선 1937년은 일제의 조선 통치에 새로운 한 획을 긋는 시기이다. 1936년 부임한 미나미 지로(南次郎)는 황민화 정책을 강압적으로 폈다. 각종 대중적 사회운동이 더 이상 가능하지 않게 된 상황에서, 자신이 당위로 설정한 책무로 해서 양심의 고통을 받는 사람들과 해방으로 위장한 전향의 논리에 맞서고자 하는 사람들 편에서 임순득은 「일요일」을 발표하면서 작가로 나섰다. 같은 해에 발표한 평론 『창작과 태도』(1937.10)에서 임순득은 "위기의 시대에 '죽느냐 사느냐' 하는 문제를 생활 감정 속에서 풀어내는 문학은 자신에게 여가 선용이나 딜레땅티즘이 아니라 진실을 추구하는 일생의 사업"이라고 말하고 있다. 작가들의 상투적인 수사일 수 있지만 시대가 시대인 만큼 비장함을 담고 있으며, 또한 이후 그의 작품 세계를 보면 임순득은 이러한 각오를 가지고 자기 세대 여성들이 도달한 지성과 감성을 대변하는 작가로서 자기를 세워 나갔다.

전시 총동원 체제하 남성 중심 문단의 한 모퉁이에서 '여류'로서의 특권을 누리던 최정희는 동화의 논리를 수용하여 작품에서 내선일체론, 신체제론, 대동아공영권론을 여성의 시각으로 풀어내면서 전쟁에의 참여를 권유했다. 반면 끝까지 해방에의 전망을 포기하기 않고 새로운 삶을 모색하는 그룹에 속해 있던 임순득은 적극적으로는 민족현실을 재발견하면서 민족의 해방과 여성의 해방을 함께 추구하는 길로 나아갔다. 이러한 갈라짐은 이미 1930년대 후반 '여류' 문학 논의에서 여성의 문제를 고립된 여성 개인의 문제로 보는가, 사회 속의 여성의 문제로 보는가 하는 시각과 문제해결의 전망의 차이에서 일부 예견된 것이다. 최초의 여성평론가로서 임순득은 1930년대 후반의 왜곡된

'여류작가' 논의에 맞서 『여류작가의 지위』(1937.6), 『여류작가 재인식론』(1938.1), 『불효기에 처한 조선여류작가론』(1940.9) 같은 평론을 써서 삼중의 억압에 맞서는 문학으로서 '부인문학'을 논리적으로 정리했다.

임순득의 「이름짓기(대모)」(1942.10)[4]는 문학평론가인 '나'가 조카에게 이름을 지어주는 문제를 소설가인 친구에게 의논하는 것을 소재로 해서 일제의 창씨개명 정책을 우회적으로 비판하면서 동시에 당시 운동권의 가부장적 관습과 거기에 순응하는 여성 자신의 의존성까지 비판하는 문제작이다. 태어날 조카가 여자라면 굴원(屈原)이 『초사(楚辭)』에서 지조의 상징으로 사용한 풀 이름을 따서 혜원(蕙媛)으로, 남자라면 유대 민족의 해방자 모세(毛世)와 굴원의 이름을 한 자씩 따서 세원(世原)으로 짓기로 한다. 일본어로 쓴 소설에서 단 한 마디도 '창씨개명'을 거론하지 않지만 이름이라는 것이 한 인간에 대해서 가지는 상징성과, 이름에 빗대어 한 인간에게 기대하는 해방의 열망을 강렬하게 제시한 것이다.

> "신혜원이라는 네 히로인에게는 형제라거나 사랑하는 사람이라거나 친한 남성이 있을 거 아냐. 그런 사람들 이름은 전부 뭐라고 부르니?"
> "그녀는 말야, 형제도 없고 거의 고아나 다름없는 고독한 사람이야. 그리고 사랑하는 사람이 좀처럼 나타나지 않는 거야. 적어도 신격화되지 않은 모세(毛世)와 거만하지 않은 굴원(屈原)을 반씩 합한 것 같은 성숙한 인격이 아니면 결코 사랑할 수 없는 사람이거든."
> "만약 그런 사람이 나타나지 않는다면?"
> "타협은 하지 않을 거야."

그 이름에는 그들이 살아가야 하는 시대, 그들이 갖추어야 할 품성, 즉 그 인간의 정체성이 담겨있다. '혜원'이 사랑할 수 있는 남자인 '세원' – "신격화되지 않은 모세와 거만하지 않은 굴원"을 반씩 합한 인격의 소유자는 작가인 임순득의 이상적 남성상이기도 했을 것이다. 민족해방운동에 종사하면서 지조를 지키는 인물이란 임순득과 그 주변 여성들의 입장에서는 너무나 당연한 필요조건이다. 아마도 1940년대 전반, 일제의 억압이 극심하던 세월에 전향을 거부하고 옥살이를 계속하고 있던 이재유나 지하 활동을 계속했던 이관술이 그런 인물일 것이다. 식민지에서 무엇보다도 민족의 해방이 삶의 중심에 놓여 있다고 하는 것은 「일요일」에서부터 임순득이 견지한 입장이며 그는 일제시대 끝까지 식민주의에 협력하지 않았다. 그런데 이 작품에서 더 유심히 읽어야 할 것은 '신격화되지 않은', '거만하지 않은'이라는 측면이다. 신출귀몰하는 재주를 가지고 강건하게 해방운동을 벌이지만 그가 하는 행동이 모두 다 옳거나 비판이 허용되지 않는 무오류의 신일 수는 없다는 것, 스스로 일관된 입장을 가지되 자신의 지조를 내세워 남을 경멸하면서 상처를 주거나 하지 않아야 한다는 것이다. 물론 그런 조건을 갖춘 남자인 '세원'이 현실에 있기 어렵다는 것은 안다. 모세나 굴원 같은 인물도 쉽지 않은 당시의 상황과 운동 풍토이지만 진정한 인간해방은 여성해방 없이는 있을 수 없다는 것을 작가는 이렇게 쓰고 있다. 그리고 그런 인물이 나타나지 않을 수도 있겠지만 "타협은 하지 않을" 것이란다. 이 지점이 여성작가로서 임순득의 날카로움이 빛나는 대목이다. 해방자 모세이고 지사 굴원이라는 필요조건을 갖추면서, 동시에 신격화되지 않고 거만하지 않은 남자란, 체현되어야 할 해방된 인간으로서의 충분조건이며, 그것들이 서로 분리되어 구현되거나 추구되어서는 안 된다는 것이다.

당시 교육자와 문인 등 여성지도자들이 신체제론에 발맞추어 내세운 '생활개선'이라는 것이 가진 반민중성을 우회적으로 비판한 「달밤의 대화」(1943.2)를 마지막으로 임순득은 해방이 될 때까지 침묵으로 들어갔다. 이미 「이름짓기」에서 조선은 여성이 자립하기 가장 어려운 공간이라고, 조선 민족이면 누구나 어렵지만 여성은 더 어렵다고 간파했던 임순득은 그 마지막 시간을 「이름짓기」의 여성 인물이 말하듯 "생각에 잠겨 남산이나 쳐다보"면서(悠然見南山) 버텨나갔을 것이다. 도연명의 시 「음주(飲酒) 5」의 한 구절인 이 구절은 고래로 어지러운 세상 속에서 그 세상을 피해 사는 고상한 선비의 자세를 상징한다. 산 속으로 피해 갈 수도 없는 시대, 외국으로 망명할 수도 없는 처지, 시끄러운 세상 속에서 휩쓸리지 않고 살기. 임순득은 '내적 망명'을 시도했을 것이다.

5. 새로운 여성들의 미완의 꿈

해방 당시 삼팔선 이북에 있었고 북쪽을 택한 임순득의 해방 후 활동은 평론가로서 여성문학론을 펼치는 것보다는 작가로서 작품을 창작하는 편에 기울어 있다. 물론 그 소설들은 늘 임순득 나름의 여성문학적 입장을 견지하고 있지만, 임순득 자신이 여성작가임을 표나게 내세우지 않고 비평가로서 여성문학론—일제시대에 내세웠던 '부인문학'—도 계속 더 발전시켜 나가지 않은 것은 해방 후의 북한의 상황과도 관계가 있으리라고 생각된다. 북한에서 행해진 각종 여성 정책들은 제도적으로 남녀평등을 보장하고 있었기에 공식적으로 '여성문제'는 해결된 것으로 간주되었고 그런 만큼 특별하게 '여성문학론'을 세울 입지도 없었기 때문이다. 그래서 북한에서는 임순득 뿐만 아니라 그 어떤 경우도 '여성문학'이라고 표방된 것은 없다. 그러나 실제의 현실은 이론과는 다른 것이고 여성의 입장에서 현실의 문제를 추구한 「솔밭집」(1947.12), 「우정」(1948.12), 「딸과 어머니와」(1949.12) 같은 임순득의 작품은 '여성문학'이 될 수밖에 없었다.

1957년 경 임순득은 문단에서 사라진다. 임순득이 여학교 시절 만났던 많은 여성들 중 이순금을 제외한 대부분의 여성이 해방과 전쟁을 거치면서 남북한 어느 쪽에서도 이름을 찾아보기 어렵게 되었다. 임순득의 작업이 미완의 여성문학으로 남은 것처럼 1930년대의 새로운 여성들이 모색했던 연애와 결혼의 이상도 미완의 것으로 놓여 있다.

| 주 |

1 '경성꼼그룹'이란 1938년 12월 말경부터 1941년까지 존재했던 조직이다. 박헌영, 김삼룡, 이관술, 이현상, 김태준 등이 관여했으며 해방 이후 재건된 조선 공산당의 핵심이며, 국내파의 핵심체였다. 경성꼼그룹에 대해서는 변은진, 「1930년대 경성지역 혁명적 노동조합운동 연구」, 고려대학교 석사학위논문, 1991; 김경일, 『이재유 연구』, 창작과 비평사, 1993에서 자세하게 다루었다.

2 이헌구, 「환산과 신명균」, 『사상계』, 1965. 1.

3 이효정, 「어머님의 바느질」, 『회상』, 도서출판 경남, 1989, 108~109쪽.

4 원제목은 '名付親'이다. 이 작품을 처음 소개할 때 천주교의 '대모 (代母)'로 번역하였으나 소설의 맥락을 살펴볼 때 '이름짓기'가 더 적절하다고 생각한다.

3

다른 세상을
꿈꾸며

일하고,
글 쓰고

10
새 세상을 꿈꾼 궁녀 고대수

| 김경미 |

1. 구중궁궐에서 광장의 죽음으로

1884년 12월. 찬바람이 옷깃을 파고드는 서울의 광화문 거리. 키가 장대같이 크고 보기만 해도 절로 뒷걸음질이 쳐질 듯한 거구의 여자가 대역죄인이라는 명패를 목에 걸고 끌려나와 형장으로 향했다. 그러나 형장으로 가기도 전 육모전(지금의 종로 거리) 거리에서 구경하던 여자들이 달려들어 할퀴고 쥐어뜯어 옷이 발기발기 찢어졌다. 상여가 빠져나가는 수구문(광희문)을 벗어날 때는 머리에서 피가 흐르고 앞을 가릴 수 없을 정도로 치마폭이 떨어져 나갔고, 왕십리 청무밭 쯤에서는 잔인한 여자들이 빗발치듯 돌멩이를 던져 골이 깨지고 뼈가 부서지고 유혈이 낭자하여 그대로 숨져 버렸다.[1]

아마 이 여자는 지금 광화문 우체국 자리에 있었던 서린옥(瑞麟獄)의 여자 감옥에서 끌려나와 광희문 밖 형장으로 가는 길이었으리라. 그렇다면 이토록 잔인한 죽음을 당한, 이 장대한 여자는 누구인가? 대역죄인이라는 명패를 걸었으니 적어도 왕이나 왕비를 해치려 했거나 정치적 모반을 꾀하는 일에 참여했으리라 짐작되지만, 구경하던 여자들 혹은 군중들은 왜?

최은희(2003)는 1964년 무렵 지밀상궁이었던 조하서 상궁(1880~1965)으로부터 직접 들은 이야기라고 하며 짧지만 인상적으로 이 장면을 기록으로 남기고 있다. 이규태 역시 조하서 상궁으로부터 들은 이야기라고 하며 이 거구의 여자가 석살(石殺) 당하는 장면을 묘사하고 있는데, 그는 남녀 할 것 없이 돌을 던졌다고 기록하고 있다. 남녀가 유별했던 조선시대라 여자 죄인에 대해서는 여자들이 던진 것인지, 아니면 이 죄수에 한해서 여자들이 더욱 분노했는지 현재로서는 규명하기 어렵다. 더욱이 이 일을 목격하고 이야기한 조하서 상궁의 그 때 나이가 다섯 살이었으니 그 기억의 정확성도 확인하기 어렵다. 그러나 광화문으로부터 종로 거리를 지나 광희문에 이르는 동안 성난 군중으로부터 채이고, 옷이 찢겨나가 몸이 드러난 채, 돌 세례를 받으면서 걸어가는 동안 서서히 죽어간 이 여자 죄수가 이를 바라보는 사람들에게 얼마나 강력한 두려움을 불러일으켰을까를 짐작하기는 어렵지 않다. 지배자들이 사람들 앞에서 죄인을 처형하는 것도 바로 이 두려움을 환기시키려는 것이 아니겠는가?

이 여자의 이름은 이우석(李禹石)으로 몸이 커서 고대수(顧大嫂)라는 별명으로 불렸다. 고대수는 고종 당시 창덕궁에서 민비를 모시던 궁녀 중의 하나로 갑신정변 때 김옥균이 중심이 된 개화당을 도왔다. 그녀의 죽음은 정변에 참여한 결과였다. 흔히 궁녀라고 하면 한낱 애상의 대상이거나, 임금의 총애를 두고 질투하는 이미지로 기억되다가 최근에 와서 전문적 직업인, 궁중 문화의 주역 등 전문 여성의 이미지가 새롭게 만들어지고 있다. 그럼에도 고대수가 보여주는 궁녀의 이미지는 너무 낯설고 새롭다. 그것은 아마도 그녀가 보통 궁녀들이 있어야 할 자리에서 벗어나 있는 것처럼 보여서 그럴지 모른다.

그러나 생각해 보면 궁녀들의 일터이자 생활공간인 궁궐은 왕을 중심으로 한 현실 정치가 전개되는 공간이자 왕의 사생활이 이루어지는 생활공간이었다. 따라서 궁녀들은 누구보다도 당대 현실 정치에 민감한 존재들일 수밖에 없었다. 따지고 보면 궁녀나 내시처럼 현실 정치 현장에 가까이 있는 사람들도 없었다. 조선시대의 역모사건이나 저주사건에 늘 궁녀가 연루되었던 것은 궁녀의 존재 조건 상 당연하다고도 볼 수 있다. 그럼에도 궁녀들이 정치적 소신을 가지고 역모사건에 관여했다고 생각하지는 않는다. 그것은 궁녀들이 정치적 소신을 가진 주체로서 정치적인 선택을 한 존재로 보기보다는 상전들의 운명과 함께 하는 존재, 그림자 같은 수동적 존재라는 인식 때문이다. 고대수가 그토록 낯설게 보이는 이유도 깊고 깊은 궁궐에 꽃처럼 있어야 할 궁녀가 정변의 일원이 되고, 또 정치범으로 비참하게 죽었기 때문이다.

고대수에 관한 기록은 매우 드물다. 갑신정변의 주역이었던 김옥균의 기록이라고 알려진 『갑신일록』의 고대수 관련 기록과 당시 어린 궁녀로 고대수의 죽음을 지켜본 조하서 상궁의 증언이 거의 전부라고 할 수 있다. 이것은 비단 고대수의 경우만이 아니라 궁녀 전반에 걸쳐 나타나는 현상이다. 또 하나의 공백을 확인하는 셈이다. 왕을 중심으로 기록된 실록에 더러 등장하기는 해도 주로 역모 사건이나 저주 사건, 또는 부정한 사례의 주인공으로 등장하며, 재판 관련 기록인 『추안급국안』에 죄인이나 증인으로 증언한 내용들이 전할 뿐이다.

궁녀는 문인들의 기록 대상도 될 수 없었다. 궁녀 자체가 드러나지 않는 존재로 이들에 대해 알 수 있는 정보가 없기도 했지만, 왕이나 왕비를 모시는 측근으로 궁중의 사생활에 관한 것을 건드리게 되므로 함부로 거론할 수 없었을 것으로 보인다. 예외가 없었던 것은 아니다. 사도세자의 궁녀로 사도세자가 죽은 뒤 궁을 나와 이모와 함께 살면서 불이 나도 방 밖을 나오지 않고 수절해서 수칙(守則)이라는 정려를 받은 궁녀를 기록한 〈수칙전〉과 인조반정 당시 광해군의 부인 류씨를 위해 충절을 지킨 한숙원의 일을 기록한 〈한숙원전〉 등이 그것이다.

궁녀들 스스로도 거의 기록을 남기지 않았다. 그래서 이들의 목소리를 듣기 어렵다. 글을 읽고 쓸 줄 알았던 궁녀들이 이토록 자신들의 기록에 인색했던 것은 철저하게 말을 조심시켰기 때문이다. 새로 궁중에 들어온 어린 궁녀들을 저녁 식사 후 대궐 뜰에 세워놓고 내관들이 횃불을 들이대며 '쥐부리 글려, 쥐부리 글려'라고 하며 입을 지지는 시늉을 하는 관례적인 행사가 있었을 정도로 입단속을 시켰다.[2] 이처럼 궁녀를 단속했던 것은 궁중의 일, 즉 왕과 관련된 일이 누설될 우려가 있기 때문이었다. 궁궐의 일을 위해 철저하게 훈련된 존재, 그리고 궁궐에서 일어난 일뿐만 아니라 자신에 대해서도 함부로 발설해서는 안 되는 존재, 이들이 바로 궁녀였다. 존재했으나 존재한 것 같지 않은 존재, 자신의 목소리를 잃어버린 존재였던 것이다.

그럼에도 고대수는 궁궐 밖에서의 저 범상치 않은 죽음으로 그 존재를 확실하게 각인시켜 주고 있다. 지금 이 글에서 고대수를 불러내는 것은 긍정적이건 부정적이건 개화라는 시대적 요구를 통해 새로운 시대를 열어젖히고자 했던 그녀의 정치적 선택이 갖는 역사적 무게를 다시 한 번 가늠해 볼 필요를 느꼈기 때문이다.

2. 여자 장사 고대수

고대수는 본명이 아니라 별명이다. '고(顧)'라는 성은 돌아보다, 돌보다는 뜻의 한자이지만 우리나라의 성씨에는 없는 성이고, '대수(大嫂)'라는 이름은 글자 그대로 풀이하면 큰 아주머니라는 뜻이다. 이는 중국의 사대기서 〈수호지〉에 나오는 여걸의 이름으로 고대수의 외모나 힘을 보고 붙인 이름이었다. 그녀의 본명은 이우석으로 1884년 당시 마흔 두 살이라고 했으니 1843년 정도에 태어났던 것으로 생각된다.

고대수에 대한 기록들을 보면 몸이 컸다는 것을 강조하고 있다. 궁궐에 들어가게 된 것도 민비가 그녀를 측근에 둔 것도 다 그녀의 몸이 컸다는 것과 관련이 있다. 그녀는 나면서부터 몸이 컸다고 한다. 그런데 보통으로 큰 게 아니라 나라에 보고를 할 정도로 커서 고대수는 궁중의 액막이로 들어갔다. 보통 이상으로 큰 아이가 태어나면 음양에 따라 처리를 하는데 고대수는 궁에 데려와 길러야 흉액을 막는다고 해서 액막이로 들어가 무수리(수사(水賜))가 되었다. 보통의 궁녀와는 다른 이유로 궁중에 들어간 것이다.

보통 어떤 이유로 궁녀가 되었는가? 여기서 잠깐 궁녀 제도에 대해 살펴볼 필요가 있다. 궁녀 제도는 중국 주나라 때로 거슬러 올라간다. 궁녀는 본래 민간의 여성이 아니라 몰락한 귀족 가문의 여성이었는데, 수양제가 처음으로 민간에서 궁녀를 선발했다. 이 모두 독재 제도의 폐단[3]으로 궁녀가 되는 순간 개인 여성의 삶은 완전히 몰수된다. 조선의 직제 상으로는 내명부(內命婦)에 속했던 궁녀는 양가 여자는 선발하지 못하게 되어 있었다. 순조 대 이후 공노비가 혁파되면서 양인 출신의 여자들이 충원되기 시작했고, 이전에는 대체로 각사의 공노비나 본방의 사노비 출신을 주로 선발했다.[4]

『경국대전』에 규정되어 있는 궁녀는 조정의 품계에 속하는 내명부에 속해 있었다. 내명부는 여관(女官), 즉 일종의 여자 관료라고 할 수 있는데, 여기에는 후궁과 궁녀가 포함되어 있다. 궁녀는 정5품에 해당하는 상궁으로부터 종9품의 음악 연주를 하는 궁녀에 이르기까지 각각의 담당 업무를 나누고 그에 따라 품계를 나누었다. 궁녀들은 왕, 왕비, 대비, 세자, 세자빈 등의 처소에서 이들의 의식주를 비롯한 일상생활 전반에 필요한 모든 시중을 들었다. 궁녀들이 이 일을 잘 하기 위해서는 이들의 의식주를 위한 또 다른 하녀가 필요했다. 방자, 파지, 무수리 등이 그들이다. 무수리가 하는 일은 주로 물을 긷는 일이었다. 이들은 옷차림도 달랐다. 무명에 아청색 물을 들여 아래 위를 똑같이 입었는데 일을 하기에 편하도록 저고리의 길이가 머슴 옷 같이 길었다.[5] 무수리 역시 궁녀의 일종으로 간주되었으나 상궁이나 나인이 주인에게 평생 종속되는 데 비해 입출궁이나 혼인 여부에서 자유로웠다.

몸이 커서 액막이로 들어간 고대수는 무수리가 되어, 힘든 일 중의 하나인 물 긷는 일을 했다. 궁녀의 출신 성분이 대체로 각사 공노비나 본방 사노비 출신이었다는 점을 고려할 때 그보다 아래 직급에 속한 무수리였던 고대수가 양인이었을 것 같지는 않다.

　장대한 키에 남자 대여섯은 너끈히 감당할 만큼 힘이 센 고대수가 우중충한 무수리의 옷을 입고 나타나면 어린 궁녀들은 기겁을 하며 달아났다고 한다.[6] 이런 고대수가 민비 측근의 궁녀가 된 것 역시 그녀의 건장한 몸 때문이었던 것으로 보인다. 늘 신변의 위험을 느꼈던 민비는 궁중 호위를 엄격하게 하고 특히 건장한 내시와 궁녀를 배치하였는데 고대수 역시 민비의 남다른 신임을 받아 측근에 있게 되었다.[7]

　궁중에 들어가게 된 것도, 고대수라는 이름이 붙여지게 된 것도, 민비의 신임을 받게 된 것도 모두 그녀의 큰 몸 때문에 붙여진 것이었다. 어찌 보면 그녀의 자의대로 된 것은 하나도 없었다고 할 수 있다. 상전에게 철저하게 종속된 궁녀뿐만 아니라 조선시대 여성 가운데 자의대로 삶을 살았던 여성이 얼마나 되겠는가마는 고대수는 여자에, 낮은 신분에, 남다른 체격이라는 차별의 표지를 겹겹이 두르고 있었기 때문에 더욱 자의적인 삶이 불가능했던 것으로 보인다. 그러나 이것은 고대수를 겉으로 보았을 때의 이야기다. 구체적인 이유가 드러나 있지는 않지만 고대수는 남다른 생각을 품고 있었던 사람이었다. 그것도 다름 아닌 다른 세상에 대한 생각이었다. 비록 그 세계에 한계는 있었지만.

3. 새 세상을 꿈꾼 정치범 고대수

고대수는 궁녀로 있던 32세 무렵 당시 20대 청년이던 김옥균(1851-

1894)의 개화당과 연결되어 있었다. 갑신정변이 있기 10년 전인 1874년 무렵이다. 『갑신일록』의 다음 기록을 보자.[8]

궁녀 모씨(지금 나이는 42세로 몸이 남자처럼 건장했다. 힘이 세어 남자 대여섯 사람은 거뜬히 감당할 수 있어 평소 고대수라는 별명으로 불렸다. 왕비의 총애를 받아서 당시 왕비를 옆에서 가까이 모셨다. 십년 전부터 우리 당을 쫓아서 때때로 비밀스런 일들을 알려주었다.)가 화약(이년 전 내가 일본에 갔을 때 탁정식으로 하여금 서양 사람에게 부탁해서 사가지고 온 것이다.)을 대나무 통에 조금씩 넣어가지고 있다가, 밖에서 불이 나는 것을 신호로 하여 통명전(나라에 상례가 있을 때 사용하는 곳으로 평소에는 지키는 사람이 많지 않았다)에 불을 붙이기로 약속하였다. (김옥균, 『갑신일록』, 1884년 12월 1일 기록)[9]

이 글을 쓴 시점이 정확하게 언제인지는 알 수 없지만 김옥균이 일본으로 망명해 간 뒤 일본에서 기록한 것으로 갑신정변 직후였을 것으로 짐작된다. 김옥균은 당시 최고의 권력을 휘두르던 안동 김씨 가문에서 태어나 김병기의 양자로 들어가 1872년 알성시에 장원급제한 뒤 사헌부감찰, 지평 등을 거쳐 홍문관 교리 등 주요 관직에 있던 관리였다. 당시 김옥균은 박규수, 유대치, 오경석 등 개화 사상가들의 문하를 드나들며 개화를 꿈꾸고 있었다. 고대수와 김옥균이 어떻게 연결되어 있는지는 짐작하기 어렵다. 김옥균이 민비 주변의 동태를 파악하기 위해 고대수를 포섭한 것으로 보인다. 그러나 '우리 당'을 쫓았다고 한 표현을 보면 개화당의 일원으로 생각하고 있음이 분명하다.

고대수는 김옥균에게 궁중의 소식을 전해주었고, 1884년 12월 4일

(음력 10월 17일) 일어난 갑신정변 당일에는 창덕궁에 화약을 터뜨리는 역할을 수행했다. 고종과 민비 내외가 경우궁으로 옮기려 하지 않을 경우 고종과 민비에게 창덕궁이 안전하지 않다는 것을 확인시키기 위해 화약을 터뜨리는 일을 맡았던 것이다. 고대수는 이 일을 차질 없이 수행했고, 고종과 민비는 경우궁으로 옮겼다.

김옥균은 거사에 앞서 다양한 계층의 인물들을 포섭했는데, 고대수는 정변에 참여한 유일한 여성이었다. 그러나 갑신정변은 일본을 지나치게 믿은 데다, 청군이 개입하면서 실패로 돌아갔다. 민씨들은 거짓말과 유언비어를 퍼뜨려 민심을 흉흉하게 했다. 민중들 사이에는 반일감정이 고조되어 다케조에는 인천으로 도망쳐 일본으로 달아나기에 이르렀다. 김옥균, 박영효 등도 일본으로 망명했으며 가족들은 감옥에 갇히거나 자살하는 등 고통을 당했다. 고대수에게 적의에 찬 여자들이 돌을 던진 것도 이런 반일감정의 표현이었다. 고대수뿐만 아니라 다른 개화 인사들도 민중들에게 맞아죽었으며, 처형된 인물들의 시신은 서울 거리에 버려졌다.

갑신정변은 이렇게 끝나고 말았다. 갑신정변의 주체들은 일본으로 망명했고 남은 가족들은 혹독한 처벌을 받았다. 김옥균도 1894년 중국 상하이에서 홍종우에게 살해당했다. 고대수의 최후도 이미 앞서 본대로다. 갑신정변은 이후 중요한 역사적 사건으로 주목받았다. 그 성격을 긍정적으로 평가하든 부정적으로 평가하든 간에 김옥균을 비롯한 개화파는 역사를 바꾸고자 한 문제적 인물로 자리매김 되었다. 그 자신도 일본에 망명한 뒤 일기를 남겨 갑신정변의 의도가 무엇이었는지, 누구와 함께 했는지를 이야기하고 있다.

고대수는 일찍부터 김옥균이 이끄는 개화당에 참여하여 궁중의 기밀을 전달하고 갑신정변 당시 궁궐에 불을 붙여 거사가 계획대로 진행되는 데 중요한 역할을 했다. 그러나 정변이 실패하고 처형당한 뒤 고대수는 철저하게 어둠에 묻혀 있었다. 아니 처형당하기도 전에 그녀는 바로 묻혀버렸는지도 모른다. 갑신정변 관련 재판 기록에는 정변 참여자들을 국문한 내용이 실려 있는데 궁녀 이우석은 단 한 번 처형자 명단에 올라 있을 뿐이다. 궁녀가 역모 사건에 참여한 예는 이전에도 있었고, 그 예에 미루어 하수인의 역할로 규정해 버린 결과가 아닐까? 고대수에 대한 역사적 평가는 갑신정변 이후 100년 가까운 세월이 지나서야 이루어졌다. 이제 고대수는 '새벽의 여인'[10], '혁명가 궁녀'[11] 등으로 자리매김 되면서 갑신정변에 참여한 주체적 의지가 높이 평가되고 있다. 이는 고대수를 상전을 그림자처럼 좇으며 운명을 함께 하는 목소리 없는 존재가 아니라 자신의 주체적인 의지에 따라 정치적인 선택을 했던 존재로 보고 있는 것이다.

그렇다면 과연 고대수는 왜 개화당에 함께 했으며, 갑신정변에 참여했을까? 개화당에 참여한 고대수가 꿈꾼 세상은 무엇이었을까? 고대수의 생각을 직접 볼 수 있는 자료가 없으니 갑신정변 참여층의 일반적인 태도를 참고해 보자. 갑신정변을 연구한 박은숙은 갑신정변 참여층의 성격을 분석한 뒤[12] 당시 참여층은 주도층 못지않게 사회변혁에 관심이 높았으며, 단순한 하수인으로서가 아니라 개화사상에 대한 이해를 바탕으로 새로운 세상에 대한 기대를 갖고 참여한 경우가 많다고 보았다.[13] 그러면 개화사상, 새로운 세상에 대한 기대는 무엇을 말하는가?

갑신정변 주체들이 내세운 강령은 14개 조항으로 여기에는 대원군을 모셔올 것을 위시해서 문벌을 폐지하여 인민평등의 권리를 제정할 것, 지조법을 개정할 것, 내시부를 혁파할 것, 규장각을 혁파할 것, 국가재정은 호조가 관할할 것 등이었다. 이들의 강령 중에서 문벌 폐지를 통한 인민평등과 내시부 혁파 같은 것은 눈을 끌지만, 이들의 개혁 구상은 전통의 토대 위에서 근대적 요소를 부분적으로 수용, 적용하고 있을 뿐이다.[14] 내시부 혁파는 있지만 여관 제도에 대한 언급도 없다. 남녀평등에 대한 구상도 보이지 않는다. 그러나 이들이 내세운 인민평등에는 남녀 구분 없이 교육을 시켜야 한다는 내용이 포함되어 있었을 것으로 보인다. 고대수 역시 이러한 개화사상에 동조하고, 이것이 새로운 세상을 열어주리라 기대했을 것으로 보인다. 고대수가 이러한 정치적인 행동을 할 수 있었던 것은 민감한 정치 현장 가까이에 있었기 때문에 가능했다. 따라서 궁녀의 정치적 위치에 대해 다시 생각해 볼 필요가 있다.

고대수의 이러한 기대는 이 무렵 다른 여성들에게서도 생겨났고 여성들도 교육 받을 권리를 주장하거나 첩 제도를 없애자는 운동으로 나타났다. 또 신문의 독자란을 통해 자신의 견해를 펴기도 했다. 고대수는 이들과 달리 정치적인 행동으로 자신의 기대를 표현했다.

그것은 매우 위험한 선택이었지만 전근대로부터 단박에 근대로 뛰쳐나온 한 여성의 모습을 상징적으로 보여준다. 이 근대가 어떤 근대냐를 따지기 이전, 중세의 그림자가 길게 드리워져 있는 구중궁궐로부터 광장에 그 모습을 드러낸 한 여성, 상전에 종속된 노예의 신분에서 자발적인 정치적 선택을 했기에 근대적이라 부를 만한 한 여성의 모습을. 그러나 그 깊숙한 곳으로부터 근대의 초입으로 뛰쳐나온 엄청난 시간차를 넘는 것은 엄청난 대가를 요구했다. 그래서 그녀는 옷이 찢기고, 몸이 드러난 채 돌을 맞아 온몸이 피투성이 되어 결국은 돌무더기에 묻혀버렸다. 이제 그 돌무더기를 헤치고 저 거구의 여성을 불러내어 새로운 세계를 함께 꿈꾸어야 하지 않겠는가?

| 주 |

1 최은희, 『여성을 넘어 아낙의 여울을 쓰고』, 문이재, 2003, 60쪽. 1964년 경 조하서 상궁으로부터 직접 전해진 이야기라고 하며 남긴 기록이다.

2 김용숙, 『조선조 궁중풍속 연구』, 일지사, 2005, 72쪽.

3 진동원, 『중국, 여성 그리고 역사』, 박이정, 2005, 159쪽.

4 신명호, 『궁녀』, 시공사, 112쪽.

5 김용숙, 앞의 책, 14쪽.

6 최은희, 앞의 책, 58쪽.

7 이이화, 『민중의 함성 동학농민전쟁』, 한길사, 2006, 97쪽.

8 강범석은 갑신정변 관련 기록들에 대한 면밀한 검토 끝에 〈갑신일록〉이 김옥균이 직접 쓴 것이 아니라 후쿠자와 유키치의 〈경성변란시말〉을 주요자료로 삼고 당시 일본 측의 '시대적 요청'에 따라 가미되고 작성됐을 가능성을 제시하였다. 강범석, 『잃어버린 혁명』, 솔출판사, 2006, 107쪽.

9 김옥균 외, 『갑신정변회고록』, 조일문 신복룡 편역, 건국대학교 출판부, 2006, 106쪽. 원문의 오자를 바로 삽고 번역도 새로 하였다. 김옥균이 직접 기록했는가에 대한 문제가 제기되기는 했지만 위 기록은 위조되었을 가능성이 없다고 생각된다. 일본 측에서 가미하거나 수정할 필요를 크게 느끼지 않을 부분으로 판단되기 때문이다.

원문은 다음과 같다. 宮女某氏年今四十 身體健大如男子, 有膂力可當男子五六人, 素以顧大嫂稱別號, 所以得坤殿寵, 時得近侍. 自十年以前, 趨付吾黨, 時以密事通報者也. 以暴烈藥二年前我游日本時, 使卓挺植托于西人, 而有購來者也. 小納竹管, 見外間火起爲號, 點放于通明殿國有喪禮時所用處, 時常無多人看守, 爲約

10 최은희, 앞의 책, 57쪽.

11 신명호, 앞의 책, 쪽.

12 갑신정변에 참여한 사람은 모두 77명으로 확인되고 있는데, 이들의 신분 구성은 양반 13퍼센트, 중인 6퍼센트, 상한 51퍼센트로 대부분이 피지배층에 속한다. 박은숙, 『갑신정변 연구』, 역사비평사, 2005, 186-189쪽.

13 박은숙, 앞의 책, 19쪽.

14 박은숙, 위의 책, 421쪽.

11
일제강점기 여성운동과 '맑스걸'

| 윤선자 |

1. 3.1운동 이후 사회주의사상의 유입

한국에 사회주의 사상, 마르크스주의를 처음으로 전파한 것은 일본유학생들이었다. 3.1운동을 전후하여 많은 동경 유학생들이 일본에서 발흥하는 사회주의에 자극되어, 종래의 단순한 민족주의운동만으로는 민족해방을 실현하기 어렵다는 생각을 가지고 공산주의운동에 공명하게 되었다. 이들은 재일조선인사회의 지식층에 속하였기 때문에 이들의 사상이나 언동은 재일조선인들에게 큰 영향력이 있었고, 국내에도 상당한 영향력을 미치게 되었다.[1]

3.1운동 이후 한국민족사상사에 사회주의사상이 유입되었음은 민족사의 진전에 중대한 문제를 야기했다. 그것은 일제식민지하의 민족운동에서 민족에 대한 사회주의적 이해로 민족운동에 분열을 가져왔고, 그 분열은 민족분단이라는 민족적 과제를 남겨 놓았기 때문이다. '민족주의에 용감하게 뛰어들었던 진보적 사상가, 혈기의 청년들'을 중

심으로 사회주의는 급속히 파급되었으며, 『동아일보』와 『조선일보』에는 마르크스주의를 소개하는 글이나 소련의 사회주의에 대한 소개 및 견문기가 자주 연재되었다. 새로운 정치적 공간, 변화를 요구하는 분위기 속에서 사회주의는 새로운 시대의 풍조가 되었다.

일제하 민족해방운동사에서 사회주의운동이 차지하는 비중은 매우 크다. 사회주의운동세력은 일제하에서 노동자·농민의 혁명적 운동을 지도한 세력이었으며, 광범한 반제국주의적 운동세력을 통일전선의 형태로 결집하여 민족해방운동을 단결시키고 고양시키는 데 중심이 된 세력이었다.

사회주의운동이 민족해방운동사에서 큰 비중을 차지하게 된 시기는 1920년대부터였다. 1920년대까지 민족해방운동을 지도하였던 지도세력은 부르주아 민족주의자들이었다. 그러나 이들은 3.1운동 이래 혁명적으로 진출하는 민중운동을 더 이상 지도하지 못하고 분열하였으며, 이들 중 대부분은 타협적 민족주의운동(또는 민족개량주의운동)에 안주하였다. 이때 새로운 대안으로서 사회주의가 민족해방의 이념으로 대두하였으며, 이 이념을 받아들인 사회주의자들이 민중운동을 지도하게 되면서 사회주의 운동은 점차 민족해방운동을 규정하는 요소가 되었다.[2] 3.1운동 이후 제한된 범위에서나마 집회·결사의 자유가 허용되자 많은 단체들이 조직되었는데, 종교계 청년단체를 제외한다면 '청년회'가 가장 많았다. 1920년 12월 116개의 청년단체가 모여 결성된 '조선청년연합회' 강령에는 "우리는 세계개조의 기운에 순응하여 각인의 천부한 생명을 창달하며, 민족의 고유한 생명을 발휘"[3]한다고 천명되어 있다. 수양·풍속개량·농촌개량 등을 주요 사업으로 삼았던 청년회는,

혈기 가득하고 시대풍조에 민감한 청년들 사이에 사회주의가 수용되면서 사회주의청년운동의 주류를 형성하였다. 1922년 '서울청년회'의 사회주의단체로의 전환 및 1923년 '전조선청년당대회'의 개최를 계기로 사회주의적 색채를 띤 각종 청년단체와 사상단체가 대거 설립되면서 사회주의운동이 주도적인 흐름으로 자리잡게 되었다.

신사상을 수용한 청년들은 사상·노동·농민·청년 등 사회주의운동의 모든 영역에서 활동하였으며, 이러한 활동을 통하여 사회주의는 사회 전체로 파급되었다. "청년의 경향이 거의 다 ○○○○로 기울어진다. … 입으로 사회주의를 말하지 아니하면 시대에 처진 청년같이 생각하게 되었다"고 할 정도의 분위기가 형성되었다. 이러한 시대적 풍조를 비판적으로 바라보는 사람들은 "그 중에는 또 유행성 감기 같이 남의 바람에 걸려서 웬 내용인지도 알지 못하고 깎은 머리를 보금자리 같이 해서 풀고 사꾸라 몽둥이를 끌고 다니면서 욕만 잘하면 사회주의자인 줄 아는 자도 없지 아니하고 … 또 제 집에서는 서방님 도련님을 사치고 동색(同色)이 아니면 결혼을 아니하는 양반사회주의자"도 있다고 비난하였다.

한 파리 유학생은 "수년 전만 하여도 마르크스 등록 상표 아닌 사상 상품은 조선 사상시장에 가격이 적었고 마르크스 신도가 아니면 시대의 낙오자라는 불미한 칭호를 얻게 되었었다. 억지로라도 마르크스 도금술과 마르크스 염색술을 발명하여 사상적 낙오자 됨을 면하기에 노력하였었다"라고 당시의 세태를 풍자하였다. 사실 당시의 지식청년들 가운데는 사회주의를 잘 알지 못하면서도 사회주의자연하는 태도가 일반적이었다. 이러한 청년들을 조소하여 일본경찰은 '마르크스

보이'라고 하거나, 껍질만 빨갈 뿐 속은 희다고 하여 '빨간 무', '사과'라
고 하였다.[4]

사회주의를 생리적으로 거부하는 사람이나 사회주의의 '착실한'
수용을 바라는 사람에게는 이러한 시대 분위기가 유행을 좇는 경박한
모습으로 보였을 것이다. 그러나 이러한 모습이, 청년이 하나의 집단
으로 형성되고, 그들을 통하여 사회주의가 시대의 풍조로 자리잡는 모
습이었다. 시대조류에 민감하고 전통의 틀에 저항적인 청년 학생들은
사회주의를 통하여 '근대'라는 새로운 경험에 접하였다. 그리고 그 속
에서 일제의 식민지배에 대한 저항을 모색하였다.

여성이라고 이러한 문제에서 예외일 수 없었다. 식민지 현실은 남
성에게나 여성에게나 마찬가지의 착취 구조를 강요하였고, 그러한 가
운데 사회주의에 관심을 두고 활동하는 여성에게는 '맑스 걸'이라는 별
칭이 주어졌다.

2. '모던 걸' / '맑스 걸'

신교육의 보급은 시대의 풍조가 파급되는 중요한 조건이었다. 특
히 고등교육을 받고 일본유학을 거친 '신지식층'이 등장하며, 이들에
의하여 시대적 풍조가 주도되었다. 1912년에 여자고등보통학교는 3개
학교에 학생 수 264명에 불과했으나, 1925년에는 9개 학교에 학생 수
2,021명에 이르게 된다. 이러한 고등교육의 확대와 더불어 일본으로
건너가는 유학생의 수가 증가하였다. 1920년데 초에 '모던 걸(modern girl)',
혹은 '신여성'의 상징적인 인물로 사람들의 입에 오르내렸던 김명순·

김원주·나혜석 등은 모두 동경유학을 한 여성들이며, 1922년 동경에서 '북성회'를 조직하여 활동하던 김약수·김종범·변희용 등과 '일월회' 간부를 지낸 안광천·하필원·한위건 등도 동경유학생으로, 국내에 들어와서 사회주의 보급과 사회주의운동의 한 축을 담당하였다.

1920년대의 '신여성'은 우선 머리모양과 옷차림새에서 '구여성'과 구별되었다. 유행의 첨단을 달리던 신여성은 단발에 개량한복 또는 양장을 하고 구두를 신은 '모던 걸'로 불리웠다. 당시 신여성을 '하이칼라 여성'이라고 부를 만큼, 또한 '모던'이라는 말이 머리가 짧다는 '모단(毛斷)'이라는 말로 통할 만큼, 신여성의 단발은 새로운 풍조를 대표하는 상징이었다. 당시의 저명한 변호사였던 허헌(許憲)의 딸이자 사회주의 여성운동을 주도하였던 허정숙(許貞淑), 사회주의 여성운동을 주도하고 뒤에 박헌영의 아내가 된 주세죽(朱世竹) 등의 단발은 신문의 기사거리가 될 만큼 사회의 이목을 집중시켰다.

1920년대 들어 새롭게 등장하는 신여성들은 구시대의 사고와 관습에 저항한다는 면에서 같은 길을 걷고 있는 것처럼 보이지만, 그 내부에는 다양한 생각과 실천이 섞여 있었다. 크게 갈래를 지어본다면 1) 서구의 자유주의 여성해방론을 수용하고 개인적인 차원에서 이를 실천했던 김원주·김명순·나혜석·윤심덕 등의 흐름, 2) 교육단체·여성단체 종교단체를 통하여 여성계몽운동을 실천한 김미리사·김활란·유각경 등의 흐름, 3) 사회주의를 수용하여 사회주의 여성운동을 실천한 정종명·박원희·허종숙·주세죽 등의 흐름이 있었다.

여성계몽운동은 1920년대 초 부인회, 여자(부인)교육회, 여자청년회, 여자기독교청년회 등의 여성단체들이 설립되고 이들을 이끌어나

갈 중심단체로서 조선여자교육회, 조선여자청년회, 조선여자기독교청년회(YWCA)가 설립되면서 활발하게 전개되었다. 이들은 '개조'를 신문화 건설을 위한 신교육의 보급, 풍속의 개량으로 인식하고, 여성해방을 사회개조의 전제로 제기하였다. 즉 "조선 여성은 얼마나 무지몽매하였던가. … 여성의 해방은 무엇이뇨. … 오직 각 여성의 생활범위를 확대시키며 그 의의를 심중히 하고 그 인생의 내용을 풍부하게 하여 개성의 발휘를 충분케 하기를 희망하는 것이니, 이 목적의 달성을 위하여 일어나는 모든 운동이 여성해방운동이다"라고 하여 계몽교육을 통한 여성의 지위향상과 자질향상, 생활개선을 여성해방으로 인식하였다. 이들은 각종 단체를 통하여 여성의 의식계몽과 생활개선을 위한 강연회 개최, 야학 강습소 개설 등의 활동을 전개해 나갔다.

사회주의 여성해방론자는 대부분 사회주의자 남편과의 동지애 속에 자신들의 여성해방론을 실천해나갈 수 있었다. 대표적인 인물들로 주세죽, 박원희(1898-1928), 정종명(1987-?), 허정숙(1902-1991:배화, 고배신학교, 미국 유학, 동아일보사 개벽사 근무, 태양광선치료소 경영, 변호사 허헌(許憲)이 父, 송봉우가 남편), 황신덕(1892-1983:숭의여학교, 수학, 신가정 중앙일보사 근무, 기자 임봉숙任鳳淳)이 남편), 백신애(1908-1939:대구도립사범학교 졸업, 기자 소설가 교사로 활동, 동아일보사 근무, 여성동우회 간부로 활동, 안광천(安光泉)이 남편) 등을 들 수 있다. 그런데 그들 중에는 일제의 극심한 탄압을 견디지 못하여 단명하거나 사회주의를 포기하고 사상전환을 하는 사람들도 적지 않았다.[5]

3. 사회주의 여성운동

한국에서의 사회주의운동은 조선노동청년동맹이 결성되는 1924
년을 전후하여 노동자·농민의 큰 호응을 받으면서 활발해졌다. 사회
주의운동은 여성운동계에도 새로운 바람을 일으켰다. 저임금에 의한
낮은 비용을 주요 무기로 하는 일본의 식민자본주의체제 아래에서 근
로여성의 임금은 생계비로서가 아니라 가계보조적인 것 이상의 의미
를 갖지 못하였다. 특히 민족적 차별대우에서 오는 근로 여성들의 저
항심은 사회주의사상이 아니더라도 고용주에 대한 저항심이 일어나지
않을 수 없었다. 1929년 조선내 공장노동자의 평균임금은 일본인 성년
남공 2원 32전, 여공이 1원 1전인데 비해 조선인 남공은 1원, 여공은
59전이었다.[6] 즉 조선인 여공은 일본인 남공의 4분의 1의 임금을 받는
셈이었다. 임금문제뿐 아니라 근로조건도 지극히 열악하여 인간으로
서의 대우를 전혀 받지 못하고 있었다. 이러한 상황 아래서 사회주의
사상의 유입은 곧 여성계에도 큰 자극이 되었다.

1923-1924년경을 계기로 신여성의 주도적 흐름은 여성계몽운동
에서 사회주의 여성운동으로 넘어갔다. 사회주의 여성해방론은 1920
년대의 세계적 조류로서 미·중·일 유학생 중심으로 수용되었는데
당시 지식인 사회에서는 누구나 한번은 사회주의자가 될 만큼 호의적
이었다.

1924년 5월 '조선여성동우회'의 결성으로 시작된 사회주의 여성운
동은 초기의 신여성과 계몽주의적 신여성을 비판하면서 여성해방의
새로운 전망을 제시하였다. 그들은 "부인의 해방은 결국 경제적 독립

이다. 그러나 자본주의적 경제조직 아래에서 경제적 독립은 절대 불가능하다. 그것은 남자노동자와 다를 것이 없다. 그러므로 부인해방운동은 무산계급운동과 같이 현재의 자본주의 경제조직을 사회주의 경제조직으로 변혁하는 운동이 되어야 한다"고 계급해방이 곧 여성해방임을 주장하면서 대다수 무산여성의 완전한 해방을 요구하였다.

'경성여자청년회'를 결성한 사회주의여성운동가 박원희는 "철 같은 굳은 의지와 거울 같이 맑은 정치적 지식이 있어야 비로서 유력한 일꾼으로서 세상과 싸워갈 수 있습니다. 음악도, 예술도 집어치우고 문화생활에서 뛰어나와서 사회를 위하는 일꾼이 되기 위하여 정치적 지식을 부지런히 길러야 될 줄 압니다. 그것을 얻자면 더욱 사회에 직접 참가해야 합니다"[7]라고 여성의 사회참여를 통한 여성해방과 사회변혁을 주장하였다. 이현경도 〈사회인으로서 부인의 사명〉에서 사회의 무산계급과 유산계급, 남성과 여성의 관계를 분석하고 피지배층이 궐기하는 것은 당연한 정의이자 사명이며, 여자가 사회적으로 사람이 아니었음을 자각하고 당당한 주체로 각성할 것을 역설하였다.[8]

4. 일제의 경제 착취와 조선인 여공파업

3.1운동 이후 사회주의사상의 유입으로 일제의 식민지 경제착취에 대응·극복하기 위한 새로운 운동이 전개되었다. 강점 이후 계속된 일제의 경제적 착취는 조선경제를 파탄 상태에 이르게 하였다. 생활터전을 상실한 농민들은 일본인 경영농장에서 저임금의 농업노동을 하거나, 도시로 유랑하며 일용 막노동이나 공장노동자로 일하였다.

일본인 공장경영자들은 특히 여성노동자들에 대한 노동착취로 이윤을 극대화하였다. 여성노동자 임금은 남자의 4분의 1에 못 미치는 저임금이었으며, 10-12시간의 장시간 노동과 열악한 환경 및 일본인 감독의 학대와 민족적 차별 아래서 고된 노동을 해야만 했다.[9]

여성노동자들은 봉건적 성차별, 식민지적 민족 차별, 자본가의 노동착취라는 이중삼중의 고통 속에서 살아야 했다. 사회주의사상은 여성노동자로 하여금 극심한 불이익을 극복하려는 의식을 갖게 함으로써 여성노동자들을 묶어 격렬한 노동운동을 통해 일제 식민지배체제를 무너뜨리려 했다. 그리고 1920-1930년대에 끊임없이 행해진 여공 파업운동을 통해 그 목표를 실현하고자 노력하였다. 여성노동자들은 민족적 차별과 성적 차별이라는 이중적 핍박 속에서 생계비에 부차적인 도움조차 되지 않는 저임금과 장시간 노동에 시달렸다. 방직·고무·연초·정미공장 등은 여성노동자 없이 가동할 수 없었는데, 세계 경제공황을 핑계로 근로조건 개선은커녕 임금을 내리고 노동시간을 연장하는 등으로 여성노동자의 분노를 샀다.

인천은 군산과 함께 일본으로 곡식을 유출하는 집산지였으므로 이곳에는 여러 개의 정미소가 있었다. 정미소의 작업환경은 매우 열악하며 임금도 매우 낮았다. 1919년 인천과 부산의 7개 정미공장 선미여공 7백여 명이 펼친 임금인상요구 파업투쟁은 여공 측의 요구가 합당해 고용주로부터 어느 정도의 인상 확약을 받고 곧 재취업을 이루어낸 근로여성의 생존권 투쟁사례였다.

1923년 5월 1일 진남포 가등(加藤)정미소 여공 200여 명이 임금인하 반대 파업을 하였고, 인천의 가등정미소 여공 500여 명도 8월 26일 임금인하 반대 파업을 단행하였다. 12월 3일에는 조선인이 경영하는 40여 개 정미소에서 1천 수백 명의 여공들이 임금인하 반대 파업을 하였다. 그러나 이 파업들은 별 성과를 거두지 못하였다.

1924년 3월 10일 인천 재등(齋藤)정미소에서 300여 명의 선미여공이 쌀에 뉘와 티끌이 많아 일하기 힘드므로 임금을 인상해 줄 것과, 횡포한 일본인 감독관 2명을 파면시켜 줄 것을 요구하는 파업을 하였다. 11월 17일에는 가등정미소 400여 여공이 횡포한 일본인 감독관 해고 요구 파업을 단행해 성공하였다. 이들이 내건 파업 슬로건은 '임금을 올려야 살겠다. 조선여자라고 해서 대우를 냉대하지 말라' 등이었다. 이 슬로건에는 민족적 차별에 대한 여성들의 분노가 분명히 나타나 있으며, 여공을 능욕하는 일본인 감독관의 야만적인 횡포에 심한 적개심이 내포되어 있었다.

한편 1923년 7월에는 서울의 4개 고무공장 여공들이 파업을 단행하였는데 고용주 측의 임금인하 때문이었다. 고용주 측이 강경한 태도로 나오자 여공들은 아사동맹을 체결하였고, 장안의 여러 공동단체와 토요회, 서울청년회 등 사회주의계의 여러 단체에서 '경성고무여공파업 아사동맹정단'(京城고무女工罷業 餓死同盟情團)을 조직하여 위문금 모집운동을 벌이기도 하였다.[10] 여공파업 운동에는 식민지 지배에 저항하는 민족주의정신이 강하게 나타나 있었다. 이들의 쟁의 요구조건 가운데에는 "조선 여자라고 냉대하지 말라", "조선인 일본인의 대우차별을 철폐하라"[11] 등의 민족적 문제가 더불어 제시되었다.

5. 조선여성동우회

1924년 5월 여성동우회의 출발로 본격적인 사회주의 여성해방론이 대두하였다. 이들은 자유주의 여성해방론의 한계성을 극복하기 위한 노력을 기울였는데 그것은 여성의 억압이 기본적으로 사회구조에 기인한다고 보았기 때문이었다. 따라서 철저하게 사회체제 변혁을 목적으로 하였고, 당시 항일운동에 더 매진할 수 있었다.

조선여성동우회는 사회주의여성의 정예분자들로 조직되었던 까닭에 추진력이 강하였다. 때문에 각 지방에 40여 개의 여자청년회를 조직하고 교양에 주력하여 순회강연과 토론, 강좌 등을 통하여 여성운동의 정신을 선전하며 신문, 잡지 등 언론의 힘을 빌려 사회여론을 환기시키기에 노력하였다.[12]

1924년 5월 4일에 발회하고, 5월 23일에 창립총회를 개최하고,[13] 5월 23일에 발회식을 거행한 조선여성동우회는 우리 나라 최초의 사회주의적 여성해방론을 주장한 여성단체였다. 발회인은 박원희, 정종명, 김필애, 정칠성, 오수덕, 고원섭, 지성신, 주세죽, 김성지, 허정숙, 이춘수 등이었다. 창립총회에서 허정숙, 박원희, 주세죽을 집행위원으로 선출하였는데, 이 세 명이야말로 여성동우회의 발회 핵심성원이었다.

여성동우회의 창립은 당시 사회의 요구에 의한 것이기보다는 이들 3명 여성의 남편들인 골수 사회주의자들에 의해 사회주의운동을 다방면으로 조선에 뿌리내리려는 의도에서 이루어진 것이라 해도 과언이 아니다. 허정숙의 남편은 임원근(조선청년총동맹 간부)이며, 주세죽의 남편은 박헌영(조선청년총동맹 간부), 박원희의 남편은 김사국(서울청년회 영수)이다. 이들은 일제하 조선공산주의 운동사에서 **빼놓을** 수 없는 핵심 인물들이다.

여성동우회의 발회인들 대부분 (김필애, 박원희, 주세죽, 우봉운, 허정숙 고원섭 등)이 조선청년동맹 창립대회에 참가했던 점으로 미루어 볼 때, 신흥청년동맹측의 허정숙·주세죽과 서울청년회측의 박원희 세 명이 중심이 되어 대회에 참가한 서울 및 각 지방 여성대표를 결속하여 여성동우회를 발회 창립한 것으로 보인다. 이후 조선여성동우회 발회인들은 사회주의 여성운동을 추진하는 핵심인물로 활약하였다. 여성동우회의 선언문과 강령은 사회주의 여성운동으로서의 성격을 분명하게 보여준다. 그 내용을 구체적으로 검토해보면 다음과 같다.[14]

〈선언문〉
여자는 자못 가정과 임금과 성의 노예가 될 뿐이오. 각 방면으로 생활에 필요한 일을 힘껏 다하여 사회에 공헌을 하여 왔으나 횡포한 남성들이 여성에게 주는 보수는 교육을 거절하고 모성을 파괴할 뿐이다. 더욱 조선여성은 그 위에 도양적 도덕의 질곡에서 울고 있게 하니 이러한 비인간적 생활에서 분기하여 굳세게 굳세게 결속하자.

〈강령〉
ㄱ. 본회는 사회진화법칙에 의한 신사회 건설과 여성해방운동에 설 일꾼의 양성과 훈련을 기함.
ㄴ. 본회는 여성해방운동에 참가할 여성의 단결을 기함.

이 선언문에는 마르크스로부터 엥겔스, 베벨에 이르는 사회주의 중심사상이 역력히 나타나 있었다. "모든 사회적 종속과 억압은 피압제자와 압제자에 대한 결론적 종속에 기인한다"고 한 베벨은 여성이 남성에게 경제적으로 예속되는 근본적 조건으로, 여성의 모성적 기능인 생물학적 기능을 더 논하고 있다. 여성동우회는 위에 인용된 선언문에서 볼 수 있듯이 첫째, 가정 · 임금 · 성의 노예론을 강조하며 여성교육의 부재와 강요된 모성의 질곡을 비판하는 등 사회주의적 여성해방사상을 강하게 표방하였다. 그리고 둘째, 조선여성에게 이중적 억압장치로 부과된 동양적 및 한국적 특수성으로서의 '동양풍 도덕의 질곡'을 비판하였다. 강령에서는 선언문보다 더 분명하게 "사회진화법칙에 의한 신사회건설을 목표로 하는 여성해방운동임"을 보다 명백히 제시하였으며, 이 운동을 위해 전 조선여성은 굳게 "결속"(선언문)하고, "단결"(강령)할 것을 호소하였다.[15]

우리 나라 최초의 사회주의 여성해방운동에 대한 당시 사회의 반응은 그다지 크지 않았다. 1924년 5월 23일 밤에 거행된 조선여성동우회의 발회식에 참석한 사람들은 80명 가량이었다. 그 가운데 50명은 축하차 또는 방청으로 참석한 남자들이었고, 약 10명은 감시 경찰관이었으며, 여자는 발회인이자 간부들인 13-14명뿐이었다. 사회주의 여성해방론자 이외의 여성은 한 사람도 참여하지 않았다는 사실은 주목하지 않을 수 없다.

여성동우회는 창립 당시 회원이 18명이었으나 창립 2년만인 1926년에는 70여 명으로 증가하였다. 그들은 직업별로 학생이 가장 많고 의사 · 간호원 · 교원 · 기자 · 직공 순이었다. 그러나 직공을 제외하고는 당시 사회의 최고 엘리트라 할 전문직 여성들이라는 점에서 상당한 강점을 가지고 있었다.

조선여성동우회는 한국 최초의 여성사회운동단체였고, 조선여자학생상조회의 정종명 · 최성삼 · 박원희 등이 합세하여 조직하였다. 이들은 모두 열렬한 여성해방운동자였고 사회주의를 신봉하는 사람들이었다. 그런데 조선여성동우회는 박원희를 통하여 서울청년회에 연결되어 있었고, 주세죽과 허정숙을 통하여 조선청년총동맹에 연결되어 있었다. 따라서 서울청년회와 조선청년총동맹의 대립과 더불어 조선여성동우회도 내부에 서울청년회계와 신사상연구회계의 대립이 첨예화되었다.

1925년부터 국내 사회주의운동자간에는 파벌투쟁이 치열하게 일고 있었으며 그 여파로 여성운동 내부에도 갈등과 분열이 생겨났다. 그러나 1925년 1월 17일 신 · 구 여자 50여 명이 모여 여성해방동맹 창립준비를 위한 발회총회를 하였다. 취지는 "종래 우리 여성단체는 일반으로 보아 신여성을 중심으로 하여 편벽한 폐해가 적지 않았으므로 구식 가정여자의 자각과 교양을 힘쓰자"[16]는 것이었다. 이 동맹의 발회는 1924년 4월부터 여성동우회의 발회인이었던 김현제와 주옥경 등 신 · 구 부인들이 주도하였다. 그런데 정식 창립대회는 발회 이듬해인 1926년 1월 3일에야 조선노동회관에서 개최하였다. 이 총회에서는 여성해방동맹을 '프로여성동맹'으로 개칭함으로써[17] 사회주의 여성운동 노선을 분명히 하였다.

1925년 1월 21일에는 경성여자청년동맹 발회총회를 하였다. 발회인은 박정덕, 정달악, 한동죽, 한보희, 김은곡, 허정숙, 우봉운, 김필순, 주세죽, 배혁수, 김조이 외 다섯 명이었다. 경성여자청년동맹은 창립 후 첫 사업으로 국제부인데이(國際婦人 Day) 기념 간친회를 개최하였다. 이는 조선의 사회주의 여성운동인 조선여성운동에 국한된 것이 아닌 세계무산부인운동으로 추진되어야 함을 주장한 것이며, 동시에 북풍회 및 경성여자청년동맹이 국제공산주의운동의 정통성을 잇는 것임을 나타낸 것이었다. 경성여자청년동맹의 주축 인물은 주세죽, 허정숙 및 조봉암의 처 김조이 등이었는데, 1925년 11월 박헌영이 신의주 사건으로 잡혀 들어갔다. 이때 허정숙은 임원근과 헤어져 송봉우와 동거 중이었고, 김단야의 애인 고명자는 1925년에 모스크바로 유학을 떠나버렸으며, 정칠성은 동경기예학교에서 수학 중이었다. 여성동우회 창립자들의 이와 같은 파계 향방으로 박원희는 여성동우회를 탈회하여 1925년 2월 21일에 경성여자청년회를 30여 명의 여자 중심으로 새로 창립하였다. 취지 강령에는 여성 사회주의운동을 전개해야 할 합리적 이유와 사회주의 경제발전이론에 입각한 여성해방의 방향을 제시하였다.[18]

1926년 봄, 동경에 유학했던 정칠성, 황신덕, 이현경 등이 귀국하면서 분파된 사회주의 여성운동의 통합화와 여성동우회의 활성화에 새로운 전기를 맞이하며, 경성여자청년회와 경성여자청년동맹을 발족시켰다. 통합 이후 사회주의 여성운동은 여성동우회와 중앙여자청년동맹이 주축이 되어 강령에 청년여자의 대중적 교양과 조직적 훈련을 기한다고 제시한 대로, 청년여자에 대한 사회주의 의식화 교육을 위한 대중교양에 힘쓰고 지방의 여자청년회 세력을 흡수해갔다.[19]

6. 1920년대 중반 이후 사회주의 여성운동

여성동우회 조직 이후 사회주의계열 여성단체는 분파와 이합집산을 계속하면서 조직되었다. 1925년 1월에 경성여자청년동맹이 결성되고,[20] 1927년 4월에는 중앙청년여자동맹이 결성되었는데, 이러한 여성단체는 모두 여성노동문제를 그 현안의 하나로 제시하고 있었다.[21] 1920년대 사회주의운동은 국내외 민족운동진영에 노동자문제라는 새로운 방향을 제시해주었다. 한편 항일전열에서 민족주의진영과 사회주의진영간에는 금이 그어졌고, 이러한 항일전선을 다시 강화하고자 1927년에는 두 진영을 통합하는 신간회가 조직되었다. 여성운동계도 두 진영 통합운동의 일환으로 근우회가 결성되었다.

그러나 조직된 지 불과 5년 만에 근우회는 해체되지 않을 수 없었다. 당시 사회주의운동자들은 사회의 모든 문제를 경제문제에 귀결시켜 부인의 완전 해방도 결국 경제적 독립에서만 가능하다고 주장하였다. 이들은 사회운동을 사회경제적 조직의 혁명적 변혁을 목표로 하는 공산주의운동과 합류하여 노동자문제에만 치중하려 하였다. 반면 민족주의진영의 여성들은 근우회의 사회주의운동화 경향을 회피하여 안일한 태도로 불참하거나 탈퇴하는 형편이었다.

서구의 전통적 여성운동은 참정권 쟁취운동에서 출발되었으나 당시 우리나라의 정치적 현실은 이러한 방향의 운동을 용납하지 않는 때였던 만큼 여성의 경제적 독립이라는 사회주의 여성운동의 구호는 그런대로 민중의 마음을 끌 수 있었다. 그러나 부인경제문제가 새 여성운동의 전체가 될 수는 없었다. 민족실력양성의 일환이라는 범위 이상의 문제가 될 수 있는 것이 아니었다.

　일제식민지 하에서 여성운동은 민족독립과 여성해방이 밀접하게 연결되어 있었다.[22] 여성해방은 민족독립을 위해 이룩해야 하는 것이었고, 민족독립은 여성해방을 위한 객관적 조건이었다. 일제로부터의 민족해방이 최고의 목표였고, 계급해방과 여성해방은 부차적인 것일 수밖에 없었다는 것이 한계였다. 민족차별과 성차별이라는 이중의 갈등 구조 속에서 여성의 도전 앞에는 혼동과 좌절의 이율배반적인 요소가 산적해 있어 이상과 현실의 괴리가 나타났다. 그러나 이러한 한계에도 불구하고 여성들의 활동이 역사의 전면에 드러나기 시작했다는 점에서 한국여성사에서 큰 의미를 부여한다. 그리고 이러한 여성들의 활동은 국가적 차원에서는 국권회복과 사회경제발전에 도움이 되었고, 개인 차원에서는 여성의 경제적 · 심리적 독립에 도움이 되었다. 또한 오늘날의 여성의 지위 향상과 근대 한국사회 발전에 이바지할 수 있는 바탕을 마련하게 되었다.

| 주 |

1 金俊燁 · 金昌順 공저, 『韓國共産主義運動史 2』, 청계연구소, 1986, 29-30쪽.

2 역사문제연구소 민족해방운동사 연구반 지음, 『쟁점과 과제, 민족해방운동사』, 역사비평사, 1990, 182-183쪽.

3 동아일보, 1920년 7월 15일자.

4 배성준, 「모던 걸 마르크스 보이」, 『교실 밖 국사여행 2』(미간행), 역사학연구소, 1999.

5 「한국여성사 정립을 위한 여성인물 유형연구」, 『여성학논집』, 제3집 이화여자대학교 한국여성연구소, 1994, 33쪽.

6 劉奉哲, 「日帝下 國民生活水準」, 『日帝下의 民族生活史』, 민중서관, 1971, 437쪽.

7 신영숙, 「근우회에 관한 일연구」, 『이대사원』 16호, 1979, 66쪽.

8 조선일보 1927년 1월 8일자.

9 일제하 조선인 여성노동자의 임금과 노동시간에 대해서는 『한국여성사 정립을 위한 여성인물 유형 연구』, 『여성학논집』, 제3집, 이화여자대학교 한국여성연구소, 1994, 69-79쪽 참조.

10 동아일보, 1923년 7월 7일자부터 29일자 참조.

11 동아일보, 1924년 3월 21일자.

12 黃信德, 「朝鮮婦人運動의 史的 考察」, 『學海』 창간호, 1937.

13 동아일보, 1924년 5월 22일자 및 1925년 1월 1일자.

14 동아일보, 1924년 5월 22일자.

15 박용옥, 『한국여성 항일운동사 연구』, 지식산업사, 1996, 264쪽.

16 동아일보, 1925년 1월 20일자.

17 동아일보, 1926년 1월 5일자.

18 京畿道警察部(京高 제1183호, 1925년 3월 13일), 「京城女子靑年會創立에 關する件(情報, 1925, 97-98쪽)/ 金俊燁 · 金昌順 공저, 『韓國共産主義運動史 2』, 청계연구소, 1986, 159쪽.

19 박용옥, 앞의 책, 272쪽.

20 매일신보, 1925년 1월 24일자.

21 박혜란, 「1920년대 사회주의 여성운동의 조직과 활동」, 이화여대 석사학위청구논문(미간행), 1993, 29-30; 『한국여성사 정립을 위한 여성인물 유형연구』 3, 114쪽.

22 李培鎔, 「한국 근대 여성의식 변화의 흐름」, 『韓國史 市民講座』 15집, 一潮閣, 1994, 143-148쪽.

12
민족해방과 여성해방을 꿈꾸며 산화해간 민족운동가 박차정

| 강영심 |

    박차정(朴次貞)은 부산 동래출신으로 1920년대 국내에서 동래청년동맹, 동래노동조합, 신간회동래지회, 근우회동래지회 및 근우회중앙본부에서 활동하다 1930년 초 중국으로 망명한 후 김원봉의 반려자이며 동지로 조선민족혁명당 당원 및 남경조선부녀회(南京朝鮮婦女會)의 수장, 조선의용대(朝鮮義勇隊) 부녀복무단 단장 등을 역임하며 활약했다. 이후 1944년 5월 중경에서 숨을 거둘 때까지 늘 민족해방과 여성해방을 투쟁목표로 삼았던 민족운동가였다. 하지만 그녀를 둘러싼 여러 사정들이 걸림돌이 되어 그에 대한 연구가 활성화되지 못하다가 다행히 최근 들어서야 활약에 버금가는 역사적 평가를 받기 시작하였다. 앞선 연구자들의 성과를 수렴하여 박차정이 엄혹한 일제 식민지 시대에 어떻게 대응하고 투쟁하였는지를 그녀의 삶의 궤적을 따라 살피고, 그녀의 항일투쟁을 재조명하고자 한다.

1. 민족운동가 집안에서 자라나 학창시절 동맹휴학의 선봉에

박차정은 1910년 5월 8일 경남 동래에서 태어났다. 박용한(朴容翰)과 김맹련(金孟蓮)의 넷째 딸로 오빠 둘과 언니 그리고 남동생을 둔 다복한 가정에서 자랐다. 박차정의 아버지 박용한은 구한말 순종 때 탁지부 기사(技士)로 임시토지조사국에서 측량업무를 담당하는 관직에 몸담았던 사람이었다. 아버지는 동래의 사립학교를 졸업하고 보성전문학교에서 교육받았던 지식인으로 국권상실과 암울한 일제의 식민통치를 통한의 심정으로 감내하던 인물이었다. 그녀의 어머니는 동래군 기장면 출신으로 1940년대 화북조선독립동맹(華北朝鮮獨立同盟)을 이끌던 민족운동가 김두봉(金枓奉)과는 사촌산이며, 일제시기 사회주의계 민족운동가인 김두전(金枓全)과 육촌사이였다. 김두봉(1889-1960?)은 기장군 출신으로 대동청년단, 광문회 활동 외에 주시경의 뒤를 이어 『조선말본』의 저술 보성 · 휘문 · 중앙학교 등에서의 구국교육활동 등 국권회복운동에 주력하다 상해로 망명하였다. 이후 상해임시정부, 1929년 한국독립당 비서장, 1935년 한국민족혁명당의 내무 겸 선전부장을 역임했고, 조선의용대에서 김원봉(金元鳳)과 함께 활동하다 이념상 차이로 결별하고, 1942년 7월 화북조선독립동맹과 조선의용군을 이끌면서 무력 항일투쟁을 주도하였던 인사였다.[1] 김두전(1890-1964)은 김약수로 더 잘 알려진 인물로 역시 기장군 출신으로 경성공업학교 졸업 후 일본 정칙영어학교에 잠시 수학하였다. 1918년경에 김원봉, 이여성과 의형제를 맺은 뒤 기장에서 항일운동을 하다 중국으로 망명하였다. 이후 약수는 조선노동공제회, 북풍회, 조선공산당 등 사회주의계열 독립운동가로 활동하였다. 또한 김맹련의 고종사촌인 박일형(朴日馨)은 1919년 기장 3.1운 동을 주도한 혐의로 징역 3월 집행유예 2년을 선고받았으며 이후 박 차정의 오빠 박문희와 같이 동래청년동맹에서 활동, 동단체의 집행위 원장을 역임하면서 1920년대 부산, 동래지방에서 청년운동을 주도했 던 사회주의계 운동의 대부 격인 민족운동가다. 이렇듯 박차정의 어 머니는 친가, 모두가 민족운동가를 배출한 민족의식이 강한 집안 출 신이었다. 이러한 배경을 가진 어머니 슬하에서 차정의 형제들 역시 어려서부터 외가의 굴하지 않는 투쟁정신과 항일의식의 영향을 받으 며 성장하였다. 즉 자녀들 모두 자신보다 민족과 국가를 먼저 생각하 는 의식이 마음의 근본을 채우는 힘 있는 사람으로 성장하였던 것이 다. 예컨대 박차정은 물론 그녀의 오빠 박문희(朴文熺, 1896-?), 박문호(朴文 昊, 1908-1934) 등도 일제시기 온몸을 바쳐 투쟁한 민족운동가였다.

박차정의 아버지는 국권상실 후 민족의 암울한 현실을 비관하다 1918년경에 자살하고 말았다. 그 후 어머니 혼자 남의 집 삯바느질을 하면서 다섯 남매를 키웠다. 어머니가 밤을 새워 초상집 상복이나 잔 칫집 혼례복을 만드느라 집에 돌아오지 못하는 밤이면 차정은 동생을 돌보며 찬 골방에서 추위에 떨며 밤을 새우곤 했다. 어려운 환경 속에 서도 박차정은 어머니를 도와 동생을 돌보면서도 민족과 국가에 대한 남다른 관심을 키워 나갔다. 부산지역은 종교적으로 불교의 성향이 강 한 지역이었음에도 불구하고 그녀의 가족들이 1918년에 설립된 동래 성결교회에 출석하였으며, 또한 큰오빠 박문희가 신학교를 졸업하고 전도사가 되어 한동안 목회활동을 했던 점에서 어린 시절 박차정의 집 안은 기독교와 인연을 맺은 것으로 추측된다. 당시 연을 맺고 있음을 알 수 있다. 또한 차정과 언니 역시 자연스럽게 호주장로교 선교부에서 운영했던 동래 일신여학교(日新女學校)의 고등과에서 수학하게 되었으며 후일 여성 지도자로 성장할 수 있는 기반을 다지는 성숙의 시간을 갖게 되었다.[2] 다만 박차정이 1930년 초 근우회 활동으로 경찰에 피체되어 조사받았던 신문조서에서는 자신은 종교가 없다고 답변한 사실로 미루어 사회주의사상을 수용하면서 기독교와도 멀어졌다는 의미로 해석된다. 실제 큰오빠 박문희도 목회활동을 했지만 회의를 느껴 그만두고 사회주의 사상을 수용하면서 적극적으로 청년운동을 이끌었다는 사실도 차정의 종교관 변화를 가늠케 한다.

이렇게 성장한 박차정의 민족의식과 사회의식이 남달랐던 모습은 이미 학창시절부터 두드러졌다. 1924년경 열네 살 어린 나이의 박차정은 벌써 소년단체 동래지부의 일원으로 활동했다고 전해지나 확인되지 않은 단체다.[3] 박차정은 1925년 동래일신여학교 고등과에 입학해서 학업과 교내활동을 통해 항일의식이 더욱 강해졌다. 이 시기 그녀의 의식 형성에 크게 영향을 준 것은 당시 항일운동의 기세가 드높았던 동래지역의 분위기와 오빠 박문희였다. 우선 당시 동래지역은 다른 지역에 비해 학생, 청년들의 항일운동의 기세가 높은 지역으로 특히 동래고보의 항일 '스트라이크'라 불린 동맹휴교가 많이 발생했던 투쟁 성향이 강한 곳이었다. 또한 일신여학교 역시 당시 부산지방 여성교육의 산실이며 이 지역 항일여성운동을 선도한 구심체였다. 이 학교는 호주장로교 선교부에서 운영하던 선교학교였지만 종교교육 이외에 민족정신교육과 조선어, 조선역사 교육을 통해 민족의식 고취에도 힘썼던 여성교육기관이었다. 일신여학교 시절 박차정은 교내동맹휴학의 중심인물로 활동하였다. 그녀는 동맹휴학을 지도하고 학생들 간의 비밀연락을 도맡았는데, 일본 형사의 눈을 피하려고 스스로 늙은 노파로 변장한 후 여덟 살 어린 동생을 데리고 밤거리를 누비며 여학생들의 집을 찾아다니곤 했다[4]는 유명한 일화는 박차정이 자신의 안위를 돌보지 않는 희생정신으로 항일학생운동에 열정을 다 쏟았음을 보여주고 있다.

박차정이 여학생임에도 일찍부터 민족의식과 시대관에 눈뜨도록 영향을 준 이는 다름 아닌 큰오빠 박문희였다. 박문희는 경성신학교를 졸업한 후 전도사로 활동하다 회의를 느끼고 일본 대학에서 수학한 후 동래로 귀국해 동래청년연맹, 1925년 경남청년연맹 집행위원, 북풍회 등의 일원으로 활동하는 한편 동아일보 지국을 운영하며 청년운동에 앞장섰다. 그는 1927년 조직된 신간회 중앙에서 활동하면서 1930년대 신간회 본부 '온건화'노선의 선창자 역할을 맡았던 인물이다.[5] 그녀의 동생인 박문하의 회고에 따르면 "서울에서 문희형이 한 번씩 집에 내려오면 좁은 우리집은 동래 청년들과 남녀학생들로 마치 장날처럼 붐볐으며, 이어 일인 고등계 형사들이 나와 가택수색을 하였다. 또한 동래고보, 일신여학교의 항일'스트라익'이 일어나면 으레 우리집에 출입하던 남학생들과 차정누님이 주모자로 끌려가 며칠 동안 유치장신세를 지고 나왔다."고 한다. 이 회고는 박문희가 당시 동래의 청년, 학생들과 긴밀한 유대관계를 맺음은 물론 학생들에게 영향력 있는 민족운동가였음을 시사해준다.

박문희의 생각과 행동은 둘째 박문호에게도 영향을 주어 형을 따라 동래지역 청년운동에 투신한 이래 항일투쟁에 앞장서 여동생의 인생행로의 푯대가 되었다. 박문호는 동래사립보통학교 출신으로 동래청년연맹의 집행위원, 신간회 회원으로 활동하였다고 전한다. 그는 국내를 떠나 1929년 2월경에 중국 북경으로 망명하였다. 이후 북경에서 의열단에 가입해 김원봉 휘하에서 의열투쟁에 동참하였다. 뒷날 박차정이 중국으로 망명할 때에도 오빠 박문호의 역할이 컸다.

이렇게 박차정은 가장 측근인 오빠나 삼촌들로부터 사상적인 혹은 민족운동론, 조직활동에서 직·간접적으로 받은 영향이 민족운동가로 성장하도록 작용했음을 짐작케 한다. 박차정은 이 같은 오빠들의 인맥과 사회적 활동 영역에 자연스럽게 몸담으면서 당시의 민족 모순을 직시하게 되었으며 나아가 사상 서적의 탐독을 통해 이론학습의 시간을 더하며 사상적 기반을 다져 나갔다. 특히 일제시기 여성들의 경우는 실제로 아버지 혹은 형제, 남편과 관련되거나 혹은 영향을 받으면서 민족운동전선에서 활동한 인사들이 적지 않다. 박차정 역시 국내에서는 형제들과, 중국 망명 시절에는 남편인 김원봉과 함께 항일 투쟁하는 역정에서도 그런 면모를 엿볼 수 있다. 일신여학교의 학창시절 박차정은 1928년 근우회 동래지회의 회원 등 학교 밖의 활동도 겸하였다. 학교 안에서는 동맹휴학 주도는 물론 문학을 통한 사회비판적 메시지 전달에도 한몫 하였다. 예컨대 박차정은 당시 자신을 둘러싼 가정환경과 일상생활이 어떠했는지 그녀가 당시 처한 식민지일상을 어떻게 인식하였는지를 자신의 소리로 이야기하고 있어 주목을 요한다.

박차정은 일신여학교 시절 문학활동에도 적극적이었는데 그 작품 속에 자신의 일상을 담아낸 것이다. 4학년 때 동교 교우지인 『일신』 2집(1928년 4-5월경 발간)에 시, 수필, 단편소설 등 다양한 분야를 발표해 그녀의 문학재능이 남달랐음을 가늠케 한다. 즉 '개구리소래' 란 시와 '철

야(撤夜)', 그리고 일어로 쓴 수필 '秋の朝(가을아침)'이 그것이다. 이중 수필은 일본어실기공부와 관련된 글로 보인다. 원고지 4-5매 분량의 짧은 글인데 아마도 일본어 학습의 일환으로 만든 글 중 잘된 것을 실었던 것으로 짐작된다. 그녀의 일어 실력을 짐작케 하는 글로 훗날 중국에서 민족해방운동활동에서 능숙한 일본어 덕분에 선무공작을 효율적으로 이끌 수 있었던 탁월한 언어능력을 드러낸 사례가 아닌가.[6]

그 중 '철야'는 자신의 경험을 토대로 한 자전적 소설이다. 예컨대 일제하에서 옥사한 독립지사의 딸과 아들이 고아가 되어 사회의 냉대와 배고픔과 싸우면서 추운 겨울밤을 밝히며 역경을 이겨내고 희망의 끈을 놓지 않는다는 것이 그 내용이다. 주인공 철애(哲愛)는 부모 잃은 자신이 기아와 가난으로 학업을 마칠 수 없는 불우한 상황의 원인이 불합리한 사회제도에 있음을 꿰뚫고 있다. 주인공은 사회제도를 저주하며 주저앉지 않고 굶주림 때문에 도둑이 된 '쟌발쟌'을 떠올리고 나서 자살도 생각해 보다가 먼저 가신 부모님을 생각하며 '광명한 신사회를 조직할 때까지 전 세계의 폭군과 싸울 것'이라는 결의를 다지는 것으로 소설의 결말을 지었다. 즉 자신이 처한 조선의 당면한 문제를 해결하는 방법이 무엇인지를 직시할 수 있는 길을 정확히 인식하고 있었으며 그것을 소설이란 장르에 담아낸 것이다. 우리 민족이 겪는 엄혹한 식민통치의 각종 억압과 왜곡된 사회상을 상징화한 것이며 자신이 생각하는 해결책을 폭군과의 싸움으로 규정하고 있다. 이러한 그녀의 시대 인식은 이후 줄곧 그녀의 항일 역정의 사상적 배경이 되었음은 짐작하고도 남음이 있다.

박차정은 신문조서에서 밝힌 대로 '레닌 전집, 마르크스 전집, 베벨의 『부인론』 등과 변증법·유물론' 관련의 사회과학 서적을 많이 읽으면서 자신의 사상적 기반을 다져 나갔다. 사실 문학적 재능은 차정뿐 아니라 동생 문하, 오빠 문희 등에게서도 나타나 유전적인 성향인 듯하다. 박문하는 의사이면서 수필가로 이름을 알린 동래지역 문학인이었으며 박문희도 역시 글 쓰는 일을 맡은 적이 있었다. 이러한 그녀의 문학재능은 이후에도 인정받아 몸담은 민족운동 단체의 선전이나 출판 분야에서 탁월한 역량을 발휘하였다.

2. 상경하여 여성통일전선 근우회의 중심으로

1929년 초 박차정은 여학교를 졸업하였다. 졸업 후 동경 유학을 꿈꾸었지만 가정 사정이 어려워 포기하고 당시 동래청년동맹을 이끌던 숙부 박일형의 권유로 동래청년동맹의 집행위원직을 맡은 이후 동래노동조합, 근우회동래지부, 신간회동래지부 등의 회원으로 활동하였다. 그녀의 본격적인 활동은 서울로 올라와 근우회 본부에 합류하면서였다. 일제시기 여성민족운동의 절정이라 할 근우회운동은 1927년 당시 식민지 민족독립운동의 통일전선 결성 움직임의 결실로 창립된 신간회와 같은 노선으로 구축된 여성운동계의 통전운동의 결실이었다.

즉 1924,1925년경부터 민족해방운동 내부에서 분열 상태가 심화되던 민족운동계를 반성하며 대두되었던 통일전선론이 1926년 11월의 '정우회선언'을 계기로 구체화되기 시작하였다. 3.1운동 이후 여성운동 역시 기독교계의 민족주의와 사회주의 계열의 여성단체들이 상호 분립된 채 활동했으나 신간회 창립으로 자극을 받아 통합 작업에 착수하였다. 마침내 1927년 5월 27일 양파가 한국 여성의 대동단결을 도모하고 여성운동의 새장을 열고자 근우회를 창립하였다.[7] "조선자매들의 공고한 단결과 조선여자의 지위향상도모"를 강령으로 하고 7개항의 행동강령을 채택하였다. ①여성에 대한 사회적·법률적 일체 차별 철폐, ②봉건적 민습과 미신타파, ③조혼폐지 및 결혼의 자유, ④인신매매 및 공창폐지, ⑤농민부인의 경제적 이익 옹호, ⑥부인노동의 임금차별 철폐 및 산전산후 임금지불, ⑦부인 및 소년공의 위험노동 및 야업철폐 등이다.

근우회는 그 선언문에서 천만 조선 여성들의 특수성이 구시대의 봉건적 유물과 현대적 모순의 중첩이라 지적하고 이를 극복하려면 전국 여성이 단결해야 하며 또 여성 자신의 해방을 위해 분투하는 것은 동시에 전 조선사회를 위한 분투이어야 한다고 주장하였다. 근우회 운동이 여성운동에 국한되지 않고 조선사회 전체와 연결해서 일제 식민 통치를 벗어나 완전 자주독립해야 하는 민족독립운동의 일환이어야 한다는 목표를 천명하고 있다. 즉 민족해방투쟁의 완수는 곧 조선 여성의 해방으로 가는 지름길이라고 근우회 주도세력은 확신하였던 것이다. 민족독립 없이 여성해방은 불가능하므로 여성들은 민족독립투쟁과 여성해방을 동시에 수행해야 함을 강조한 것이다. 이런 민족문제 인식와 여성운동론은 당시 식민치하라는 특수상황에서 활동하던 여성운동가의 견해를 그대로 드러낸 것이며, 박차정도 이 운동론을 수용하여 근우회운동에 적극 동참했다. 후일 중국으로 망명하여 발표한 남경부녀회선언이나 『조선민족전선』에 게재한 한국부녀운동에 관한 글도 그녀의 이런 인식에 기초하고 있음을 보여준다.

근우회는 서울에 본부를 두고, 전국 각지와 일본 및 만주에 지부를 두었으며 본부에는 재무부, 서무부, 선전조직부, 교양부, 정치연구부, 조사부 등의 기구를 두었다. 근우회는 한국 여성의 의식 향상을 위한 강연회와 토론회를 개최해 여성해방의 방법 문제를 사회에 제기하는 선전 효과를 거두었다. 지회에서는 문맹 여성들을 위한 야학 설립, 한글교육, 기타 생활개선 계몽운동 등을 통해 여성의 힘을 조직화하고자 했다. 전국 각지에 지회들이 설립되고 그 대의원들에 의해 전국대회가 치러진 1928년부터는 중앙조직에도 초기에 비해 지회 출신이 대거 참여하게 되면서 근우회의 활동 영역이 확대되고 운동의 강도도 높여 갔다.[8]

박차정은 1928년 5월 19일에 결성된 동래지회에 참여하면서 근우회의 일원이 되었다. 동래지회는 사회주의계 지회로 동래여자청년회를 해체하고 결성되었는데 당시 활발한 지역 활동으로 가장 확실한 이념을 갖고 운동을 전개한 지회로 인정받았다.[9] 이러한 성과는 박차정을 중심으로 한 동래지역 청년운동과 여성운동의 활발한 활동경험에서 비롯된 것이었다. 1929년 3월 일신여학교를 졸업한 박차정은 근우회활동에 더욱 진력하였다. 그런데 이즈음 근우회 본부의 양상은 조직이나 활동 상 의견을 달리 한 민족주의계는 퇴진하고 사회주의계 여성들이 조직을 주도하는 상황으로 변화되어 갔다. 이 같은 중앙의 변화는 박차정에게 새로운 활동무대를 열어주는 계기가 되었다. 제2회 전국대회가 열렸던 1929년 7월 27일-29일 박차정은 동래지회 대의원으로 참여하였고 지회의 세력에 따른 위원배분이 이루어져 경북의 전형위원으로 중앙집행위원에 선출되었으며 다시 14인의 중앙상무집행위원에 선출되었다. 이로써 박차정은 근우회의 핵심요원으로 활동할 수 있는 위치에 선임되어, 중앙집행부서의 조사연구부장직과 선전조직부, 출판부원직을 담당하면서 근우회 중앙의 핵심인사 중 하나로 부상하게 되었다.[10]

근우회는 1929년에서 1930년 초반까지 본부 체제 정비, 회관건축 준비, 지회의 도연합화추진, 침체한 지회에 대한 대책 마련, 회원 교양, 광주학생운동지원 등 정력적인 활동을 전개했다. 특히 동회는 독립운동추진, 독립사상 고취에도 진력해 1929년 11월 광주학생운동이 전국으로 확산되자 기독교여자청년회와 함께 1930년 1월 15일 서울시내 이화여고보, 배화여고보를 비롯한 10여개 여학교 학생들의 '서울여학생만세시위'운동을 전개하는데 그 사전계획 및 실행을 배후에서 지도하였다. 원래 근우회는 창립 당초부터 학생동맹휴교에 대한 일련의 조사와 지원을 계속해 11월 광주학생사건에 이어 12월 2일-3일 서울시내 학교에서 격문을 뿌리고 학생들이 만세시위행진을 감행하도록 지원한 것이다. 이 학생시위사건이 일어나자 일제당국은 근우회의 박차정, 허정숙, 정종명과 신간회의 인사들을 배후세력으로 지목하여 검거하였다가 풀어준 바 있다.

이후 1930년 1월에 발발한 '서울여학생만세시위운동'은 허정숙과 박차정이 "대중적 위력으로 민족적 항의를 보여줌으로써 구속 학생을 석방시키고 민족적 기치를 들기 위해 시내 각 여학교의 시위를 적극적으로 지도하자"고 결의하여 일어났다. 이러한 시위를 준비하는데 학창시절 여학교 동맹휴교 운동을 주도한 경험이 있는 박차정과 허정숙이 앞장서서 각 학교의 대표들과 접촉하여 지원하였다. 이 때문에 허정숙, 박차정, 정종명, 정칠성 등 근우회 본부의 간부들이 일제경찰에 체포·투옥되었다.[11]

그 당시의 아픈 기억을 동생 문하는 자신의 수필 「누님 박차정」에서 이렇게 떠올렸다.

" … 이 때문에 차정 누님은 일경의 추적을 받게 되어 고향인 동래로 피신해 오게 되었다. 그러나 얼마 되지 않아 일경에 체포되어 압송되어 갔다. 차정 누님이 일경에 체포되어 서울로 압송되어 간다는 소식은 동래 일대에 퍼져 나갔다. 자동차가 없던 시절이라 동래전차 정류소에는 차정 누님을 보기 위해 몰려든 사람들이 구류 같았다. 인산인해를 이룬 시민들은 수갑을 찬 차정 누님이 나타나자 한결같이 슬퍼해 주었고 … 울부짖고 흐느끼는 시민도 있었다. 서울로 끌려가 차정 누님은 혹독하고 잔인한 일경의 고문에 반병신이 되어 석 달 후 서대문형무소 미결감에서 병보석으로 나왔다. "

다소 과장된 표현이지만 당시 동래지역에서 박차정에 대한 관심과 그 영향력을 짐작케 하는 일화가 아니겠는가. 최종적으로 박차정과 허정숙은 보안법 위반으로 구속되었으나 박차정은 고문으로 인한 신장염 악화로 인해 2월 15일 병보석으로 풀려났다(중외일보 1930. 2. 18).

출옥 후 박차정은 서울에서 큰오빠의 간호를 받으며 통의동의 한 여관에서 상한 몸을 치료받으며 요양하고 있었다. 2월 22일경 박차정은 중국 북경에서 박문호가 밀파한 청년과 비밀리에 접촉하였다. 당시 둘째 오빠는 중국으로 망명해 김원봉이 이끌고 있던 의열단의 단원으

로 독립운동에 몸담고 있었다. 박문호로부터 중국으로 오라는 연락을
받아 왔던 그녀는 큰오빠와 상의한 끝에 중국 망명을 결정하였다. 곧
바로 인천에서 배를 타고 중국으로 향한 것으로 추측된다. 그녀의 병
보석의 보증인이었던 박문희가 2월 23일 경찰에 박차정의 가출신고를
제출했다는 자료를 고려해 보면, 아마도 23일 정도에는 박차정이 무사
히 한국을 탈출했을 것으로 짐작된다. 결국 두 오빠가 그녀의 안전을
위해 비밀리에 중국 망명 작전을 단행한 것이라 할 수 있다.[12] 특히 쌍
방 간의 연락과 협의가 진행되었다는 사실은 후술한 바대로 박차정이
중국에 망명하기 이전 1929년 가을 이미 박문호와 김원봉이 조직한 단
체의 위원으로 피선되었던 사실에서도 잘 드러난다. 박차정의 망명과
정을 동생 박문하는 "망명길에 나선 박차정은 상하이 인육시장(人肉市場)
으로 팔려가는 여인들 속에 섞여서 인천에서 배를 타고 비밀리에 중
국으로 망명할 수 있었다."고 드라마처럼 그 광경을 서술하였다. 아마
도 박차정은 이즈음 국내에서의 활동이 한계에 부딪쳤음을 깨닫고 본
격적으로 민족운동에 투신하고자 결심했던 것으로 보인다. 마침내 박
차정은 고국을 떠나 오빠 문호가 활동하고 있던 북경으로 자신의 활동
영역을 넓혀 나갔다.

3. 중국망명, 의열단장 김원봉의 동반자가 되어
   항일투쟁전선으로

박차정이 중국으로 망명해 처음 투신한 조직은 김원봉이 단장으
로 있던 의열단이었다. 의열단은 1919년 11월 만주 길림성에서 조직된

항일 비밀결사로, 독립투쟁의 유일한 수단은 '무력투쟁'이라는 민족운
동론에 기초해 조선총독 이하 고관(高官), 반민족적 인사와 왜적 중요기
관을 암살하거나 파괴하면서 투쟁하던 의열투쟁의 대표조직이었다.
그러던 의열단은 1923년을 계기로 어려움이 많은 암살파괴공작 중심
의 기존 운동방략을 전환하면서 새로운 활로를 모색하던 중이었다. 특
히 그 시기에는 세계적으로 사회주의 운동의 성장과 국내의 노농대중
운동의 발전으로 인해 대중들의 역량을 민족운동으로 수렴하려는 변
화가 더욱 필요한 분위기가 지배적이었다. 의열단도 자금 확보에 어려
움을 겪으면서 새로운 활로를 위한 전열정비 기간을 갖고자 결의하였
다. 이에 김원봉과 의열단원들은 1926년경 황포군관학교, 중산대학 등
각급 학교에 입학하여 군사교육을 받으며 결사적 항일군대 편성을 기
약하고자 준비작업에 들어갔던 것이다.[13]

　　마침내 1928년경부터 다시 조직을 재정비한 김원봉은 상하이에
서 일제의 탄압을 피해 국내에서 건너온 안광천(安光泉, 1898-?)과 만나 제
휴하면서 민족운동의 활성화 방향을 논의한 후 1929년 봄에 측근 십여
명과 북경으로 근거지를 옮겼다. 이를 계기로 김원봉은 그간 성장을
거듭해온 국내 대중운동과 연대할 루트를 확보하게 되었다. 김원봉은
안광천과 1929년 후반 북경에서 조선공산당 재건동맹조직에 착수하였
다. 조선공산당재건동맹은 북경에 중앙부를 두고 조선지부(1931. 4), 북
경지부(1930. 8), 만주지부(1930년 말)를 각각 설치하였다. 동맹의 위원장은
안광천, 중앙위원에는 김원봉, 박건웅, 박문호, 이영준, 안광천의 부인
인 이현경, 박차정 등 여섯 명이 각각 선임되었다.[14] 그런데 박문호는
1929년 3월 북경으로 망명하여 김원봉의 휘하에서 민족운동에 투신하

고 북경화북대학 사회학부에 입학하였다. 그의 의열단행은 아마도 친척 김약수와 김원봉의 관계가 배경에 깔려 있을 것이다. 즉 의형제를 맺었던 김약수, 김원봉과 이여송 세 명이 모두 형 박문희와 절친한 사이였다는 사실로 미루어 박문호 역시 그들과 친분 관계를 맺고 있었다고 볼 수 있다. 그는 1930년 초반 동생 박차정을 동지로 삼아 동단체로 이끌었다. 그런데 박차정이 중국으로 망명한 것은 1930년 초반이므로 그녀가 도착하기 이전에 위원으로 선임하였던 것은 짚고 넘어가야 할 부분이다. 아마도 재건동맹세력들과 박차정이 사전에 상호 협의하고 양해를 얻었을 것이며 후일 박차정의 중국망명을 약속받았을 것이라는 의미로 해석해 볼 수 있겠다. 어쨌든 박차정에 대한 조직원으로서의 포섭은 국내에서 보여준 그의 항일투쟁성을 높이 평가하였음에 다름 아니다. 재건동맹의 중심인물로 활동한 박문호는 1931년 10월 북경 일본 공사관의 사회주의자 검거선풍을 피해 잠시 천진으로 피신하였다가 12월 14일 영사관 일경에 피체되어 나가사키로 압송되었다. 이듬해 6월, 1년 6개월 형을 선고받고 우라카미형무소에서 옥고를 치르고 1933년 9월 만기 출소하였다. 출소 후 고향에서 돌아온 지 한 달만인 10월경 조선공산당재건동맹의 북경지부의 단원임이 밝혀져 다시 일경에 체포되었다. 박문호는 서대문형무소로 이감되어 고문 받던 중 빈사상태에 빠지자 가석방되었다가 고문후유증으로 1934년 10월에 사망하였다. 그의 장례는 동래청년회가 주도하여 거행되었으며 장례식에는 만장 수백 장이 휘날렸다고 전한다.[15]

재건동맹은 실행부서로 훈련부, 통신부, 조직부, 선전부를 두고 부설 교양기관으로 레닌주의 정치학교를 설립하여 정치지도자 육성에 착수하였다. 이 학교는 이후 1931년 2월경까지 두 차례에 걸쳐 21명의 졸업생을 배출하였으며 국내의 조직 확대를 꾀하고자 조직원을 국내에 파견하기도 하였다. 북경 레닌주의 정치학교는 6개월의 교육기간 동안 공산주의 이론, 조직과 투쟁전술, 조선 독립과 공산주의 이론과의 관계, 조선혁명사교육 등을 학습하면서 지도자로서의 소양을 교육시켰지만, 진정한 목표는 공산주의가 아닌 항일청년의 양성이었다. 제1회는 10명이 1930년 4월~9월에, 제2회는 11명이 1930년 10월~1931년 2월까지 교육받았으며, 박차정은 2회 명단에 포함된 것으로 보아 2기생으로 수료했음을 알 수 있다.[16] 박차정의 사상은 국내에서 닦은 사상적인 기초 위에 이 정치학교에서의 체계적, 이론적 수업과정을 통해 심화되고 재무장되어 갔다 하겠다. 재건동맹에 동참하면서 중국에서 활동을 시작한 박차정은 이후 김원봉과 친밀한 관계를 이어갔고 마침내 정치학교 수료 이후 1931년 3월경 그와 결혼하여 부부의 연을 맺게 되었다. 이후 박차정은 동지로서 반려자로서 약산을 도우면서 죽을 때까지 민족운동대오에 동참하였다.

1931년 만주사변·상하이사변 발발로 일제가 대륙 침략을 본격화하자 중국 내 한국민족운동 전선에도 독립운동 세력 간의 통일전선 구축이 최선의 방략임을 확신하고 통일전선 구축을 도모하였다. 의열단 역시 북경의 활동을 접고 1932년 봄 남경(난징)으로 이동하면서 박차정도 남경으로 옮겨왔다. 박차정은 남편과 함께 그곳에서 6년간 살았다. 이들은 의열단과 민족혁명당의 거점을 남경성의 중화문 근처 화로강이라는 언덕 부근에 설치하고, 근처의 민가에서 생활하였다. 의열단은 앞서 단기간이나마 운영했던 레닌주의 정치학교의 경험을 바탕으로 혁명적 사상으로 무장된 지도자를 양성하기 위한 노력을 이어나갔다. 즉 1932년 10월부터 1935년 9월까지 3년간 조선혁명군사 정치간부학교를 운영한 것이다. 이 학교는 3기 125명의 졸업생을 배출하는 성과를 거두었으며 박차정 역시 교관의 일원으로 간부 양성 활동에 이바지하였던 것으로 추측된다. 또한 박차정은 간부학교 교관 및 관련자들의 부인을 규합해 간부학교 지도자들이 조선독립운동을 실현하기 위해 청년투사 양성에 진력 중이니 우리 부인들도 당연히 일치단결하여 실현촉진을 도모하도록 민족의식을 주입시키는 데 힘을 더했다. 조선민족은 신속히 일제의 압박을 배척하고 정치적 독립을 도모하여 매진할 것 등을 수시로 강조함으로써 여성들의 힘도 투쟁력으로 다져나가는 작업을 통해 의열단을 도왔던 것이다. 이 당시 이 간부학교의 학생 모집책 중 하나가 바로 큰오빠 박문희였다. 서울에서 활동 중이던 그는 누이동생의 병문안을 구실로 남경으로 와 김원봉과 접촉해서 간부학교 1기 학생모집의 임무를 지시받았다. 고향으로 돌아 온 그는 부산과 경남지역 청년학생 3~4명을 포섭, 간부학교에 입학시키는 성과를 거두었다. 그 후 박문희는 간부학교 학생 모집 건으로 일경에 피체되었으며 재판에 회부되어 부산형무소에서 2년형의 옥고를 치렀다. 이처럼 박차정은 본인은 물론 그녀의 삶에 멘토가 되었던 오빠들과 동생까지 삼형제 모두 의열단, 혹은 그에 관련된 활동에 헌신하였으며 그로 인한 일경의 검거와 고문 박해를 감내했던 민족운동가 가족이었다.

4. 조선민족혁명당의 남경조선부녀회을 이끌며

1932년 말부터 한국 독립운동 내에서는 다양한 세력 간의 통일전선구축 움직임이 일어났으나 구축과정 중 상호 의견조율이 쉽지 않아서 어려움을 겪었다. 마침내 1935년 7월 의열단, 한국독립당, 신한독립당, 조선혁명당, 대한독립당을 중심으로 한 통일전선이 결실을 맺어 남경에서 조선민족혁명당(朝鮮民族革命黨)을 출범시켰다. 이들은 강력하고 광범위한 통일전선 조직을 구축하여 민족독립운동의 대단결을 목표로 하였다. 민족혁명당은 통일전선정당으로 민족주체, 민중중심운동론에 터한 강령을 발표하였는데 1)구적(仇敵) 일본의 침략세력을 박멸함으로써 우리 민족의 사주독립 완성, 2)봉건세력 및 일체의 반혁명 세력을 숙청함으로써 민주집권제의 정권 수립 등이 주요내용이다. 즉 삼균주의(三均主義)를 표방하고 민주공화국 수립, 토지 국유화, 대규모 생산기관의 국유화, 민주적 권리의 보장 등 좌우를 아우르는 성격의 강령이었으며, 군사공작, 당원훈련, 정보수집, 자금조달 등의 활동을 수행하면서 기관지『민족혁명(民族革命)』을 간행하였다.

민족혁명당의 중심세력 중에는 남편 김원봉 이외에도 박차정의 외가 아저씨인 김두봉이 있어 그녀의 든든한 버팀목이 되었다. 당이 결성되자 박차정도 김원봉을 도와 적극적인 활동에 나섰다. 물론 당 출범 이후 민족혁명당 결성에 참여했던 일부 민족주의자들이 노선 상의 갈등을 극복하지 못해 탈퇴하고, 최창익, 허정숙, 한빈 등 사회주의자들이 입당하는 등의 변화가 거듭되었다. 어려운 여건 속에서도 박차정은 조직 확대를 위해 부녀부문단체를 결성하여 당원 가족을 중심으로 여성들의 규합에 노력하였다. 마침내 1936년 7월에 이청천의 부인 이성실과 함께 남경조선부녀회를 창립하고 결집된 여성들의 역량을 민족독립운동에 수렴코자 하였다. 해외의 조선부녀의 총단결로 전 민족적 통일전선을 편성하려는 취지로 다음과 같은 선언문을 발표하여 민족운동론을 천명하였다.

> 수년간 봉건적 제도의 속박에 의해 일절의 인권이 유린되어 왔다. 우리들 조선부녀는 다시 일본제국주의의 침략에 의해 민족적 생존권마저 완전히 박탈되었다. … 각지에서의 부녀노동자의 파공(罷工)운동, 전국적 여학생의 파업 시위운동, 제주도의 폭동 등이 (용감히 투쟁했다). 하지만 이도 역시 자연생장적 운동에 그쳤다. 이제 지식층과 전국부녀대중이 단결하여야만 한다. 부녀의 특수이익을 위한 부분적 투쟁이 전국적 민족해방투쟁으로 일치되어야 한다. 우리 조선부녀가 봉건적 노예제도의 속박에서 벗어나고 식민지적 박해에서 벗어나 진정하게 해방되기 위해서는 일본제국주의가 타도되어야 하고 조선의 혁명이 정치·경제·사회 각 방면에서 진정한 자유평등의 혁명이 되어야 우리 부녀들의 철저한 해방이 가능하다.

이어 "전 조선부녀는 총단결하자, 민족혁명전선에 무장 참가하자, 남녀차별을 철폐하자, 각국 부녀해방운동과 연결하자"를 구호로 공표하였다.[17] 남경조선부녀회의 선언과 구호는 국내활동에서부터 줄곧 조선의 여성문제와 여성운동을 몸소 실천하고 그 경험을 기초로 해결방향을 모색하였던 박차정의 여성운동론, 민족운동론과 맥을 같이 하는 것이며 나아가 세계 각국의 여성운동과의 연대 구축으로 한 단계 발전된 운동론이었다.

1937년 중일전쟁 발발 이후 일치항일의 여론이 높아지고 중국국민당과 중국공산당 사이에 통일전선 형성이 구체화되면서 재중조선인들 간에도 통일전선 움직임이 재차 대두되었다. 그해 11월 민족혁명당은 조선민족해방동맹, 조선혁명자연맹과 함께 조선민족전선연맹 창립을 선언하였다. 민족전선연맹의 목적은 국내외 전 민족혁명가를 망라하는 민족통일전선결성 및 한·중 민족연합전선결성 등이었다. 즉 실천적인 조선민족협동전선을 구축하자는 것이다. 조선민족전선연맹은 1938년 4월 『조선민족전선(朝鮮民族戰線)』이라는 제명의 반월간지를 기관지로 발간하여 조직을 선전하고 중·한 양 민족의 통전건설, 무장투쟁 추진에 관한 글들을 게재하였다. 이 잡지의 발행은 유자명(柳子明), 김성숙(金星淑)이 맡았으며 대내적인 사상 강화에 그 목석을 두었다. 그 창간호에 박차정이 임철애(林哲愛)라는 필명으로 작성한 「경고 일본의 혁명대중」이라는 대일선전방송 내용이 게재되어 있다.[18] 이 필명은 그녀의 소설 '철야'의 여주인공 이름인 철애와 같고, 풀이하면 '지혜사랑'이라는 의미다. 더구나 독립운동 당시 그녀가 함께 사용한 다른 이름 중에는 임철애 외에 박철애, 임철산(林哲山) 등이 있는 것으로 보아 철학사상에 대한 애착이 숨어있는 듯하다.

이 대일선전에서 박차정은 일본의 중국 침략을 일본제국주의 군벌들과 소수 자본가 계급의 침략전쟁이라 규정하고 일본의 근로대중들도 희생과 손실을 당하고 있다고 밝힌 다음, 일본의 혁명적 대중들이 침략 저지를 위해 타도에 앞장서야 하는 당위성을 일일이 제시하고, 그들이 당당히 반대하고 저항할 것을 촉구하고 있다. 특히 동아의 화평과 공리를 파괴하는 침략자 일본제국주의는 반드시 패망할 것이니 자유해방을 위해 일본의 혁명적 대중은 분투하라고 공개적으로 강력하게 촉구하였다. 박차정의 민족혁명운동론은 물론 사회주의 혁명에 관한 이론적 지향을 가늠하게 해주는 문건이다. 그 외에 박차정은 1938년 1월 조선민족혁명당의 본부 한구(漢口, 한커우)에 남아 허정숙과 국어로 반일 단파방송 선전활동에 나섰으며 후일 한커우에서 개최된 만국부녀대회에 한국대표로 참석하기도 하였다.[19]

남경에서 활동하던 1934년, 고향에서 동생 박문하가 어머니와 동반하여 비밀리에 남경에 도착하여 잠시나마 가족 상봉의 기쁨을 누리게 되었다. 모자는 1934년 7-8월경에는 어머니의 사촌인 김두봉의 집에 들러 지내다가 8월 말경 비밀요원의 도움을 받아 박차정의 집에 인도되었다.[20] 1934년 9월 박차정은 어머니와 동생을 만나 울면서 기뻐하였다. 막내는 누님과 형님들을 만나 의열단의 업무를 도우며 지냈다. 즉 의열단의 장서를 관리하는 사서직을 맡았는데 당시 오백 권 정도밖에 안 되는 소수였지만 대다수가 세계 각국의 혁명사 종류였다고 문하가 자신의 글에서 회고하고 있다. 어느 정도 시간이 지난 후 드디어 박문하에게도 행동대의 견습생으로서 출동 명령이 내려졌다. 의열단의 행동대가 출동하기 전에 치르는 의식을 선서식이라 하는데 문하역시 선서식을 치렀으며 그는 수필 「통역정치의 폐단」에서 그 모습을 다음과 같이 묘사하고 있다.

창과 방패를 좌우로 세우고 양두(羊頭)를 베어 얹고 밑에서 불을 피운다. 행동대원들은 그 앞에서 오른쪽 손을 들고 "우리는 조국광복을 위하여 생명을 바쳐서 임무를 다 하겠다"는 맹세를 한 뒤에 양고기와 술을 마셨다. 의열단이란 의(義)자의 위쪽이 양(羊)자요, 아래쪽 아(我)자는 창과 방패의 합자요. 그 밑에서 불을 피우는 것은 열(烈)자를 뜻함이니 이 의식은 글자 그대로 의열을 상징한 것이었다.

해방 이후 의사직에 종사하면서 수필가로 활동한 박문하가 발표한 수필집에 실렸던 생생한 의열단의 선서식은 나이 14-15세 남학생이 직접 경험한 그대로였을 것이라 생각된다. 선서식까지 행한 행동대원들은 상해의 모처에 출동했다가 일본 밀정의 함정에 빠져 일경에 피체되었다. 이때 함께한 대원인 김시현은 일경에 피체되어 5년형을 선고받았다고 술회하였다. 이때 문하 본인도 체포되었는데 상해 청도의 일본영사관 유치장과 국내 유치장을 전전하다 미성년보호송환이라는 죄명으로 국내로 이송되어 마침내 고향으로 돌아오게 되었다. 의열단 연구에 의하면 당시 의열단원 김시현과 노을룡이 배반 단원 한삭평(박준빈)을 처단하기 위해 1934년 5월에 북경거사를 도모했지만 김시현은 곧바로 체포되어 북경, 천진 일본영사관을 거쳐 나가사키로 압송되어 살인미수 혐의로 기소, 5년형을 선고받고 복역하였다고 밝히고 있다. 박문하의 기억 중 시기나 장소는 사실과 어긋나 신빙성은 떨어지지만 김시현과 관련된 사건, 나가사키형무소 등 형량에 대한 언급은 사실인 점으로 미루어 북경거사에 대한 내용을 알고 있으며 본인이 그 사건과 무엇인가 연관되어 체포되었다는 고백은 당시의 정황을 짐작해 보는 데에는 참고할 만한 대목이다.

5. 조선의용대 부녀복무단 단장으로 여성해방을 외치며

박차정은 민족혁명당이 펴내는 『조선민족전선』 등의 지면을 통한 선전활동에 주력하였다. 즉 「조선부녀와 부녀운동(朝鮮婦女和婦女運動)」이라는 글을 게재하여 한국 여성운동에 관한 자신의 견해를 피력하고 있다.[21] 이 글의 전반부는 식민지 하의 조선 여성들이 처한 생활 현상을 다각도로 분석한 내용을 다루고, 후반부는 조선 여성운동을 3.1운동 이전, 이후, 1927년 이후, 광주학생운동 이후로 나누어 각각의 특징을 고찰한 내용이다. 그 내용을 살펴보자.

박차정은 조선의 식민지 압제 하의 반(半)봉건 현상은 일본제국주의가 식민통치의 안정적인 지배를 위해 인간 자유를 억압하는 봉건유풍(遺風)이나 유제를 극력 옹호·지지하여 조선사회의 봉건성을 고수하도록 한 탓에 생겨난 식민지 조선사회의 특수성이라고 주장하였다. 이 현상은 조선 여성에게 특히 두드러져서 '현처양모', '남존여비', '칠거지악' 등 봉건사상 속박 하에서 부녀의 인격은 없으며, 또한 대가족제도의 전통, 주종관계의 존속, 농촌여성에 대한 속박 등 모두 봉건유제와 일제의 봉건유제 옹호 정책이 착종되어 이루어졌음을 파헤치고 있다. 이어 그녀는 이러한 정책은 조선민족의 해방운동과 근로대중의 이익투쟁을 왜곡 분산시켜 일제의 임의 견제 하에 두고자 의도한 방책이었음을 분명하게 간파하였다. 농촌여성뿐만 아니라 공장노동자들 중 여공의 급격한 증가 현상을 감지하고, 이는 기아 상태의 농촌에서 일인 지주와 일인이민자에게 구축당해 도시로 밀려나온 여성들이 일본자본가 공장의 공자(工資)노예를 이루었다는 의미로 해석하고 있다. 그에 따라 이들의 열악한 노동조건 착취로 인해 조선여공들의 공장폭동이나 단식동맹 등의 투쟁사례가 속출하고 있다고 강조하였다.

조선 여성운동에서는 여권운동(女權運動)은 발달하지 못한 채 식민지의 특수 환경 탓에 조선 부녀운동과 전 민족적 해방운동이 동시에 발생, 발전한다고 분석하였다. 특히 조선민족 각 계층 총동원의 대혁명 운동인 3.1운동에서는 조선 부녀가 위대한 민족해방투쟁에 영용(英勇)한 참가를 통해 비로소 민족해방투쟁의 역군으로 태어나기 시작하였다고 평가하고 있다. 즉 3.1운동을 계기로 개시된 조선부녀사상의 계몽운동은 교양운동과 조직운동이 진척되어 1925년을 전후해 조선부녀 해방운동 조직화의 선봉인 여성동우회가 탄생하였으나 이후 부녀운동도 민족운동과 사회운동의 대립 양상이 나타나기 시작함을 지적하였다. 그러나 1927년에 조선 혁명운동은 민족운동과 사회운동의 대립에서 민족통일 전선의 결성으로 진전되었으며 신간회 결성과 조선 부녀운동의 진전이 통일 조직인 근우회로 이어졌다. 하지만 광주학생 사건 발생 이후에 일본의 중국침략전쟁 단행과 파쇼체제로 탄압을 강화함에 따라 근우회도 해산되었던 일련의 과정을 분석하고 있다. 이후, 모든 사회주의적 투쟁이 지하로 잠적하였으며 중국의 전면적 항일전쟁이 시작된 지금 우리 혁명 부녀들은 중국의 항전이 중국민족 생존의 방위전이요, 동양 피압박민족 해방전쟁이며, 동시에 우리 조선 민족이 조국자유를 쟁취할 기회임을 천명하였다. 따라서 "중국 동북에 거주하는 부녀 동포는 모두 중한항일연군에 참가하여 일치단결하고, 신성 위대한 민족해방전쟁에 참여하여 조국 자유회복을 위해 투쟁하며 동아 화평을 위해 싸운다. 나아가 인류정의를 위해 싸우자."라고 민족해방운동에 동참할 것을 호소했다.

이 글은 앞서의 남경부녀회 선언에서 공언한 민족혁명투쟁의 완수는 곧 조선 여성의 해방이라는 논리와 궤를 같이 하고 있다. 즉 민족독립 없이는 여성해방은 불가능하므로 여성들은 민족독립투쟁과 여성해방운동을 동시에 수행해야 함을 거듭 강조하고 있다. 또한 민족운동 세력 간 사상대립을 극복하고 민족통일전선을 굳게 다져 항일투쟁에 나서야 함은 물론 중국 민족과 연대해 전면적 항일전쟁에 동참해야 함을 밝히고 있다. 이 길만이 우리 민족이 자유를, 독립을 되찾는 첩경임을 만천하에 경고한 그녀의 민족운동론의 특징을 읽어낼 수 있다.

한편 조선민족전선연맹은 조직 산하에 무장대를 설치하고자 계획하고 이를 실천에 옮겼다. 예컨대 1937년 중일전쟁의 발발에 기민하게 대응하기 위해서는 무엇보다도 중국 내의 한국독립운동의 전략을 새롭게 하여 민족의 일체 반일역량을 결집시켜 국외에서부터 '민족혁명전쟁'을 수행하겠다는 원대한 목표를 세웠다. 항일전의 수행을 위한 무장대가 마침내 1938년 10월 10일 한·중연합전선의 형식을 빌어 군사조직 조선의용대로 출범하였다. 이는 중국 관내의 한인군사조직으로는 최초로 결성된 것이라는 데에 그 역사적 의의가 자못 크다. 조선의용대는 불과 백여 명의 적은 인원으로 출발하여 최성기 때에도 삼백 명대 수준에 불과한 약소한 규모였지만 대원들의 지적(知的), 언어적, 군사적 소양과 능력, 더하여 항일투쟁의 경력을 보면 의용대의 조직특질은 정예간부집단으로 규정되기에 충분하다. 또한 조선의용대는 민족전선연맹의 군사단체이지만 민족전선연맹에 가맹한 단체들은 진보적인 정치노선을 표방한 조직들로써 그 조직원인 당 맹원들이 본대의 구성원이었기 때문이다. 초기에는 그 활동이 주로 전선공작(戰線工作)에 의한 중국군 직접지원에 치중되었다. 이들은 중국 13개 성을 누비며 선전, 전투, 정보수집, 포로 신문 및 교도, 중국군내 정훈활동과 대민친선사업, 기관지 등 각종 선전물발간 배포, 방송실시에 의한 동포흡수, 국제적 대외선전과 반제연합전선의 주도 등 다양한 활동을 담당하였다. 창설당시의 조직은 총대부(隊大部)와 2개 구대의 편제로 구성되었다.[22]

그러던 중 1939년 하반기 중경에서 많은 인원이 광서성 계림(桂林)으로 모이면서 대본부 산하에 다시 유동선전대, 편집위원회와 함께 부녀복무단(婦女服務團)이 증설되었다. 1939년 10월경 광서성 계림(桂林)에서 성립된 부녀복무단은 박차정이 이끌었으며 일부 대원은 원래 의용대에서 복무한 여성이었고 일부는 '포로'출신 중에서 선발된 여성으로 구성되었는데 모두 22명이 함께 활동하였다. 동단은 신입대원에게는 중국어, 조선역사, 일반상식을 교육하는 임무를 맡겼다.[23] 이때 박차정은 의용대원들에게 인간적으로도 매우 친절하게 대하였으며 자신의 몸을 아끼지 않고 항일투쟁에 앞장섰다. 부녀복무단은 전선의 의용대원들을 방문하여 물품과 가족들의 소식을 전하며 대원들의 사기를 진작시켰다. 또한 전단, 표어 팜플릿 등을 살포하는 선무활동도 도맡았다. 이외에 최동선(崔東善)을 단장으로 하는 3.1소년단이 있었다. 박차정은 항상 전투적인 자세를 견지하여 선봉에 나서려는 의지를 불태웠던 듯하다. 즉 남은 가족들에 의하면, 1939년 2월 박차정이 곤륜관 전투에 참가하여 부상당하였고 그 부상의 후유증으로 사망에 이르렀다고 전한다. 그런데 1939년 2월에 전개되었던 조선의용대의 전투는 제2구대가 참가했던 광서성(廣西省) 유주(柳州) 곤륜관 전투를 지칭하는 듯 추측되지만 그 전투에 박차정이 동참했다는 자료는 확인할 수 없으며 부녀복무단장이었던 그녀가 전투에 직접 참가했을 가능성은 희박해 보인다.[24] 다만 그 전투에 전투원이 아닌, 전투자원이나 선전활동 지원을 위해 가담했을 가능성을 열어둘 필요는 있다.[25] 어쨌든 투쟁적이고 전투적 성향이 강한 박차정도 병세가 악화되자 직접 활동에 동참할 수 없게 되었다.

1940년 3월 김원봉이 이끄는 조선의용대 본부가 민족주의운동 세력의 본거지인 중경(重京)으로 이동하였는데 이때 박차정도 함께 움직였다. 이후 조선의용대는 간부들의 결의에 따라 1941년 봄부터 여름에 걸쳐 네 개의 그룹으로 나뉘어 황하(黃河)를 건너 화북(華北)으로 진출하였다. 화북으로 진출한 조선의용대는 태항산맥 일대의 중국공산당 팔로군 구역에 정착해 그들과 제휴하여 항일투쟁전선을 구축하며 활동하였다. 하지만 김원봉의 화북행이 이루어지지 않아 조선의용대 주부대와 결별하게 되었다. 중경에서 의용대 일부만을 휘하에 둔 민족혁명당의 김원봉은 1941년 12월에 임정 참여를 당의 확고한 노선으로 정하고 임정 개조 투쟁에 참여하였으니 대한민국 임시정부는 명목상 좌·우파의 연합정권으로서의 위상을 갖추게 되었던 것이다. 이어 1944년 5월에 김원봉은 임정의 군사를 통괄하는 군무부장에 취임하였다. 중경으로 옮겨 온 이래 박차정과 김원봉은 남안에서 살았는데, 박차정은 김원봉이 임정의 군무부장에 취임했던 즈음인 1944년 5월 27일에 세상을 떠났다. 당시 박차정의 사망 소식을 들은 중국의 이종인 장군과 조소앙 선생이 중국신문에 각각 추도문을 실어 그녀의 항일투쟁 의지를 기렸다.

6. 주검이 되어 그리운 조국의 품으로

열다섯 살 어린 나이로 민족운동전선에 몸담은 이래 민족해방, 여성해방을 위해 항일투쟁에 젊음을 다 바쳐 불꽃 같이 살았던 박차정은 불과 해방을 1년 남긴 1944년 35세로 눈을 감았다. 꿈에도 잊지 못한 해방된 조국의 모습을 보지 못한 채 박차정의 유해는 중경에 안치되었다가 해방 후 김원봉이 부인의 유해를 가슴에 품고 환국하여 마침내 시댁인 밀양 감천동 선산에 안장되었다. 1930년 조국을 떠난 후 15년 만에 주검이 되어서야 그리운 땅에 편히 잠들 수 있었다. 이때 김원봉은 부인이 죽은 후 간직했던 '핏덩이가 말라붙은 속적삼'을 친동생인 박문하에게 전하였다고 한다. 박차정의 항일역정은 비록 짧은 20여 년의 생이지만 그녀의 주장대로 온몸으로 신성위대한 민족해방전쟁에 참가해 조국자유회복과 동아화평, 그리고 인류정의를 위해 투쟁한 조선 여인들의 전투적인 삶의 표상이었다.

이미 살핀 바대로 박차정의 민족운동은 조국자유회복을 위한 투쟁이며 인류정의를 위한 투쟁이며 궁극적으로는 조선부녀해방을 위한 길이었음을 분명히 하고 있다. 그는 식민지 조선이 처한 특수성으로 인해 여성운동도 다른 나라와 달리 민족해방투쟁과 동시에 진전되어야 함을 주장하고 있다. 그러므로 그녀는 남성들과 동일한 처지에서 민족운동에 헌신하고자 부단히 노력하였으며 자신의 견해를 실천함에도 게을리 하지 않았다. 조선의용대 활동에서나 민족전선연맹원으로 대일 선전공작에도 최선을 다했던 면모가 그 점을 말해준다.

박차정의 짧은 삶의 여정을 되짚어 보며, 남보다, 공동체보다, 나라보다는 나나 가족을 우선시하는 작금의 우리 모습과 견주어 죽음 앞에 그려질 우리의 자화상을 그녀의 항일역정에서 찾아보는 계기로 삼기를 희망해 본다.

정부는 민족운동에 헌신한 박차정의 공적을 기리기 위해 광복 50주년인 1995년 건국훈장 독립장에 추서하였다. 그해 11월 발족한 박차정의사숭모회는 이후 2001년 3월 부산 금정구에 박차정의 동상을 건립하고 2005년 7월 부산시 동래구 현, 동래고등학교 맞은편에 생가를 복원하는 등 추모사업을 추진하고 있다.

| 주 |

1 김두봉은 해방 후 북한에서 최고인민회의 상무위원장 등을 지냈지만 1958년 3월 김일성에 의해 숙청당하고 말았다. 김두전은 해방이후 우익진영인 한국민주당 조직부장, 남조선 과도입법위원의 관선의원, 1948년 5·10총선거 때 초대 국회부의장을 지냈으나 한국전쟁 당시 피랍되었다. 이후 재북평화통일촉진협의회 상무위원겸 집행위원을 지내다가 1959년 숙청되었다.

2 강대민, 「박차정의 생애와 민족해방운동」, 『文化傳統論叢』 제4집, 경성대학교한국학연구소.

3 『미주독립신문』 1944. 11. 29일자에 소년동맹 동래지회에 가입한 것으로 기재되어 있으나 당시 동래지역 소년단체 중 소년동맹은 자료상에 확인되지 않는다.

4 박문하, 「누님 박차정」, 『落書人生』, 아성출판사, 1972, 271쪽.

5 이균영, 『신간회연구』, 창작과 비평사, 1993, 167쪽, 392.. 朝鮮總督府警務局, 『軍官學校事件의 眞相』, 1934(한홍구, 이재화 편 『한국민족해방운동사자료총서』3, 1988 영인본)『三千里』, 1931년 1월호. 박문희는 출옥 후 고향 근처에 칩거하였다. 해방 후 민주주의독립전선결성준비위원회 간부, 민중동맹공동의장, 조선공화당에서 활약했다.

6 박태일, 「광복열사 박차정의 삶과 문학」, 『경남 부산지역문학연구 1』, 2004.

7 박용옥, 「근우회의 여성운동과 민족운동」, 『한국여성항일운동사연구』, 지식산업사, 1996 참조

8 한국여성연구회 편, 『한국여성사』, 풀빛, 1992, 149쪽.

9 이송희, 「박차정여사의 삶과 투쟁」, 『지역과 역사』 제1호, 부산경남역사연구소, 1996, 98쪽.

10 김준엽·김창순, 『한국공산주의운동사』 3권, 청계연구소, 1986(1973년 초판의 재판), 89-99쪽.

11 신영숙, 「일제시기 여성운동가의 삶과 그 특성 연구-조신성과 허정숙을 중심으로」, 『역사학보』 150집, 1996.

12 김재승, 「잊혀진 항일투사 朴文昊의 행적과 투쟁」, 『문화전통논총』 16, 경성대학교한국학연구소, 2009.

13 염인호, 『김원봉 연구』, 창작과 비평사, 1992 참조.

14 『조선일보』 1935. 8. 24일자 호외; 김영범, 『한국 근대민족운동과 의열단』, 창작과 비평사, 277-278쪽.

15 김재승, 앞의 글, 116, 131쪽.

16 1933년 10월 16일 서대문경찰서장 작성 『朝共再建同盟事件發覺에 관한 件』(앞글에서 재인용)

17 金正明 編, 『朝鮮獨立運動 2 民族主義運動篇』, 原書房, 1967, 573-574쪽.

18 박차정은 林哲愛라는 이름으로 기관지 민족전선의 창간호에 방송원고를 중국어로 번역하여 게재하였다. 독립기념관 한국독립운동사연구소, 『한국독립운동사 자료총서 2』, 160-162쪽.

19 李初生 신문조서, 『한민족독립운동사자료집』 46권 144, 170쪽; 추헌수, 『자료한국독립운동사 2』, 258쪽.

20 金公信 청취서, 국사편찬위원회편, 『한민족독립운동사자료집』, 31권 의열투쟁 4, 1997; 박문하, 앞의 책, 229쪽, 273-274쪽.

21 『朝鮮民族戰線』, 3호.(38.5.10) 5호, 6호.,(38.6.25) 앞글, 189-190, 229-230.

22 김영범, 「조선의용대 연구」, 『한국독립운동사연구』 2집, 독립기념관 독립운동사연구소, 1988, 476-477, 512쪽, 1988.

23 염인호, 『조선의용대, 조선의용군』, 독립운동사편찬위원회, 2009, 58쪽; 김영범, 앞의 글, 484-485쪽.

24 추헌수, 『자료 한국독립운동사 3』 연세대학교 출판부, 1975, 52쪽; 김영범, 앞의 글.

25 1943년 관절염 등 병이 심해져서 사망했다고 서술하고 있다. 염인호(1992), 앞의 책, 275쪽.

13
민족혁명전선의 불꽃, 조선의용대원 이화림

| 강영심 |

이화림! TV화면 속의 그분은 아주 통쾌하게 웃으면서 말했다. "그때 윤봉길이가 도시락폭탄을 던졌는데 '쾅' 하는 소리와 함께 일본 놈들이 마치 낙엽처럼 우수수 떨어졌다." 왜소한 체격이지만 그의 말투나 표정은 확신에 차고 자신감이 넘치는 모습이었다. 구순을 훨씬 넘긴 나이에도 몸가짐에 빈틈 하나 없는, 가히 항일 전사의 전형이라 할만하다. 화면 속 그분의 말투에서 윤봉길과는 잘 아는 사이였음을 읽어낼 수 있었다. 윤봉길 의거의 쾌거를 자랑스럽게 언급하면서 그렇게 통쾌히 웃었던 그 모습이 너무나 강렬한 인상으로 남아 이화림이라는 인물에 관심을 갖게 되었다.

이화림은 1930년 스물다섯 나이에 중국으로 망명해 윤봉길과 같은 한인애국단의 핵심 단원이 되어 활동한 이후 조선민족혁명당, 조선의용대에서 활동하였으며 1940년대에는 화북의 태항산에서 조선의용군 부녀대 대장으로 중국공산당과 연계해 투쟁했던 진정한 항일 여전사였다. 한국민족운동역사상 중국공산당과 연계하여 항일 민족독립운동전선에서 활동했던 민족운동가는 결코 적지 않지만 우리에게 알려지고 연구된 인물은 그리 많지 않다. 더구나 여성의 경우는 거의 알려지지 않은 채 역사에서 사라져 간 인물이 많은 것이 안타까운 현실이다. 이화림 역시 되살려 내야 할 여성민족운동가 중의 하나다.

이 같은 양상은 우리의 현실이 이념상의 문제에서 자유롭지 못한 탓에 좌우를 불문하고 역사적 진실을 올바르게 밝혀내는 연구가 제자리를 찾지 못하는 실상의 반영에 다름 아니다. 그러므로 늦은 감이 있지만 이제라도 민족해방을 위해 자기 자신을 돌보지 않았으나 그 사실조차 잊혀진 항일민족운동가들에 대한 발굴과 그에 대한 역사적 재평가에 박차를 가해야 할 것이다. 이 같은 문제의식을 가지고 미진한 여성민족운동가에 대한 연구의 일환으로 이화림의 항일투쟁에 대해 정리해 보고자 한다.[1]

1. 조선공산당원이 되어

이화림은 1905년 1월 6일 평양에서 태어났다. 본명은 이춘실이다. 그녀가 태어날 무렵은 러시아와 일본이 만주와 한반도의 주도권쟁탈전을 벌인 러일전이 막바지로 치닫던 때로 양국이 봉천과 여순에서 치열하게 전투를 벌이고 있던 혼란스러운 시절이었다. 더구나 러일전 승리의 여세를 몰아 일본이 조선을 준식민지화한 을사조약을 강제로 조인케 한 역사적인 해이기도 했다.

이화림이 태어난 평양은 관서지방의 중심지로 일찍부터 서구 사상이 유입되었고, 선교사의 선교활동에 힘입어 개신교도 전파되어 많은 기독교 교육기관이 설립되었다. 또한 근대화의 경향을 강하게 지녔던 자립적 중산층들이 이를 수용하여 당시 조선 내의 봉건적 모순을 제거하고 근대화운동에 적극적인 지역적 특성을 띤 곳이었다. 그 어느 지역보다 선구적으로 자강운동에 앞장섰으며 근대 국민국가로의 탈바꿈을 위한 다양한 계몽운동을 주도했던 '민족운동의 산실'이라 할 수 있는 곳이 바로 평양이었다. 즉 안창호 등의 주도에 의해 교육운동과 식산흥업운동의 두 축으로 전개된 운동은 '실력양성'이라는 과제를 민족운동의 중심적인 것으로 부각시켰다. 또한 '동방의 예루살렘'이라고 할 정도로 기독교 세력이 왕성한 것도 평양의 지역적 특징으로 지적된다.[2] 이화림은 이처럼 근대 민족운동의 본산 격인 평양의 민족적 전통 속에서 성장하였다. 물론 그가 기독교를 받아들였던 것은 아닌 듯하다. 사실 평양, 서북지역 민족운동가 출신들 중 다수가 기독교이거나 기독교를 잠시라도 수용했던 인사가 많았던 것과는 다른 모습이다.

그럼에도 이화림은 미국인 선교사가 운영하는 유치원 교원학교에서 수학하였다. 학창시절 이화림은 평양의 고등학교 학생들이 조직한 역사문학연구회에 가입하였는데 이 연구회에서 사회주의 사상을 수용할 기회를 얻었고 사상의 심화학습을 거친 후 1927년 드디어 조선공산당에 가입하게 되었다. 다만, 어떤 경로로 그가 사상단체와 연결되었는지 확인할 수 없지만 그 활동 중 공산주의 원리와 러시아사회주의 10월 혁명의 경험을 토대로 조선 문제에 관한 이론적 토론이나 논쟁도 하면서 사상계몽 교육을 받았다고 한다. 짐작해 볼 수 있는 점은 오빠 둘이 모두 중국에서 한국독립군사관학교를 졸업하고 독립군으로 활동했다는 배경이다. 예컨대 민족 독립을 위해 자신보다는 민족을 우선시하는 오빠들의 헌신적인 삶이 동생에게도 영향을 끼친 것으로 짐작해 볼 수 있다. 물론 그들의 사상적인 경향을 가늠하기 어렵지만 적어도 당대를 보는 시대인식은 동생의 삶의 방향을 지시하는 푯대가 되었을 것이다. 역사문학연구회에서의 사상학습은 공산주의 사상을 체계적으로 수용하여 이론적으로 무장하는 정도의 수준 높은 단계는 아니었다. 이를테면 훗날 당시를 기억해낸 이화림이 급진적인 민주주의 사상과 민족주의 사상의 테두리를 벗어나지 못한 "반거들충이 공산주의자' 수준에 머무르게 했다고 부정적인 평가를 고백한 바가 있다. 그러나 당시의 기억 속에서 공산주의 및 그 사상에 대한 신념만은 확고했음을 강조하고 있어 이화림의 평생이 자신의 신념에 충실하도록 무장된 것이 바로 이시기였음을 엿볼 수 있다.[3]

어쨌든 연구회 참가를 계기로 1927년에 역사문학연구회의 일원이었던 염 씨 성을 가진 조선공산당원의 보증으로 조선공산당에 가입할 수 있었다. 이름을 밝히지 않아 정확한 인물을 파악할 수 없지만 동시기 평양지역에서 활동하였던 조선 공산주의자로는 염영화(廉永華)라는 인물이 있다. 다만 조선공산당이라기보다는 이영일파가 별도로 조직한 조선공산당 일명 춘경원당에 소속된 사람으로 파악된다. 예컨대 동당의 평양지역 활동 인사로 평양경찰서에 검거된 사람 중에 염영화란 인물이 있는데 그는 서원준, 김가진 등과 평양야체이카에 가입하여 활동하였고 그의 임무가 조직 확대였다고 한 사실 등으로 미루어 염 씨 성의 인물과 동일인으로 추측해 봄직하다.[4]

입당 후 이화림은 조직의 파견 결정에 따라 성진·안주 등지에서의 학생운동과 기독교 신자를 대상으로 조직 확대를 위한 활동에 나섰다. 이러한 활동은 비밀리에 진행해야 하므로 일본 경찰과 밀정들의 감시를 피하기 위해 기독교 신자로 혹은 일반 행인으로 가장하곤 했다. 그런데 이화림은 당시의 조직 활동에서 가장 참기 어려운 부분은 공산당 내부의 세력 간 갈등 문제였다고 토로하였다. 실제로 평양지역 뿐 아니라 서울을 중심으로 하는 민족운동에서 사회주의 세력 내부의 노선이나 세력 간의 갈등이 컸다는 건 주지의 사실이다. 당시 조선의 공산주의 세력 내부에는 세력 갈등이 빈번해 이화림도 이에 대한 우려의 목소리를 내며 반성과 갈등 해소를 간절히 바라곤 했다. 게다가 일제 당국의 사회주의자 및 조선공산당에 대한 무자비한 탄압을 피해 당 조직이 지하로 잠적해 버렸다. 이화림은 지속적인 활동을 위해 이후 당 조직과 연결을 시도했으나 뜻을 이루지 못하였다. 실망감에 잠시 집에서 기회를 엿보던 이화림은 중국으로 망명하여 민족운동에 투신하려는 뜻을 굳혔다. 앞서 중국으로 망명해서 독립군 부대원으로 활약하고 있는 오빠가 있었으므로 그들을 찾아가 동참할 요량이었다. 그녀의 어머니는 두 아들을 민족역군으로 키운 어머니답게 딸의 중국행을 격려하며 큰 힘이 되어 주었다.

2. 망명초기 한인애국단의 일원으로

이화림이 국경을 넘어 안동에 다다른 시기는 1930년 3월로 스물다섯 살 되던 해였다. 그는 다시 안동을 떠나 심양을 거쳐 천진 가는 기차를 타고 대한민국임시정부가 수립된 상해에 도착하였다. 이화림은 상해를 본 첫인상을 "동방과 서방의 축도였다"고 표현했다. 예컨대 번화한 거리에 우중충 높이 솟은 고층건물, 빈민굴에 게딱지처럼 올망졸망 둘러앉은 판잣집, 채찍을 휘두르는 감독과 무거운 짐짝을 힘겹게 나르는 "쿠리"들, "중국인과 개는 못 들어온다"라는 팻말이 걸린 조계지, 깡패와 청홍방들이 날치는 화계, 고급호텔에서 흘러나오는 음탕한 노랫소리, 자지러진 웃음소리와 거리에 쓰러진 거지들의 신음소리···. 실로 판이한 두 세계가 황포강 양안에 펼쳐져 있었다고 한다. 이화림은 자신의 눈앞에 펼쳐진 정경에 무척 가슴이 쓰리고 괴로워하면서 반문해 보았다. 왜 우리는 아니, 동방의 약소민족은 제국주의 열강들의 유린을 고스란히 받아야만 하는가? 아니 우리라고 세상에 생겨날 때부터 이민족의 침략과 차별을 당할 운명을 타고난 건가? 일제의 손아귀를 벗어나 상해로 온 것이 마치 더 큰 압제 속으로 들어온 듯한 기분이 들었다고 털어놓았다. 하지만 이화림은 상해에서 지내면서 점차 중국의 조계지는 서양의 제국주의 국가들이 각자의 세력을 부식시키고 있어 한국 독립운동가들이 그들 국가 사이의 모순관계를 적절하게 활용하면 독립운동 전개가 효과적이고 유리한 경우가 많다는 사실을 깨닫게 되었다.

상해에 정착한 이화림은 사격, 무술 등을 익히며 체력을 단련하였고 한편으로 일본군 밀사들을 유인, 살해하는 등의 활약을 하였다고 전한다. 하지만 상해에서의 본격적인 활동은 김구가 이끄는 한인애국단의 핵심 단원 중 한사람으로서 이봉창, 윤봉길과 함께 한 항일투쟁이었다.[5]

이화림이 상해로 망명하여 민족운동에 투신할 기회를 엿보고 있을 무렵, 일제는 1931년 7월 한국과 중국인민들 간의 협조적 유대를 이간시키려고 이른바 '만보산 사건'을 조작해 중국인들 사이에 한국인에 대한 증오와 적대행동을 만연시켰다. 나아가 일제는 1931년 9·18 만주 침략을 감행한 후 만주를 직접 지배하며 괴뢰정권 '만주국'을 세워 만주 일대를 세력권에 포함시키는 등 한국 독립운동 상에 불리한 여건이 조성되어 갔던 시기였다. 상해의 대한민국임시정부는 이 난국을 타개하기 위해 1931년 11월 임시정부가 특무대 조직과 특공작전을 통한 독립운동 활성화를 결의함에 따라 김구가 한인애국단을 창립하고 특공작전과 의열투쟁을 감행하여 난국타개를 도모케 되었다.[6]

1931년 늦가을 어느 날 이화림은 의열투쟁에서 자신의 역할을 찾겠다는 뜻을 품고 김구를 잘 아는 지인이 써준 쪽지편지를 지니고 김구를 찾아갔다. 그렇지만 예상과 달리 김구는 아녀자라고 꺼려서인지 혹시나 이화림의 참뜻을 의심해서인지 순순히 응낙하지 않았다. 그러나 이화림이 끝까지 간청하자 여성으로선 감당키 어려운 일이라고 염려하면서도 생각해보자며 반승낙하였다. 어렵게 한인애국단의 일원이 된 이화림은 이름도 이동해라고 고쳤다.[7]

이화림은 일평생 투철한 공산주의자로 소신 있게 활동하였지만 기본적으로는 소모적인 이념논쟁을 강력 비판하고 항일투쟁 상의 분열을 비난하면서 통일전선적 투쟁을 강조하는 입장이었다. 이러한 투쟁의식을 바탕에 둔 이화림은 비록 자신의 사상과 입장이 다르더라도 항일폭력투쟁을 중시하는 김구의 방략을 존중해 그가 주도하는 투쟁단체에 가입한 것으로 추측된다. 즉 이화림은 김구의 비밀조직인 한인애국단 역시 일제침략자의 괴수를 암살하고 군경기관을 폭파하는 의열투쟁단체인 의열단과 동일한 투쟁방략을 구사하는 결사로 인식하고 본인이 공산주의자임을 밝히지 않고 가입했던 것이다.

당시 중국에서 독립운동에 몸담고 있던 많은 사람들은 경제적으로 어려운 실정이라 스스로의 경제활동을 통해 생계는 물론 독립운동 자금도 조달해야하는 형편이었다. 이화림도 예외일 수 없으니 수를 놓아 팔거나 야채장사나 삯빨래를 하며 생계를 유지하는 한편 푼돈을 모아 활동경비로 썼다. 이러한 실정이니 그녀 역시 한 푼이라도 아끼려다 목숨을 잃을 뻔한 적도 있었다. 실제로 당시 동전 한 닢이면 끓인 물 한 주전자를 사 먹을 수 있었지만 그 돈마저 아끼느라 냉수를 마시다가 결국 임파종대증에 걸렸다. 의사가 냉수 때문이라고 하면서 수술을 권하자 이화림은 "신체가 혁명의 밑천인데 … "라고 하면서 돈을 빌려 수술할 수밖에 없었으며 이후로는 옷을 전당잡혀 끓인 물을 사 마시곤 하였다고 술회하였다.

한인애국단 활동 중 최초의 거사는 1932년 1월 8일 이봉창의 동경 사구라다투탄 의거였다. 애국단원인 이봉창 의사가 동경 사구라다문(櫻田門) 앞에서 일본 천황 히로히토에게 폭탄을 투척한 의열투쟁이다. 불행하게도 폭탄이 불발탄이어서 성공하지 못하였지만 일제침략자에게 경종을 울릴만한 대사건이었다. 이 거사를 준비하는 과정에서 의거에 사용할 폭탄을 무사히 운반하는 데 한몫 하였던 것이다. 상해에서 거사 준비에 착수한 이봉창이 거사용 폭탄을 어디에 숨기면 좋을까 몰두하다 고안해 낸 방법이 바로 다리 사이에 차는 훈도시를 만들자는 것이었는데, 이를 직접 만들어 준 이가 이화림 자신이었다고 한다. 일본 천황 투탄 의거를 준비하는 이봉창을 돕던 이화림은 그의 모습을

이렇게 기억하고 있었다.[8]

적동색 얼굴빛, 짙은 눈섶 아래의 정기 넘치는 두 눈, 툭 삐여져 나온 높은
관골, 우뚝한 코마루, 갸름하면서도 선이 굵은 얼굴생김새는 퍽이나 패기 있
고 담찬 인상을 주었다. … 일본말을 유창하게 하고 체격이나 용모가 사나이
다운 … 하지만 그 모습도 거사를 위해 김구 앞에서 선서를 끝내고 일본으로
떠난 후 다시는 볼 수 없게 되었다. 거사 며칠 후 중국신문에 「한인(韓人) 이
봉창 일황을 요격다 불행히 명중 못했음」이라는 제목 아래 이봉창 의사의 의
거를 보도한 글을 보고 그의 장렬한 죽음을 생각하며 눈물 흘렸다.

1932년 1월 28일 일제가 무력으로 상해사변을 도발하자 한인애국
단은 상해 부두를 통해 들어오는 일본침략군의 무기탄약고와 비행기
격납고를 파괴할 계획을 세웠다. 이를 위해 목표물의 정찰 임무를 이
화림과 윤봉길에게 맡겼다. 이때 함께 정찰 다녔던 윤봉길에 대한 이
화림의 기억에 의하면 이봉창과는 달리 얼굴이 희멀쑥하고 둥그스름
하게 생긴 보통 용모의 젊은이였고 역시 일본말을 유창하게 하면서 일
본식 마우리를 걸치고 게다짝을 끌고 다니는데 남새장사를 할 때면 일
본사람들도 그가 조선인인 줄을 몰라보았다고 전하고 있다. 한인애국
단의 무기고 폭파계획은 일본인 군중 속에 노동자로 출입하여 무기고
를 태워버리려 했지만 안타깝게도 장개석이 일본침략자들과 정전협정
을 체결하는 바람에 수포로 돌아가고 말았다.[9]

그러나 그해 4월 29일 일제가 중국본토침략의 승리를 기념하기 위
해 상해 홍커우 공원(虹口公園)에서 천장절(天長節) 축하행사를 거행한다는

소식을 전해 들은 한인애국단은 요인폭탄투척의거로 계획을 변경하였다. 윤봉길은 기꺼이 그 임무를 본인이 수행하고자 희망했고, 마침내 4월 29일 홍커우 공원에서 폭탄을 던져 일본 시라카와(白川義則) 군사령관, 우에다(植田謙吉) 육군대장, 노무라(野村吉三郎) 해군중장, 시게미쓰(重光葵) 공사 등 일곱 명에 대한 폭탄 투척 의거를 성공시켰다. 이 역사적 의거는 그야말로 침체되고 어려움에 처해있던 중국 내 한국 독립운동에 새 장을 여는 쾌거였으며 이후 한국민족운동을 부활시키고 활성화시키는 결정적 전기를 마련했다.[10] 이화림은 당시의 일을 기억하며 다음과 같이 말하였다.

"윤봉길은 임무를 맡은 후 홍구 공원에 가서 대회장을 꾸리는 것까지 정찰하였다. 그리고 일본침략군의 괴수 시라가와의 사진을 얻어다가 그놈의 얼굴 모습까지 기억해 두었다. 그리고 홍구 공원 폭발사건이 일어난 이튿날 김구 선생은 이번 사건은 자기가 직접 지휘한 것으로서 중국인들과는 아무런 관계가 없다는 성명을 신문을 통해 발표했으며 온 상해가 조선인들의 대담하고 용감한 의거에 경탄을 금치 못했다. 반일 정서를 가진 중국인들은 나를 보면 통쾌한 표정을 짓고 엄지손가락을 내흔들었다. 나는 그때마다 한가슴 부풀어 오르는 민족적 긍지감을 느꼈다."

3. 혁명대열에 우뚝 서기 위해 중산대학으로

몇 차례의 거사를 함께 감행했던 이화림은 공산주의에 대한 김구의 비판적인 입장과 민족운동 방식이 자신의 방략과 차이가 있다는 느

낌이 점차 뚜렷해졌고, 또한 개별적인 테러로는 한국혁명과 국제혁명의 과업을 완수할 수 없다는 생각이 확고해졌다. 이화림은 당시 광동성의 광주에 한국혁명가들이 많이 활동하고 있다는 사실을 확인하고 자신 역시 조선혁명이론이나 방법 등을 학습해 혁명적 역량을 다져야 한다는 계획을 세워 광주행을 결심하였다. 이화림은 1932년 초여름 김구를 찾아가 광주에 가서 배움의 길을 찾겠노라는 뜻을 밝히고 작별인사를 하였다.

그 해 늦가을 마침내 기대에 부풀어 광주를 향해 떠났다. "광주에 가면 의학공부를 하게. 혁명가들이 의사 직업을 얻으면 경제상에서 자립하고 또 조직을 도울 수도 있네. 그리고 이런 세월에 혁명가 신분을 위장하는 데 좋은 점이 있네."라는 충고와 함께 중산대학에 입학할 수 있도록 소개장을 준 김구에 대한 감사의 마음을 가슴에 새기면서 길을 재촉하였다.

광주에 도착한 이화림은 중산대학 법률학부에 입학하였다. 이 학교는 중국혁명 대부 손문이 광동 혁명근거지를 창설할 때 국민혁명의 인재양성을 위해 창설한 대학인데 중산대학으로 개명한 것이다. 당시 중산대학에는 이화림의 지적처럼 자산계급민족주의, 마르크스주의, 무정부주의 옹호자 등 다양한 이념의 한국학생 30여명이 수학하고 있었다. 이렇게 다수의 한국학생들이 수학할 수 있었던 것은 한국인들의 독립운동을 지지하는 중국지사들이 있었기 때문이었다고 한다. 이화림은 중산대학시절 김창화(진광화의 이명), 노민, 이정호, 이동호 등과 친분을 맺으며 학업에 열중하였는데 이들이 항일투쟁조직으로 결성한 것이 용진학회였다.[11] 이들과 함께 일제의 침략죄행을 성토하는 한편 혁명이론을 학습할 수 있었다. 학우들 중 특히 자신과 동향인 진광화와 각별한 사이였다. 평양태생이라는 점도 있었지만 그의 솔직함과 다정다감한 인품에 마음이 끌렸다고 한다. 이화림보다 여섯 살 아래인 진광화는 이화림을 '누님', '아지미'라 부르기도 하면서 농담도 곧잘 했다. 그는 또한 이화림의 사상적 무장을 독려하며 『자본론』, 『레닌주의기초』 등 마르크스, 레닌의 노작들을 빌려주었고 학문적 토론도 나누면서 혁명동지적 우의도 다졌던 것이다.

물론 의학공부도 병행하고자 요중개농업학교에 적을 둔 한국인 선생의 도움으로 중산대학 의학원 부속병원의 견습 간호원이 되어 의학공부도 본격적으로 할 수 있었다. 중산대학에서 3년간 법률공부도 하고 의학적인 소양도 쌓아 나가면서 학문적 기초를 다져가는 것은 물론 단체나 사상적으로 일치된 학우들과의 인적, 정신적 교류를 통해 혁명투쟁을 위한 이론적 소양과 전략적인 기초를 확립하여 혁명동지적 유대도 굳건히 다져나갔다.

4. 민족혁명당 입당과 조선의용대 대원이 되어

이화림은 1935년 늦가을 의열단의 윤세주(尹世胄)를 만났다. 당시 윤세주는 1935년 7월 중국에서 활동 중인 조선민족혁명당(朝鮮民族革命黨)의 조직확대사업을 위해 광주에 들른 것이었다. 조선민족혁명당은 1932년 말부터 한국독립운동 내에서는 다양한 세력 간의 통일전선 구축을 위한 통합운동의 결실로 창립된 조직이었다. 세력통합 과정의 진통을 거쳐 마침내 1935년 7월 의열단, 한국독립당, 신한독립당, 조선혁명당, 대한독립당을 중심으로 한 통일전선이 결실을 맺어 남경에서 조선민족혁명당을 출범시켰던 것이다. 이들은 강력하고 광범위한 통일전선 조직을 구축하여 민족독립운동의 대단결을 목표로 하는 민족주체, 민중중심운동론에 터한 강령을 발표하였는데 1)구적(仇敵) 일본의 침략세력을 박멸함으로써 우리 민족의 자주독립을 완성한다. 2)봉건세력 및 일체의 반혁명 세력을 숙청함으로써 민주집권제의 정권을 수립한다 등이 주요내용이다. 즉 삼균주의(三均主義)를 표방하고 민주공화국 수립, 토지 국유화, 대규모 생산기관의 국유화, 민주적 권리의 보장 등 좌·우를 아우르는 독립운동의 방향을 밝힌 것이다. 또한, 군사공작, 당원훈련, 정보수집, 자금조달 등의 활동을 수행하면서 기관지『민족혁명(民族革命)』을 간행하였다. 동당의 당원인 윤세주는 광주의 선진한 국청년들을 향해 신설 당의 강령을 해설하고 일제침략자들과 싸우려는 한국청년들이라면 이 당에 가입해야 한다고 선전하였다. 이화림은 일찍부터 숭배하던 윤세주를 만난 데다가 통합신당 출범에 대한 소식에 기쁘기 한량없었다. 늘 안타깝게만 여기던 분열을 넘어서는 한국민족의 희망을 엿보며 커다란 역사적 진보라고 생각하자 가슴에서 혁명 열정이 또다시 끓어오르는 것을 느끼며 당장 입당을 신청하였다. 사실 이화림뿐 아니라 광동 지역의 한국인들은 민족혁명당이 결성되자 대다수가 당 광동지부에 가입하였다고 한다.

1936년 1월 조선민족혁명당 본부에서 입당을 비준하였다는 통지를 받고 마음이 들뜬 이화림은 민족혁명당본부가 있는 남경으로 갔다. 회고담에서는 "조선민족혁명당에는 군사국, 조직국, 선전국, 부녀국 등 기구가 있었다. … 김원봉(진국빈)은 나를 부녀국에 배치하고 부녀대 부대장사업을 맡기면서 주로 의료보건사업을 책임지게 했다"고 전하고 있다.[12] 또한 부녀국 국장겸 부녀대 대장은 김원봉의 부인 박차정(임철애)이었으며 그외 부녀국에 최창익의 애인 허정숙도 있었다.[13] 이화림은 다른 여성지도자들과 함께 부녀조직의 일원으로 활동했다. 부녀대의 임무는 항일선전선동사업을 하며 한국인 여성들을 조직·지도하며 중국 여성들과의 연합통일전선을 결성하는 것 등이었다.

그러던 중 1937년 7월 일제는 군대를 이끌고 노구교습격을 도발하여 북경, 천진을 점령하고 점령지를 중국내부로 확대해 나갔다. 상황이 급박해지자 장개석과 국민당은 일치항일 여론의 압력에 밀려 중국공산당과 제2차 국공합작을 결정하였다. 이러한 통일전선 분위기에 힘입어 1937년 말 민족혁명당도 세력 간의 갈등으로 와해된 통일전선을 재구축하려는 시도로 조선민족해방운동자동맹, 조선혁명자연맹, 조선청년전위동맹과 연합하여 좌파연합체인 조선민족전선연맹을 결성하였다. 그런데 일본군이 남경을 향해 진군하자, 조선민족혁명당 본부는 당원 및 가족들의 희생을 피하기 위해 노인, 병약자, 여성과 아동들을 중경으로 철퇴시키기로 결정했다. 이화림도 백여 명 대오를 따라 한구를 거쳐 중경으로 갔다. 쌀쌀한 겨울 날씨에 홑옷만 입고 진눈깨비 깔린 진창길을 걷는 여정은 그야말로 고생길이었다.[14] 이화림 일행은 중경으로 오는 도중 일제가 저지른 남경대학살의 무자비한 만행을 듣고는 일제침략자들에 대한 증오심으로 치를 떨면서 복수의 항전을 다짐하였다.

1938년 봄 이화림은 거의 반년에 걸친 간고한 행군을 거쳐 중경에 이르렀다. 국민당정부에서 가룽강 너머 큰 과수원이 자리 잡은 곳에 거처를 마련해 주었으며 이화림은 이곳에서 매일 병자들을 돌보느라 분주한 나날을 보내고 있었다. 중경에서 고생스러운 생활 중에 날아온 낭보는 다름 아닌 1938년 10월 10일 무한에서 조선의용대가 창건되었다는 소식이었다. 게다가 조선의용대가 창건되던 날 중국공산당의 중심인물인 주은래는 동방피압박민족의 해방투쟁에 관한 연설을, 곽말약은 축하의 시를 낭송하며 조선의용대 창건을 축하해 주었다. 아울러 국민당에서도 축하사절을 파견했다는 전언도 있었다. 이 소식을 들은 이화림은 감격에 겨워 마치 조국독립이 지척인 듯 기뻐 눈물을 흘렸다. 진정 중국공산당과 국민혁명군에서 우리 혁명가들을 열정적으로 지지해 주고 있음을 확인한 동시에 우리도 자신의 군대가 생겼다는 기쁨으로 감격히였던 것이다.

사실 조선의용대는 좌파연합인 조선민족전선연맹 산하의 무장대오로 중국 관내에서 최초로 결성된 한인군사조직이었다. 민족의 반일역량을 총결집하여 국외에서부터 '민족혁명전쟁'을 수행하겠다는 원대한 목표 아래 출범한 것이었다. 조선의용대의 규모는 100-300명대 수준에 불과했지만 대원들의 지적·언어적·군사적 소양과 능력 및 항일투쟁의 경력으로 볼 때 정예간부집단이라 할 만하다. 본대의 구성원 활동은 초기에는 주로 전선공작(戰線工作)에 의한 중국군직접지원에 치중되었다. 이들은 중국 13개성을 누비며 선전, 전투, 정보수집, 포로신문 및 교도, 중국군내 정훈활동과 대민친선사업, 기관지 등 각종선전물발간 배포, 방송실시에 의한 동포흡수, 국제적 대외선전과 반제연합전선의 주도 등 다양한 활동을 담당하였다.[15]

이화림은 1939년 3월 조선의용대본부의 소환령을 받고 광서성 계림(桂林, 퀘이린)으로 갔다. 장수연, 김위, 김화순 등 여성들을 포함한 40여 명이 함께였다. 조선의용대 조직구성은 시기에 따라 변천하여 초기의 총대부(대본부)와 2개구대 편제가 1940년 2월경에는 대본부와 3개지대로 개편되었다. 또한 1939년 하반기 중경에서 많은 인원이 계림으로 모이면서 대본부 산하에 다시 유동선전대, 편집위원회와 함께 부녀복무단(婦女服務團)이 증설되었다.[16] 부녀복무단은 박차정이 이끌었으며 일부 대원은 원래 의용대에서 복무한 여성이었고, 일부는 '포로' 출신 중 선발된 여성으로 구성되었는데 모두 22명이 함께 활동하였다. 이화림은 계림으로 가서 부녀대 부대장을 맡게 되었다고 한 기록으로 미루어[17] 그녀는 부녀복무단 단장 아래에서 부단장급 직무를 담당했던 것으로 추측된다. 동단은 신입대원에게는 중국어, 조선역사, 일반상식을 교육하는 임무를 맡겼다.[18] 그밖에 전선의 의용대원들을 방문하여 필요한 물품과 가족들의 소식을 전하며 대원들의 사기를 진작시켰다. 또한 전단, 표어 팜플릿 등을 살포하는 선무활동도 도맡았다. 이렇게 이화림이 속한 부녀복무단은 직접적인 군사적 소임보다는 후방에서 의용대원 지원사업에 주력하였다. 아울러 가무단을 꾸려 망국노의 설움을 반영한 극들을 엮어 공연하는 것으로써 항일선전사업을 전개하였던 것이다.

　상술한 바의 다양한 활동을 완수하면서 의용대 전 대원이 합심일치하여 항일투쟁을 하였다. 그러나 전투마다 패주하는 국민당 군대와 계속 배합작전을 하며 오늘의 후방이 내일 아침이면 전선이 되는 전황 속에서 이화림과 대원들은 국민당 구역에서 항일선전을 계속함은 자멸을 의미한다고 판단하였다. 반면에 공산당과 팔로군은 항일전선에 진출하여 적후근거지를 세우고 일제침략자들의 뒤통수를 때리는 전과를 올리고 있었으니 이런 형국에서 조선의용대 전사들이 항일하는 공산당과 팔로군과 연대해야 한다고 생각하는 것은 당연한 결과였다.

물론 조선의용대가 독자적인 무장부대가 아니라 한·중 연합전선의 형식으로 출범한 군사조직으로 국민당의 중국군에 배속된 선전대였기 때문에 그런 결과를 가져왔음을 숙지하고 있었다. 그러나 중국군의 항일전에 동참함은 어디까지나 조선민족의 해방과 독립을 위한 것이요, 일제타도에 있음에도 한인 동포들이 거의 없는 지역에서의 활동과 국민당의 소극적 항일투쟁은 대원들의 항일 열정을 만족시킬 수는 없었다. 의용대 내에서는 불만과 반성이 커져갔고 반성은 분산된 역량을 한 곳에 집중시키자는 방향으로 구체화되었다. 즉 화북(중국 북부, 베이징·톈진과 허베이성[河北省]·산시성[山西省]·내몽골 자치구를 합친 지구)으로 투쟁지를 이동하자는 제안이었다. 의용대본부의 주도세력 역시 화북진출만이 진정한 투쟁이라는 확고한 방침으로 굳어졌다.

마침내 1940년 11월 조선의용대의 확대간부회의는 진정한 항일투쟁을 위해 화북이동을 결의하였다. 이는 곧 조선의용대가 중국국민당의 통제를 벗어난다는 의미이기도 하다. 조선의용대는 당시 국민당의 각 전구 장관사령부의 지휘를 받고 있었던 만큼 국민당본부에 병력의 소재에 관한 허위보고를 올리면서 감시의 눈을 피해 북상해야 했다. 이 결정에 따라 1941년 봄 화북의 태항산 항일근거지를 향해 이동하기 시작하였다. 이보다 앞선 1940년 3월 선견대를 낙양으로 파견키로 결정하여 대장 신악, 그리고 한빈을 지도원으로 한 20명의 부대가 꾸려졌다. 이화림도 황재연, 조소경, 이정호와 더불어 이 부대에 편입되었

조선의용대 화북지대

다. 선견대로 낙양에 도착한 이화림 일행은 십여 명의 소분대를 이끌고 중조산에서 무장선전 활동에 나섰다.

무장선전 활동이란 전신무장하고 일본군 진지는 물론 항일보다는 중국공산당을 탄압하는 장개석의 중국군 진지의 앞에 은폐하여, 일본어나 한국어 구두로 하는 구호선전인 함화를 하든가, 유인물이나 기타 선전품을 진지 안에 뿌려 넣는 투쟁방법을 지칭한다. 함화나 유인물 내용은 세계반파쇼전쟁의 유리한 형세, 일제 멸망의 필연성 해설이나 투항해 온 일본군과 중국군들의 사적을 선전하는 것들이었다. 그 무렵 무한함락을 계기로 전쟁이 속전속결전에서 지구전 양상으로 전이하자 선전전의 비중이 대단히 높았던 것이다. 지구전으로 돌입한 후 중공팔로군은 일본군과의 정면충돌은 피하고 적 후방지역 내 중국인에 대한 장악력을 증대시키는 한편 일본군 와해에 주력하였는데, 그 기초적 활동이 바로 무장선전이었다. 그러므로 조선의용대의 이 같은 선전활동이 전쟁을 승리로 이끄는 결정적인 역할을 했다는 데 그 역사적 의의가 있다. 이화림은 무장선전 활동의 주 담당 대원은 아니었지만 처음으로 참가하여 전연지대에 나갔던 때를 기억하고 무척 신기했다고 회고한 바 있다.

5. 태항산에서 조선의용군 화북지대의 일원으로

1940년 봄부터 시작된 조선의용대의 화북이동은 제3지대와 제2지대가 선후하여 낙양에 도착하면서부터 본격적으로 이루어졌다. 낙양에서 2-3개월에 걸친 부대정비와 재편성 및 대원재훈련의 기간을

거쳐 1941년 봄부터 여름까지 세 그룹으로 나뉘어 태항산 항일혁명근
거지로 이동하였다. 이화림은 세 번째 그룹에 속했는데 대장은 황재
연, 지도원은 호철명이었다. 중국공산당이 파견한 길잡이의 안내로 이
동로의 안전을 보장하였는데 실제로 출발하는 날 밤 중공당 지도원 호
철명은 흰옷을 입은 사람들이 서있는 데로 따라 달리면 적의 봉쇄구역
을 벗어날 수 있다고 알려주었던 것이다. 밤중에 출발한 이화림이 속
한 의용대가 행군도중 보니 일본군의 포대우와 또치까 그리고 긴 방어
축성물들 위에는 총을 멘 검은 그림자들이 서있었다. 두려움을 무릅
쓰고 가까이 다가가 보면 흰옷을 입은 중공군 길잡이들이 대원들에게
"조선동지들, 안녕하십니까?"라고 말하고 방향을 가리켜주었다고 이
화림은 술회하고 있다. 얼마 안가서 팔로군사령부가 있는 마전에 도착
하였고, 이어 강을 건너 마침내 조선의용대 전사들이 집결해 있다는
흥복사로 갔다. 그때가 1941년 7월이었다. 중국공산당 모택동(마오쩌둥)
이 이끄는 팔로군 총사령부가 있는 태항산 동욕거리의 자그마한 광장
에서는 팔로군 주최로 조선동지환영대회가 개최되어 조선의용대의 입
성을 환영해 주었다. 또한 팔로군 총사령부의 무기를 보급해 주는 등
조선의용대에 대한 지원을 아끼지 않았다.

　중국 팔로군의 환영과 지원에 힘입은 조선의용대는 부대의 재정
비에 착수하였다. 그런데 태항산에는 한인 청년들의 조직인 화북조선
청년연합회가 활동 중이었는데, 이 연합회는 조선의용대원들이 북상
하기 이전인 1941년 1월 중국공산당에 속한 한인당원들을 중심으로
결성된 조직이었다. 1941년 7월 7일 두 조직이 통합하여 조선의용대
화북지대를 결성하였다가 1942년 7월에 조선의용군 화북지대로 개편

되었다.[19] 조선의용군은 이후 태항산 근거지에 본부를 두고 화북 각지에 지대를 두었는데 본부와 각 지대는 팔로군의 통일지휘를 받으며 활동하였다.

이화림과 조선의용대가 근거지로 삼던 태항산은 해발 2천 미터를 넘는 산들이 줄지어 있는 산악지대로 곡식이 나지 않아 먹을 것이 넉넉지 못하였다. 주식은 옥수수가루에 겨를 섞은 것이었는데 그나마 팔로군이 보급해 준 것이어서 미처 공급되지 못하면 겨만 먹어야 했다. 이후 태항산에 돌미나리가 많은 것을 보고 여성대원들이 캐서 김치도 담그고 볶아도 먹었다. 소금도 귀해 '쿠앤'이라는 돌을 가루내서 소금 대용으로 미나리김치에 넣으니 그 맛이 마치 짜장 김치인 듯하였다. 또한 미나리 말린 것과 겨를 섞어 만든 떡, 도토리가루, 도토리묵 등 식용 가능한 모든 것을 먹거리로 삼았다. 그 외에도 민들레, 세투리, 미나리와 같은 봄나물들과 갓 돋아난 수양버들 잎사귀 따위를 뜯어서 전사들의 점심음식을 준비하곤 했다. 잠자리는 강냉짚을 깔고 자는 정도로 만족해야 했다. 조짚이나 볏짚을 깔면 그야말로 상등잠자리였다고 한다. 부녀대를 이끌고 있던 이화림이 여성대원들과 나물을 캐면서 부르곤 하던 도라지타령을 개사해서 만든 곡이 바로 '미나리타령'이었다. 이 곡을 들으면, 대원의 사기도 높이고 혁명의식도 고취시키려는 이화림의 숨은 의도를 읽을 수 있다.

미나리, 미나리, 돌미나리
태항산 골짜기의 돌미나리
한 두 뿌리만 뜯어도

대바구니가 찰찰 넘치누나
에헤야 데헤야 좋구나
어여라 뜯어라 지화자자 캐어라
이것도 우리의 혁명이란다

이화림과 여성대원들은 미나리타령을 부르며 혁명전사가 된 긍지를 가슴 뿌듯이 느끼곤 했다. 그야말로 초근목피의 연명 생활에 지친 대원이라도 있을까 하는 우려에서 일상생활도 혁명처럼 하려는 의중을 담아낸 것이었다. 이렇게 육체적으로는 힘겨운 생활이었지만 태항산의 의용군전사들은 언제나 혁명 열정을 불태우며 낙천적이고 확신에 찬 정신력으로 극한상황을 이겨내고 있었다.

이화림은 태항산에서 중산대학시절 친하게 지내던 진광화와 다시 만났다. 그는 태항산에서 화북조선청년연합회의 책임자, 조선의용군 화북지대 정치위원으로 활동하고 있었다.[20] 진광화의 주선으로 이화림은 1942년 3월에 화북조선인민간부훈련반에서 무장선전공작에 종사할 간부가 갖추어야 할 소양훈련을 받게 되었다.[21] 이 훈련과정에서 이화림은 중국혁명사와 중국공산당의 항일방침 등 과목을 배웠는데 조선의용군의 정치적 소질을 높이기 위해선 맑스주의이론 학습이 필요하다는 의도에서 마련한 훈련이었다. 그런데 이화림은 훈련받던 중 일제가 태항산지구에 대한 대대적인 소탕전을 개시하자 조선의용군의 항일반격전이 치열했던 5월의 마전전투에서 진광화가 전사하였다는 가슴 무너지는 소식을 듣는다.

훈련반 수업을 마친 후 이화림은 부녀대 대장이 되어 가정부녀와 아동관련 업무를 관장하였으며 1942년 8월 이후에는 화북조선혁명청년학교를 후원하는 일도 맡게 되었다. 1943년 4,5월경에는 조선의용군 병원에서 일하였는데 그해 12월 말에 연안에서 실시되는 의용군 각지대의 군정훈련명단에 선발되어 연안으로 가게 되었다. 이듬해 1944년 4월 연안으로 이동해 화북조선독립동맹 주석 김두봉 휘하에서 자료수집 간사로 활동하였으며, 1945년 1월 혁명사업의 일환으로 의학수업을 받아야 한다는 결정에 따라 남자대원과 함께 중국의과대학에 입학하였다. 의과대학에서는 학습 이외에 생산노동은 물론 격주에 한 번씩 당지 주민들에게 (중공)당정책과 국제·국내의 시사를 해설해 주고 방역위생상식들도 선전해 주는 과업도 수행하곤 하였다. 의과대학에서 공부하고 있던 이화림은 그곳에서 1945년 8월 15일 해방을 맞이하였다. 조국해방의 기쁨을 맛보았지만 곧바로 귀국하지 못했다. 즉 조선의용군 본대에서 의학 공부를 다 마치고 귀대하라는 명령에 따라 귀국도 잠시 미루고 학업에 전념하였던 것이다. 하지만 학업을 마친 후에도 조국으로 귀환하지 못하고 말았다. 해방된 조국을 그리워하며 중국에 남은 이화림은 하얼빈에서 의사로 종사하며 지냈다. 조국의 분단으로 귀국이 미루어진 채 베이징에서 교통부, 위생부 간부 등 공직에 종사하다 은퇴하였다.

이화림, 그는 혁명이론가도 민족해방운동의 핵심인물도 아니었다. 평양의 평범한 가정에서 태어나 이름 없는 학교교육을 단기간 받았던 학력이 전부인 평양 출신의 보통사람이었다. 그러나 그 어떤 남자 못지않은 나라사랑의 마음을 민족혁명전선에서 불태운 열성적인 여성이었다. 여성임에도 불구하고 자신의 신념에 충실하고자 사상적인 무장은 물론 신체적인 단련도 게을리 하지 않고 체계적으로 준비하는 자세로 민족운동에 임했던 것이다. 당시 조선사회의 정서상 여성이라서 실천하기 어려웠을 그 어떤 장애들도 그녀에겐 문제가 되지 않았던 것이다. 이화림은 가족이나 결혼 등 개인적인 전통적 여성의 삶에 머무르지 않고 민족독립, 조선혁명을 위해 일신을 아끼지 않았던 여성투사였다.

일찍이 공산주의사상을 수용하게 된 이화림은 그 사상을 민족운동의 이념으로 확신하고 스물다섯이라는 꽃다운 나이에 중국으로 건너가 조국독립운동에 투신한 것이다. 민족독립을 위해서라면 이념적 차이를 무릅쓰고, 아니 항일이라는 대명제 하에 협력을 더 중시했던 이화림은 김구의 한인애국단에 가입해 수차의 의열투쟁을 지원하는 버팀목 역할을 자처하였다. 하지만 자신의 판단에 진정한 투쟁의 길이 아니면 과감히 버릴 줄도 아는 투철한 신념의 소유자였다. 다시금 민족혁명당의 당원으로, 조선의용대의 대원이 되어 항일전선에 앞장서면서 억압당한 민족의 해방에 최상의 사상과 방략이 무엇인가를 숙고하여 스스로의 결단으로 공산주의의 길을 택했으며 그 선택에 추호의 의심도 없이 자신을 민족해방운동전선에서 불꽃처럼 태웠던 여성민족운동가였다.

|주|

1 이글은 이화림이 직접 쓴 글은 아니지만 회고해서 구술정리한 글 「진리의 향도 따라」(『중국의 광활한 대지 우에서』, 조선의용군발자취집필조, 연변인민출판사, 1987)를 기본 자료로 하여 관련 연구 성과를 참고하여 작성하였다.

2 1925년 당시 평양인구의 10퍼센트가 기독교신도였을 정도였다고 한다. 민족운동을 전개하려는 정치적 의도에서 신도가 된 경우가 많았다고 한다.(권삼웅, 『1920년대 평양지역 민족운동연구』, 고려대석사학위논문, 1995, 5-15쪽참조)

3 이화림, 앞글, 223쪽.

4 金俊燁, 金昌順 共著, 『韓國共産主義運動史(3), 고려대학교 아세아문제연구소, 306-316쪽; 권삼웅, 앞의 글, 52쪽.

5 중국 길림성 연길시 天地문학잡지사 부총편 장지민(張志敏)의 자료참조(김학준, 『매헌 윤봉길평전』, 민음사, 1990년, 367쪽).

6 신용하, 『백범김구와 한인애국단의 활동』, 『백범김구의 사상과 독립운동』, 서울대학교출판부, 2003 참조.

7 이화림, 앞글, 214쪽. 김구 관련 자료나 한인애국단 관련 자료에서는 이화림(이동해)에 대한 사실을 확인할 수 없었다는 점에서 추후 이화림과 한인애국단과의 관련여부에 대한 세밀한 재검토가 필요하다.

8 이화림, 앞의 글.

9 김창수, 『한인애국단의 성립과 활동』, 『한국독립운동사』 2집, 1988; 이화림 앞의 글, 226쪽.

10 신용하, 『한국근대의 민족운동과 사회운동』, 문학과지성사, 2001, 396-398쪽.

11 진광화(陳光華)는 평양출신으로 1931년 중국으로 망명후 韓國留南京學生會 조직의 간부로 활동했으며 1933년 중산대학 재학시 비밀조직 朝鮮人勇進學會와 抗日會를 관장해 항일운동을 전개하다 1939년 4월 연안에서 화북조선청년연합회, 조선의용대화북지대 지도원으로 활동하였던 민족운동가다.

12 민족혁명당의(1935년 7월) 기구는 서기부, 조직부, 선전부, 군사부, 국민부, 훈련부, 조사부로 구성되었으며 본 조직 내에 부녀국은 없다. 다만 1936년 7월 별도로 김원봉의 부인 박차정이 '남경조선부녀회'를 결성했다(염인호, 『김원봉연구』, 192-193쪽, 창작과비평사, 1992). 이화림의 기록과 상이한 것은 아마 남경부녀회의 일원으로 활동한 것으로 이해하면 크게 틀리지 않을 것이다.

13 김영범, 『조선의용대연구』, 『한국독립운동사연구』 2집, 독립기념관 독립운동사연구소 1988참조; 서형실, 『정열의 여성운동가 허정숙』, 『여성과 사회』 3호, 1992, 217쪽.

14 이화림, 앞의 글, 231쪽.

15 김영범, 앞의 글, 476-477, 512쪽.

16 김영범, 앞의 글 참조.

17 이화림, 앞의 글, 233쪽.

18 염인호, 『조선의용대, 조선의용군』, 독립운동사편찬위원회, 2009, 58쪽; 김영범, 앞의 글, 484~485쪽.

19 염인호, 위의 글.

20 이화림, 앞의 글, 240쪽.

21 화북조선인민간부훈련반 또는 간부사회과학훈련반이라고 했는데 조선인 간부들을 위해 마련한 학교였다(이화림, 앞의 글, 241쪽; 최봉춘 「석정열사의 항일투쟁사」 2001년).

4

혼란의 시대를 살아내다

태후에서 자유부인까지

일하고, 글쓰고,
다른 세상을 꿈꾸며

14
고려 최고의 여성정치가 헌애왕태후 황보씨

| 권순형 |

    고려시대 최고의 정치권력을 가졌던 여성은 누구인가? 전근대 시대에 여성이 정치에 참여할 수 있는 방법은 모후로서 어린 아들을 대신한 섭정뿐이다. 그러나 고려시대에는 형제나 사위가 왕위를 계승하기도 하여 상대적으로 태후의 수렴청정 기회가 적었다. 때문에 고려 일대를 통해 섭정을 한 왕후로는 목종의 모후인 헌애왕태후 황보씨(獻哀王太后 皇甫氏: 964-1029)와 헌종의 모후인 사숙태후(思肅太后) 이씨가 있을 뿐이다. 그러나 사숙태후는 헌종이 재위 1년 만에 숙부[숙종]에게 왕위를 물려주어, 비록 그녀가 '군사와 행정을 포함한 일체 정사를 모두 다 맡아 처결하였다'고 해도 고려 정치사에 미친 영향은 그다지 컸다고 할 수 없다. 헌애왕태후는 아들이 왕위에 오를 때 18세로 이미 성년이었다는 점, 그럼에도 불구하고 그녀가 12년 간 섭정을 했다는 점에서 명실상부하게 고려시대 최고의 정치권력을 가진 여성이었다 하겠다. 그러나 그간 그녀에 대한 평가는 상당히 부정적이었다. 아들이 성년인

데도 섭정을 했고, 외족 김치양(金致陽: ?-1009)과 관계해 정치를 문란케 했으며, 그 소생자로 왕통을 이으려했다는 점 때문이었다. 이 때문에 남성사가들은 그녀를 음녀, 악녀로 지목하고 정치적 치적도 전혀 인정하지 않고 있다. 그녀는 과연 어떤 인물이었으며, 어떻게 평가해야하는가?

1. 헌애왕태후의 가계와 혼인

제5대왕 경종의 왕비였던 헌애왕태후는 왕이 죽은 뒤 천추전에 거처했으므로 흔히 천추태후(千秋太后)라 불린다. 헌애왕태후의 아버지는 태조의 아들인 대종(戴宗), 어머니도 태조의 딸인 선의왕후 류씨(宣義王后 柳氏)로 그녀의 부모는 이복남매 간에 혼인을 했다. 당시 왕실은 극도의 근친혼을 하고 있었고, 이 경우 왕비의 성씨를 어머니나 할머니 성씨로 바꿔 동성혼이 아닌 것처럼 보이게 했다. 태조의 딸이었던 그녀의 어머니는 본래 왕씨였으나 외가의 성을 따서 류씨로 칭했고, 헌애왕태후는 할머니의 성씨를 따서 황보씨가 되었다. 이처럼 성씨를 바꾸는 것은 그저 형식적인 것만이 아니라 실제로 그 집단 사람으로 간주되었다. 헌애왕태후는 황보씨를 칭하면서 황주를 향리[본향]으로 하였다. 그녀가 왕비가 되는 데는 당시 왕실의 최고 어른이었던 친할머니 신정왕태후(神靜王太后)의 역할이 컸다. 신정왕태후는 태조의 제4비로서 그 딸이 광종의 왕비 대목왕후였다. 헌애왕태후에게는 고모이기도 했던 대목왕후는 아들 경종을 낳았고, 경종이 즉위하자 태후는 그 배우자로 헌애왕태후 자매를 들였다. 즉 외손자와 친손녀 두 명을 혼인시켰던 것이다.

고려 초 천추태후 관련 가계도

(=혼인관계, — 직계관계)

당시 경종은 그녀보다 여덟 살 연상이었고, 이미 두 명의 왕비가 있었다. 제1비는 신라 경순왕의 딸인 헌숙왕후(獻肅王后) 김씨, 제2비는 문원대왕 정(貞)의 딸인 헌의왕후 유씨(獻懿王后 劉氏)였다. 헌애왕태후는 제3비였고, 이후 그녀의 친동생 헌정왕후(獻貞王后)가 제4비로, 다시 원장태자의 딸인 대명궁부인 류씨(大明宮夫人 柳氏)가 제5비로 들어왔다. 고려시대에는 조선과 달리 왕실이 일부다처제였다. 때문에 첫 번째 혼인한 왕비만 정비이고 나머지는 후궁이었던 게 아니라 병렬적이었다. 이들 중 헌애왕태후만 유일하게 아들을 낳았다. 그녀는 980년(경종 5) 아들

송(誦:뒤에 목종)을 낳았으나 이듬해 경종이 죽어 18세에 과부가 되었다. 왕이 죽었지만 겨우 돌이 지난 아기가 왕위를 계승할 수는 없었다. 이에 그녀의 친오빠가 성종으로 즉위했다. 신정왕태후는 헌애왕태후 자매와 경종의 혼인처럼, 친손자 성종을 자신의 외손녀인 문덕왕후(文德王后)와 혼인시켰다. 문덕왕후는 대목왕후의 딸로서 처음에 종친인 홍덕원군(弘德院君)과 혼인했다가 성종과 재혼하였다. 문덕왕후가 당시 남편을 사별한 상태였는지 아니면 성종과의 혼인을 위해 이혼을 한 것인지는 잘 알 수 없다. 어쨌든 성종은 전 왕이었던 광종의 사위자격으로 왕위를 계승했다.

왕위에 오른 성종은 헌애왕태후와 그녀의 아들이 왕위를 위협할 수도 있다고 생각해 목종을 궁중에서 양육하였다. 뿐만 아니라 헌애왕태후의 궁에 출입하던 외족 김치양을 '추문'을 이유로 곤장 쳐서 먼 곳으로 귀양 보냈다. 이는 정치적 의도에서 비롯된 게 아닌지 의심된다. 통상적으로 간통죄는 현장에서 잡은 것만을 범죄로 인정할 뿐 단지 소문만으로 처벌을 하지는 않기 때문이다. 성종은 추문의 사실여부와 상관없이 태후가 김치양과 연결돼 정치적 행위를 하는 것을 사전에 단절시키려는 의도가 강했으리라 여겨진다. 또 성종이 상당히 유학에 경도되어 있었던 점을 생각하면 유교윤리의 확립이라는 점에서 정절을 강조한 면도 있었을 것이다. 성종은 재위 기간 내내 유학을 기본 이념으로 하여 중앙집권을 강화하고, 제반 제도를 정비해 나갔다. 성종의 정치가 눈부시게 펼쳐지는 동안 헌애왕태후는 오직 한 가지만 생각했다. 어떻게 하면 아들이 선왕의 뒤를 이어 보위에 오를 수 있을까 하는 점이었다. 이는 단순히 권력욕에서 비롯된 것이라 할 수 없다. 만일 성종의 자식이 왕위를 계승한다면, 그녀의 아들은 왕권에 위협적인 존재로 죽임을 당할 수도 있기 때문이었다.

그녀는 정치판을 면밀히 분석하기 시작했다. 당시 정치집단은 크게 근기계의 대 호족출신 공신계열과 나주계의 중소호족 출신 비 공신계열, 경주계의 비 호족 출신 비 공신계열로 나뉜다.[1] 이들 모두 유교적 체제정비의 필요성은 공감하고 있었으나, 체제정비의 방향과 추진 속도 면에서는 차이가 있었다. 경주계는 대송 외교의 성과를 토대로, 중국을 모델로 한 화풍적(華風的) 정치노선을 하향적 입장에서 급진적으로 추진하고자 했다. 반면 근기계는 토풍적(土風的) 정치노선을 고수하고, 개혁의 속도도 온건하길 바랐다. 성종 초반의 정치를 주도한 것은 경주계와 나주계였는데, 특히 988년(성종 7) 최승로가 문하수시중이 되면서 연등회와 팔관회를 폐지하고 적전제(籍田制)를 시행하는 등 유교적 의례를 강화했다. 이에 그녀는 근기계 공신 및 호족계열들을 포섭하며, 또한 상대적으로 소외된 사원세력과 밀접한 관계를 유지하면서 힘을 키워나갔다. 다행스럽게도 날이 갈수록 거란과 여진이 강성해지면서 송의 세력이 약화되었다. 이에 중국을 모델로 삼은 경주계의 입지는 좁아지게 되고, 989년 최승로가 죽자 근기계 호족 및 공신계열의 세력은 더욱 강화되었다. 태후는 이 틈을 놓치지 않고, 목종의 태자 책봉을 주장했다. 성종에게는 마침 아들도 없었다. 990년(성종 9) 성종은 조카를 개녕군(開寧君)으로 책봉하고 정사를 돕게 해 후계자로 공식 선포하기에 이른다.

992년(성종11) 그녀의 아들이 왕위를 계승하는 데 큰 걸림돌이 될 왕욱(王郁: 安宗)이 유배되었다. 경종의 네 번째 왕비이며 자신의 동생이었던 헌정왕후와 간통을 했기 때문이었다. 간통이 발각된 경위도 결코 평범하지 않다. 헌정왕후가 안종의 집에 와 있는 때를 틈타 그 집 가인(家人)이 불을 질러 왕이 놀라 달려오자 그 사실을 고발했다. 왕후가 만삭이 될 때까지 수 년 내지 적어도 일 년 이상을 잠잠히 있다가 이 시점에서 새삼스럽게 발설했다는 점이 예사롭지 않다. 왕욱은 경순왕의 백부인 김억렴의 딸 신성왕후와 태조 사이에서 태어난 아들이다. 성종이 왕위에 오를 때, 그 역시 물망에 오를 수 있었으나 황주 황보씨의 세력에 기반해 성종이 즉위했다. 그는(혹은 헌정왕후는) 성종에게 아들이 없는 시점에서 경주계 왕손인 그가 황주 황보씨의 세력까지 얻는다면 왕위를 계승할 수도 있을 거라 판단했을 수 있다.

성종은 그의 야심을 알아 귀양 보낼 때 '신중하여 초조한 마음을 가지지 말라'고 당부한다. 그리고는 보모를 골라 아이[왕순, 뒤에 현종]를 기르게 했는데, 보모는 아이에게 의도적으로 아버지라는 말을 가르쳤다. 아이가 '아버지' 소리를 내는 것을 들은 성종은 마음이 약해져 아이를 안종에게 보낸다. 아마도 안종의 측근이 유모를 매수했을 것이다. 안종은 어느 날 유배지에서 아들에게 금 한 주머니를 주면서 "내가 죽거든 이 금을 지관에게 주고 나를 이 고을 성황당 남녘 귀룡동에 매장하게 하되 반드시 엎어서 묻게 하라."고 했다. 그는 풍수지리에 정통했다니, 아마도 그 곳이 왕이 날 수 있는 길지였던 모양이다. 아들이 지관에게 지시한대로 말하자 지관이 "어찌 그리도 급하던가"라고 했다는 대목은 그의 야심을 적나라하게 보여준다. 묘 자리 쓴 게 효험이 있었던지 왕순은 안종이 죽은 이듬해(997년) 개경으로 올라온다. 조카와 그녀와의 일전은 나중 일이고, 어쨌거나 태후는 가장 강력한 라이

벌을 물리쳤다. 이제 그녀와 아들의 앞을 가로막을 것은 아무것도 없었다. 997년(성종 16) 성종이 죽자 그녀의 아들은 순조롭게 왕위를 계승하였다.

2. 태후로서의 섭정

목종이 왕위에 오르자 그녀는 섭정을 하였다. 목종이 이미 990년(성종9)이래 왕위계승자로 확정되어 정사를 도왔음에도 불구하고 이런 결정을 내렸다는 것, 게다가 섭정에 대한 반대를 사료에서 전혀 찾아볼 수 없다는 것은 목종의 정치적 능력이 신통치 않았음을 반증하는 것이 아닐까? 혹은 성종의 치세 동안 그녀가 이미 상당한 정도로 정치적 활동을 해왔고, 현실적으로 그 힘을 무시할 수 없었기 때문일 수도 있다. 섭정을 시작한 그녀는 어떤 정책을 폈는가?

우선 언급할 것은 목종대 과거급제자 수가 상당히 증가했다는 점이다. 제술과의 경우 목종은 12년 재위기간 동안 일곱 차례의 과거를 시행해 121명을 급제시켰다. 이는 유학을 중시했던 성종이 재위 16년 간 열 네 차례의 과거를 시행해 82명의 급제자를 낸 것보다 더 많은 수이다. 이처럼 과거합격자 수를 늘린 이유는 태후가 목종 즉위에 공이 있거나 자신의 세력을 정계에 보다 많이 등용시키기 위함이었을 것이다. 그러나 급제자의 증원을 단지 자파 세력의 확대를 위해서 만이라고 폄하할 필요는 없을 것 같다. 인재등용은 정치를 위한 첫 걸음이며 특히 정치의 혁신을 꾀할 때 새로운 인재 등용은 필수이기 때문이다. 실제로 목종대에는 많은 관청과 관직이 만들어진다. 상의국(尙衣局)·상식국(尙食局)·상사국(尙舍局)·상약국(尙藥局)·상승국(尙乘局)·공조서(供造署) 등의 관청이 새로 설치되거나 정비되었다. 이 관청들은 공통점을 가진다. 상의국과 상식국은 왕의 옷과 음식, 상사국은 왕의 행차 때 좌석과 물품 준비, 상약국은 왕의 약, 상승국은 왕의 말과 마차, 공조서는 왕이 쓰는 기구와 장식물을 관장하는 관청이었다. 즉 왕의 위엄을 드러낼 수 있게 왕과 관련된 제반 관청들이 정비되었던 것이다. 또 능을 지키는 일을 맡은 제릉서(諸陵署), 왕실 족보와 관련된 전중성(殿中省), 제사와 증시(贈諡)를 담당하던 태상시(太常寺), 제물로 드리는 곡물을 공급하던 사농시(司農寺), 여러 가축을 기르던 전구서(典廐署), 조회나 의례를 관장하는 합문(閤門), 제사와 연회 음식을 공급하던 대관서(大官署), 음악을 관장하던 태악서(太樂署), 토목 공사와 관련된 장작감(將作監) 등도 이 때 정비되었다. 이 역시 종실을 높이고, 궁궐은 물론 각종 국가 의례를 정비해 왕권의 위엄을 만방에 떨치기 위한 조처라 하겠다.

또한 기존 정치기구에도 관직의 증설이 이루어졌다. 고려 정치기구의 중심인 중서문하성의 관원이 이때 확충되었다. 특히 참지정사를 제외하고는 좌우산기상시·좌우간의대부·좌우보궐·좌우습유 등 모두 간쟁과 봉박을 맡은 낭사(郎舍)였다. 이들은 국왕 측근에서 부당한 처사를 간언하고 논박해 이를 바로잡는 데 주요 임무가 있었다는 점에서 왕권을 제약한 면도 있지만 그 보다는 왕권을 보좌해 왕권강화에 이바지한 측면도 크다. 뿐만 아니라 5품 이상 고위관료 자손에게 음직을 주는 정규 음서 제도, 관리 가족에 대한 봉작 규정도 마련되었다. 그리고 관료제의 기반으로서 전시과도 개정되었다. 경종 때의 전시과가 공복과 관계, 인품을 고려해 호족과 타협하고 있음에 비해 개정전시과는 오직 관직과 위계를 중심으로, 실직(實職) 위주로 토지를 지급해 한층 진전된 관료제의 모습을 보여준다.

대외관계 면에서는, 당시 고려가 거란의 연호를 쓰고 책봉을 받는 상황이었지만 송에도 사신을 보냈다. 그러면서 고려가 중국문화를 본받는다는 것과 거란에게 압박당하고 있는 상황임을 진술하며 관계를 계속했다. 즉 목종대 고려는 거란과 송 어느 한 쪽에도 치우치지 않고 자주성을 견지하였다. 강조가 목종을 폐위하고 현종을 옹립할 때까지 거란의 침입이 없었다는 것은 목종대의 외교가 성공적이었음을 보여주는 것이다. 그러면서도 한편으로는 군사제도를 정비하고 성을 쌓아[2] 침략에 대비했다. 고려 군사제도의 근간인 6위(衛)의 직원을 갖추고 군영을 만들며 군인들의 전시지급 규정도 정했다. 또 친위군인 2군(軍)을 만들고[3] 병장기를 관장하는 군기감(軍器監)을 정비한 것도 이 때이다. 태후가 동아시아 국제질서의 변화 속에서 송과 북방족에 대하여 균형 있는 대외정책을 펴 국토 상실의 위기를 막고 북방강역을 확보할 수 있었다 하겠다.

경제적으로는 화폐와 포(布)를 함께 사용하여 백성들의 불편을 없앴으며, 시장을 관할하는 경시서(京市署)를 정비해 물가관리에도 신경을 썼다. 사회적으로는 세금이나 역을 면제하는 등 백성의 구휼에도 힘을 기울였다. 예컨대 1006년(목종 9) 흉년이 들어 백성들이 식량난을 겪자 미납된 공부를 면제하고 곡식을 꾸어주게 하였다. 나중에 목종이 강조에 의해 피살되었을 때, "관리와 평민을 막론하고 통분히 여기지 않는 사람이 없었다. 그러나 현종은 그것을 모르고 있다가 거란이 침입하여 문죄를 하였을 때에야 비로소 알게 되었다"[4]는 기사는 그녀와 목종이 백성들에게 사랑받고 있었음을 여실히 보여준다 하겠다.

이처럼 태후는 왕권을 강화하고, 관료제를 정비하고자 하였는데, 강한 왕권을 뒷받침하는 이데올로기는 무엇이었을까. 태후는 불교와 토속신앙을 중시해 연등회와 팔관회를 부활시키고, 자신의 원찰로 진관사(眞觀寺)를, 왕의 원찰로 숭교사(崇教寺)를 지었다. 진관사에는 9층탑을 건립하기도 하였으며, 궁궐 안에 신선신앙과 관련된 낭원정이라는 정자를 짓기도 하였다. 태후의 정치 파트너이며 연인이었던 김치양 역시 자기 출신지인 동주(同州)에 성숙사(星宿寺)라는 사당을 짓고, 또 궁성 서북 모퉁이에 시왕사(十王寺)를 신축했다. 신이적 불교는 혹 태후가 균여의 사상을 수용한 게 아닌가하는 생각이 들게 한다. 균여는 광종대 전제왕권의 기반 논리를 제공했으며, 이는 또한 당나라 측천무후의 전제정치를 뒷받침한 법장의 사상이기도 했다. 결국 태후의 정치 방향은 보수반동적인 것이 아니라 성종을 이어 관료제와 중앙집권을 강화하는 것이었다. 단지 차이라면 급진적인 화풍적 개혁을 지양하고, 중립외교와 국방력 강화를 통해 보다 더 자주성을 견지하는 정도였다 하겠다.

3. 태후의 몰락

태후는 성종대 이래의 정치세력 및 그녀의 친속들, 그리고 새로 입사한 자들을 섞어 정권을 구성하고 정치를 운영해나갔다. 정치의 내용은 앞 장에서 보았듯이 충분히 의미가 있는 것들이었다. 정치는 순조롭게 진행되었으며, 나라 안팎으로 어떤 어려움도 없었다. 그러나 단 한 가지 태후를 근심스럽게 만든 것이 있었으니 그것은 바로 목종의 후사 문제였다. 목종은 즉위한 지 6년이 넘도록 자식을 두지 못했으며, 심지어 사료에 보면 그가 남색을 즐겼다는 기사까지 보인다.[5] 목종의 아들이 없다면 권력은 다른 곳으로 갈 수밖에 없다. 1003년(목종 6) 그녀와 김치양 사이에 아들이 태어나자, 그녀는 그 아들로 목종의 후사를 잇고자 했다. 태후는 왕위 계승 1순위자인 그녀의 조카 대량원군(왕순)을 승려로 만들어 숭교사에 있게 했다가 다시 삼각산 신혈사로 보내고는 사람을 시켜 여러 차례 죽이려 하였다. 그러나 이는 기본적으로 무리한 일이었다. 비록 모계나 처계가 부계 못지않았던 고려시대였다 해도 태조의 친손 아닌 사람이 왕위에 오른 예는 없었다. 김치양의 자식이 왕위를 계승하는 것에 반발하는 관료들은 차츰 대량원군을 중심으로 결집해 갔을 것이다. 게다가 대량원군 역시 왕위에 대한 욕심이 있었을 터이니 정계는 두 그룹으로 나뉠 수밖에 없었다. 대량원군의 야욕에 대해서는 그가 신혈사에 있을 때 지었다는 다음의 시가 참고 된다.

백운봉에서 흘러내리는 한 줄기 물
만경창파 멀고 먼 바다로 향하누나
바위 밑을 스며흐르는 물 적다고 하지마라
용궁에 도달할 날 그리 멀지 않으리

약포에 도사리고 앉은 작고 작은 저 뱀
온몸에 붉은 무늬 찬란히 번쩍이네
언제나 꽃밭에만 있다고 말하지마라
하루아침 용 되기란 어렵지 않으리니[6]

즉 대량원군은 항상 시냇물처럼, 작은 뱀처럼 숨어 용이 되기를 기대하고 있었던 것이다. 1009년(목종 12) 대량원군파 및 서경도순검사 강조의 쿠데타로 목종은 시해되고,[7] 대량원군은 현종으로 즉위했다. 김치양 일파와 태후의 친속들은 죽거나 귀양을 갔다. 태후는 고향인 황주로 내려가 21년을 더 살다가 1029년(현종 20)에 세상을 떠났다. 목종 대 정치에서 태후의 영향은 어느 정도였을까? 목종에 대해 사신은 "왕의 성품은 침착하고 굳세어 어려서부터 임금의 도량이 있었다. 그러나 활쏘기와 말타기를 잘하고 술을 즐기며 사냥을 좋아하여 정무에 유의하지 않았으며 폐신(嬖臣)들을 신임하고 가까이 하다가 결국 화를 만나게 된 것이었다."[8]라 했다. 즉 목종대 정치는 사실상 태후의 업적이라고 보아도 좋은 것이다. 그리고 태후는 앞 장에서 보았듯 당시 고려사회가 나아가야할 방향대로 정치를 운영해나갔다. 뒤이어 즉위한 현종도 관료제 정비와 중앙집권화를 계속해 나갔다. 그러니 그녀가 실각하게 된 것은 결국 정책 문제가 아니라 후계자 문제 때문이었다고 볼 수밖에 없다.

그러나 이후 역사에서 그녀에 대한 평가는 공정히 이루어지지 않았다. 그녀가 '여자로서 해서는 안 될' 정치를 했고, 심지어 남편에게 정절도 지키지 않았을 뿐 아니라 간부의 자식으로 왕통을 바꾸려고까지 했기 때문이었다. 그녀의 모든 정치적 업적은 무시되고, 남성 사가들은 태후 죽이기를 거듭하였다. 삼봉 정도전은 "천추태후가 음란하여 김치양과 간통하여 아들을 낳았다. 왕이 시초에 막지 못하였다가 아들과 어머니가 모두 재앙을 입었고, 사직이 거의 멸망할 뻔하였다."[9]라고 썼다. 조선시대에 들어와서는 유교적 남존여비관에 입각해 평가가 더욱 부정적이 된다. 안정복은 천추태후의 죽음을 "춘정월 황보씨가 황주에서 죽었다."[10]고 쓰고는 "황보씨가 김치양과 간통하고서 치양의 소생자로 임금을 삼으려고 하였으니, 이는 고려 왕실의 적부(賊婦)인 것이다. 어찌 태후 호(號)를 가질 것인가? 그러므로 호를 버리고 죽었다[死]고 쓴 것이다."[11]라 덧붙였다. 이 시각은 현재까지도 계속되고 있다. 현대의 역사가들조차도 태후에 대해서 악녀, 음녀, 제거되어야 할 호족의 대표자 정도로만 규정한다. 심지어 목종대의 정치적 성과마저도 앞 뒤 임금(성종과 현종)의 것으로 갖다 붙이는 경향조차 보인다.

그녀를 부정적으로 보이야하는가? 그녀가 다 큰 아들을 제치고 섭정을 한 것은 아들의 능력을 믿지 못해서일 수도 있고, 그녀 스스로 권력을 원했기 때문일 수도 있다. 그녀가 김치양과 관계해 아이를 낳고, 그 아이로 왕위를 잇고자 한 것은 사랑일수도, 욕망일수도 있다. 김치양이 세운 절의 종에 '살아서도 죽어서도 태후와 함께 하겠다'는 구절을 넣은 것을 보면, 이들이 서로 사랑했던 것 같다. 당시의 정절관은 '신의' 개념으로 부부가 피차 생존해 있을 때에 한해 지켜야하는 것이었다. 남편이 죽은 뒤 수절이 강요되지 않았고, 재혼녀가 왕비가 될 정도로 재혼에 대한 제약도 없었다. 그녀는 충분히 또 다른 남자와의 사랑을 꿈꿀 수 있었다. 게다가 그녀는 겨우 열여덟 살에 과부가 되지 않았는가! 그리고 아들 목종이 자식을 보지 못하는 상황에서, 그녀가 낳은 자식이 왕실의 외손으로 왕위를 계승할 생각을 한 것도 당시의 친족구조에서는 가능했기에 시도한 것이라 볼 수 있다. 만일 조선시대처럼 이것이 절대로 있을 수 없는 일이었다면 그녀도 어디 강화도 벌판에서 뛰어놀던 아이를 찾았을 것이다. 그녀의 시도가 잘못된 게 아니라 그녀가 택한 남자가 왕족이 아니었다는 점이 문제였다. 부계적인 의식을 가진 유학자들은 '김치양의 자식'이 왕위를 계승하는 것에 대해 반발했을 것이고, 그녀의 친족인 황주 황보씨 내에서는 똑같이 황주 황보씨 외손이지만 이왕이면 부계가 왕씨인 헌정왕후의 아들 대량원군을 지지했을 것이다.

결국 태후는 몰락했다. 그리고 승리자들에 의해, 또 이후 수백 년 간 지속된 남성중심의 윤리에 의해 그녀의 업적은 철저히 왜곡되었다. 그렇지만 그녀는 음녀도, 악녀도, 호족의 이익을 위해 복무한 구시대적 인물도 아니다. 그녀는 아직 국가의 체제정비가 미흡하고, 호족들의 세력이 여전히 강하던 시대에 왕권을 강화하고, 정치와 군사제도를 정비하며, 영토의 보존과 확대를 위해 노력하고, 백성을 위한 정치를 폈던 훌륭한 정치가였다. 그녀는 성종대의 유교적 관료정치를 계승하였으며, 불교와 토속신앙을 통해 왕권을 강화하고 고유문화를 유지 발전시켰다. 새로 즉위한 현종은 유교로 국가의 체제정비를 계속하면서도, 연등회와 팔관회를 중시하는 등 전통적 요소들도 충분히 고려하고 있다. 이는 그녀의 치세가 남긴 유산이라 하겠다. 그녀는 고려일대를 통해 가장 강력한 정치권력을 행사한 여성정치가였으며, 우리 역사에서 합당한 평가를 받지 못하는 대표적인 인물 중의 한 명이라 하겠다.

1 구산우, 「고려 성종대 정치세력의 성격과 동향」, 『한국중세사연구』 14, 한국중세사학회, 2000, 104쪽.

2 목종 3년에 덕주(德州), 4년에 영풍, 평로(平虜)에 성을 쌓았다. 6년에 덕주, 가주(嘉州), 위화(威化), 광화(光化)의 네 성을 수리하였으며, 8년에 진명현(鎭溟縣), 김양현(金壤縣), 곽주(郭州)에 성을 쌓았다. 9년에 용진진(龍津鎭), 구주(龜州), 10년에 흥화진(興化鎭)과 울진(蔚珍), 익령현(翼嶺縣), 11년에 통주(通州), 등주(登州)에 성을 쌓았다(『고려사』 권82 지36 병2 성보城堡).

3 고려사에는 목종5년 6위의 직원이 갖추어지고 뒤에 응양 용호 2군을 설치해 6위의 위에 두었다 한다. 그런데 목종원년 전시과에 군인규정이 나온다는 점을 들어 6위는 성종 때, 2군은 현종 때 설치되었다는 견해도 있고(이기백, 1968, 『고려병제사연구』, 68쪽 및 79-80쪽), 둘 다 성종 7년에 설치되었다는 견해(홍원기, 『고려전기군제연구』, 혜안, 53, 2001- 60쪽)도 있다. 그러나 어느 설도 확증이 있는 것이 아니므로 필자는 고려사 사료에 충실하고자 한다.

4 『고려사』 권3 세가3 목종12년.

5 『고려사』 권123 열전36 폐행1 유행간.

6 『고려사』 권4 세가4 현종 즉위년.

7 목종 12년의 변란에 대해서는 김치양이 일으켰다는 설(이태진, 김두향, 김대연)과 재신이 일으켰다는 설(김당택)이 있다. 이태진, 김두향, 김대연은 난을 일으킨 게 김치양이고 목종은 대량원군을 보호하려했다는 고려사의 견해를 받아들이고 있다. 김당택은 목종 정변은 재신들의 반발에서 비롯된 것이며 화재를 계획해 목종의 양위를 꾀했다 한다. 즉 김치양을 제거한 것은 중앙관료라는 입장이다. 김창현은 대량원군 세력이 정변을 일으키고 변절한 강조가 중간에 개입해 현종을 옹립해 천추태후 세력을 숙청하고 정권을 장악한 것으로 보고 있다. 필자 역시 김창현의 견해에 동의한다. 김치양과 태후가 정말 난을 일으킨 것이었다면 적어도 태후를 폐해 서인으로 삼거나 하는 등의 조치가 내려졌을 터인데 그렇지 않았고, 또 현종 때 그녀가 죽자 '훙(薨)'이라 기록했다는 점에서 그녀가 난의 주역이 아니었음을 알 수 있다. 또 목종이 대량원군 편이었다고 볼 근거도 없다. 현종이 목종의 죽음을 몰랐다가 거란이 쳐들어와 죄를 물을 때에야 비로소 알게 되었다고 강조하는 것도 이를 뒷받침한다.

8 『고려사』 권3 세가3 목종12년 2월 기축.

9 『삼봉집』 12 경제문감 별집 하.

10 『동사강목』 제7상 기사년 현종 20년.

11 위와 같음.

15
조선 후기 노비로 팔려 간 소녀들

| 박경 |

1. 들어가며 – 빈곤층의 구제수단 자매(自賣)

갑오개혁으로 노비제도가 혁파될 때까지 천인인 노비는 주인이 합법적으로 증여, 상속, 매매할 수 있는 대상이었다. 그런데 조선 후기에 자유인인 양인이 자신을 직접 매매하거나 부모, 조부모, 외조부모 등의 존속에 의해 매매된 사례들이 나타나는데, 이를 자매(自賣)라 한다. 그리고 자매 거래시 거래를 증빙하기 위해 작성한 문서가 자매문기인데, 현재 18세기 후반에서 19세기에 이르는 자매문기가 남아 있다. 자매 거래를 마친 후 매매된 사람들은 천인인 노비가 되거나 신분은 양인이지만 주인에게 예속되어 노동력을 제공하는 고공(雇工)이 되었다. 그런데 현존하는 자매문기를 살펴보면, 노비가 되는 사례가 월등히 많았음을 확인할 수 있다.

조선시대에는 법적으로 양인과 천인을 명확하게 구분하여 천인이 양인이 되는 것을 엄격하게 통제했을 뿐 아니라 유력자들이 함부로 양인을 천인으로 삼는 것을 금지했다.[1] 이 법을 통해 조선 정부에서는 조세와 역을 부담하는 양인의 신분을 보호하고자 했다. 또한 노비주의 입장에서는 자신의 재산권을 제도적으로 보장받는다는 이점이 있었다. 국가와 노비주 양측의 이익을 모두 반영할 수 있는 선에서 법을 제정했던 것이다. 그러나 이러한 법이 있음에도 불구하고 유력자들이 위세를 부려 양인을 천인으로 삼는 일이 발생하기도 했다.[2] 또한 양인과 천인의 혼인이 법으로 금지되었음에도 불구하고 노비주가 자신의 노비를 늘리기 위해 자신 소유의 여종과 양인을 혼인시키는 일이 비일비재했다.[3]

그런데 조선 후기 잦은 자연재해와 흉년으로 유이민과 아사자가 대량으로 발생하는 상황에서 이러한 정부의 정책기조가 수정되었다. 정부에서 백성들의 빈곤과 아사를 구제할 수 없는 상황이 되자 큰 흉년에 버려진 아이를 수양하거나, 굶어서 거의 죽게 된 사람을 살려 준 경우 이들을 합법적으로 노비나 고공으로 삼을 수 있도록 하는 한시적인 법이 자주 발효되었던 것이다.[4] 이러한 상황에서 자연재해와 흉년, 빈곤, 기아 등이 자매를 합법화하는 명분이 되었다.

따라서 자매 거래를 증빙하는 문서인 자매문기에는 흉년이나 빈곤 때문에 목숨을 부지할 수 없어 어쩔 수 없이 자매를 할 수 밖에 없었다는 비참한 현실이 기술되었다. 그렇지만 이러한 서술을 액면 그대로 받아들여야 할까? 혹시 이렇게 서술해야만 자매 거래를 공식적으로 인정받을 수 있기 때문에 내용을 과장하지는 않았을까? 이 글은 이러한 의문에서부터 시작한다. 자매문기에는 아버지를 중심으로 한 하층민 가족의 가족질서가 분명하게 드러난다.[5] 또한 자매를 통해 자신과 가족의 빈곤한 삶을 타개해나가려는 주체적인 여성상이 반영되어 있기도 하다. 그러나 이 글에서는 사회적 약자인 미성년자 중에서도 소녀들의 자매를 중심으로 살펴보고자 한다.

2. '빈곤'을 표방한 자매

다음은 정조 23년(1799) 8세 소녀 용단(龍丹)이 자신을 매매하고 작성한 문서이다.

가경 4년 신사(1799) 4월 초2일 박 생원 댁 호노(戶奴) 정삼(丁三)에게 드리는 명문

이 명문을 작성하는 일은 다음과 같습니다. 저의 부모는 본디 가난하여 의탁할 곳이 없어 동서로 다니며 빌어먹으면서 근근히 목숨을 보전했습니다. 이번 큰 흉년을 당하여 더욱 살아가기가 어려워 굶어죽을 것이 분명하므로 타지(他地)에 떠돌며 구걸한 지 3년인데 (고향에) 돌아가지 못했고, 저는 나이가 겨우 8세에 불과하여 능히 나아가서 구걸할 수 없었습니다. 길에 버려져 배고픔과 추위가 함께 침범하여 밤낮으로 울부짖었고 쓰러져 굶어 죽을 지경에 이르렀는데, 위의 상전댁에서 인명을 가엾게 여겨 거두어 길러 지금까지 목숨을 부지하게 되었습니다. 사람을 살려 준 은혜가 하해와 같아 헤아리기가 어려운데, 제가 비록 무지한 사람으로 은혜를 갚고자 해도 보은할 길이 없었습니다. 이번에 마침 『자휼전칙』이 내려져 유기아를 수양한 자가 그(유기아)를 차지할 수 있도록 하라는 관(關)이 또한 도착했으므로 저의 몸 및 후소생을 아울러 영영 자매하여 부림을 받겠다는 뜻으로 이와 같이 문서를 작

성하고 금전 10냥 또한 수대로 받아 부모의 굶어죽게 된 목숨을 살리고자 합니다. 이후 누군가 만약 다른 말 하는 사람이 있으면 이 문서로 옳고 그름을 변별하실 일입니다.

자매비 용단 〈右掌〉
증인 부(父) 한명돌(韓命乭) 〈수결〉
증인 외삼촌 최용재(崔龍才)[6]

이 문서에서 화자는 8세 소녀 용단이다. 이 문서의 내용을 구분해 보면 ①용단이 가난으로 극심한 고통을 겪으며 아사시경에까지 이르렀다는 내용, ②박 생원 댁에서 자신을 아사에서 구해주었다는 내용, ③이 거래가 『자휼전칙(字恤典則)』에 따라 이루어졌다는 내용, ④매매 대상, 거래가 등의 정보가 포함되어 있는 매매문기의 상투 문구, 이렇게 네 부분으로 나눌 수 있다.

이 중 ①, ②, ③은 자매 거래가 법적으로 하자가 없는 거래라는 점을 설명하기 위한 부분이다. 굶어죽기 직전에까지 이른 극심한 빈곤 상황과 이러한 상황에서 용단을 구제해 준 박 생원 댁의 은혜가 자매 거래를 정당화시키는 이유가 되었던 것이다. 그리고 이 자매 거래는 『자휼전칙』을 통해 합법화되었다.

보통 이런 어린 나이의 아이들을 매매할 때 문서 내용의 화자, 즉 거래 주체는 주로 부모였다.[7] 그런데 이 문서는 8세의 어린 아이인 용단이 자신을 매매하는 형태로 되어 있다. 또한 자신이 직접 구걸하지 않으면 아사에 이를 만큼의 절박한 상황이라는 내용과 자신을 살려 준 박 생원 댁의 은혜를 갚고자 자신을 그 댁의 노비로 판다는 내용, 그리고 자매로 받은 돈으로 부모님의 목숨을 살리고자 한다는 내용을 살펴보면, 소녀 가장의 모습이 연상되기도 한다. 그러나 과연 그럴까?

이 문장을 살펴보면 어린아이의 서사치고는 너무나도 어른스럽다. 뿐만 아니라 『자휼전칙』으로 자매를 합리화한 것은 이 문서의 작성자가 어느 정도 법과 법률 행정에 대한 지식이 있는 사람이라는 것을 알려준다. 이러한 사실을 통해 용단은 표면상으로 화자로 설정되었을 뿐이고 실제 이 글을 작성한 사람은 법이나 행정 절차에 대해 잘 알고 있는 어른이라는 것을 짐작할 수 있다. 그렇다면 어떠한 이유로 용단이 이 문서의 화자, 즉 이 자매 거래의 주체로 표현되었을까? 이는 「자휼전칙」의 성격을 파악하면 이해가 가능하다.

『자휼전칙』은 정조 7년(1783)에 제정한 사목으로, 구걸하는 아이(行乞兒)나 버려진 아이(遺棄兒)를 아사에서 구하기 위해 진휼청에서 해야 할 일들을 규정한 것이다. 이 내용 중에는 구걸하는 아이나 버려진 아이를 수양하기를 원하는 사람에게는 그 아이를 자식이나 노비로 삼을 수 있도록 한 규정도 있다.[8] 그런데 『자휼전칙』에서 수양의 대상으로 규정한 행걸아는 부모나 친척, 주인이 없고 의탁할 곳이 없는 구걸하는 아이이고, 유기아는 말 그대로 부모에게 버려진 아이이다. 즉, 부모, 친척, 주인의 보살핌을 받을 수 없는 아이들을 대상으로 하고 있었던 것이다.

박 생원 측과 용단의 집에서는 자매 거래가 『자휼전칙』에 의해 행해진 합법적인 거래라는 점을 표방하고자 했다. 그러나 실제로 용단은 부모가 없거나 부모에게 버려진 행걸아나 유기아는 아니었다. 그런데 이 거래의 당사자들은 용단을 문서 내용의 화자, 즉 거래의 주체로 설정하여 그의 절박한 상황을 묘사함으로써 부모의 보호를 받지 못하는 아이라는 점을 강조했다. 실제로는 『자휼전칙』에서 규정한 구휼 대상이 아니더라도 문서상으로는 최대한 『자휼전칙』에 규정된 행걸아와 유기아의 요건에 부합하는 것처럼 서술함으로써 자매 거래를 성사시키려 한 것이다. 내용 중에 법에 규정된 '유기아'와 '수양(收養)'을 연상시키는 '길에 버려져(遺棄路中)'라는 표현과 '거두어 길러(收而養之)'라는 표현을 사용한 것도 이러한 차원에서 이해할 수 있다.

조선 후기에 관에서 자매를 허용한 것은 기아로 죽어가는 백성들의 생명을 구하기 위해서였다. 그런데 실제로는 기아로 생명을 위협받는 절박한 상황에 이르지 않은 경우에도 자매가 허용되거나 묵인되는 경우가 있었다.[9] 이렇게 법 규정이 엄격하게 지켜지지 않았던것은 현실 사회의 권력 관계가 작동했기 때문이었을 것으로 보인다. 실제로는 생존이 어려울 정도로 극한의 상황에 처하지 않은 양인이 유력자들의 위력에 굴복하거나 그들의 보호 하에 들어가기 위해 노비가 되었을 가능성을 이야기하는 것이다. 이 문서에서 『자휼전칙』을 언급하며 자매를 정당화하려 했지만 실제로는 그 기준에 부합하지 않는 자매 거래였던 것도 이러한 배경에서 나온 것이라 할 수 있다. 실제로 법에 부합하지 않는 부분이 있다 하더라도 향촌 사회의 유력자들이 법을 존중하는 제스처를 취한다면 관에서는 정책의 큰 틀을 어그러뜨리지 않는 한 이들을 중심으로 한 향촌 지배 질서를 묵인해주었던 모습이 드러나는 것이다. 이 문서를 보고 있노라면 가난과 흉년 속에서 어쩔 수 없이 딸의 매매를 결정하는 부모의 모습, 자신을 매매하겠다는 부모의 결정에 자신도 모르는 새에 자신을 노비로 만드는 매매 거래의 주체가 되었던

어린 소녀의 모습, 재력과 힘을 가진 양반의 요구에 부응하여 실제와
는 다소 다르더라도 법적으로 문제가 되지 않도록 문서를 작성하는데
동의해야 했던 가난하고 힘없는 백성의 모습이 오버랩되어 연상된다.

3. 부모를 위한 자매

위의 문서에서 용단은 자신을 팔아 받은 10냥으로 부모를 살리고
자 한다고 했다. 이는 조선 후기의 또 다른 사회상을 보여주는 것이다.
이에 대한 논의를 위해 다음 사례를 살펴보기로 하겠다.

건륭 58년 계축(1793) 정월 13일 유 생원께 드리는 명문

이 명문을 작성하는 일은 다음과 같습니다. 저희들이 이번에 전에 없는 큰
흉년을 당하여 부모가 목숨을 부지할 희망이 전혀 없을 때에 전염병이 더쳐
(부모의) 숨이 끊어지려 하나 죽을 마련할 비용도 없습니다. 자식된 정리(情
理)에 손쓰지 못하고 하늘의 가호만을 기다리니 매우 절박하므로 저희 남매
별심(別心), 득손(得孫)의 몸을 저희 아버지의 옛 상전댁에 자매합니다. 값을
전문 10관으로 쳐서 받은 후 후소생을 아울러 영영 복역하겠다는 뜻으로 명
문을 작성하여 바치니, 뒤에 족류(族類)나 자손 중에 혹 잡담하는 자가 있으
면 이 문서를 가지고 관에 고하여 옳고 그름을 변별하실 일입니다.

자매비 별심 〈右掌〉

노 득손 〈左寸〉

증인 종조부 돌매(乭每) 〈수결〉

필집 박채빈(朴采賓) 〈수결〉[10]

이 문서는 정조 17년(1793) 17세 소녀인 별심과 그의 남동생 득손이 흉년이 들고 전염병이 창궐하던 해에 기아와 전염병으로 거의 죽게 된 부모를 살리고자 자신들을 유 생원 댁에 노비로 팔고자 한다는 내용을 담고 있다. 당시 자매 거래로 노비를 획득했던 사람들은 입안(立案)을 발급받아 이 거래에 대하여 관의 승인을 얻음으로써 뒷날 분쟁의 소지를 없애고자 하기도 했다. 그리고 이들은 자매자에게 거래 전에 관에서 입지(立旨)를 발급받아 오도록 함으로써 관으로부터 거래의 정당성을 인정받고자 하기도 했다. 이 문서에는 별심과 득손을 매입한 유근현(柳謹鉉)이 입안 발급을 청원한 소지(청원서)와 관에서 발급한 입안이 함께 점련되어 전해진다. 또한 입안을 발급하는 과정에서 관에서 자매자와 증인들에게 자매의 이유, 매매가, 자매 거래의 사실 여부를 확인한 초사(招辭)가 남아 있는데, 자매자인 별심, 득손 중 관의 물음에 답변한 사람은 누나인 별심이었다. 즉, 문서상으로 이 거래는 별심이 주도한 것이었다.

이 사례 외에도 부모를 위하여 자매를 하는 사례가 많았다. 현존하는 자매문기에 기술된 자매의 원인을 살펴보면 부모를 기아나 병마에서 구하기 위해서, 혹은 부모의 장례를 치르기 위해서 자매한 사례가 비교적 많이 나타난다.

또한 영조 28년(1752) 판결사(判決事) 윤빈(尹彬)은 "민소(民訴) 중에 가장 불쌍한 것이 양인이 자신을 팔기를 원하는 것인데, 아버지가 사망했는데 장례를 치르지 못하기 때문이기도 하고, 어머니가 굶주려 거의 죽게 된 상황에 처해있기 때문이기도 하다"[11]라고 했다. 노비 소송을 관장했던 판결사 윤빈이 자매의 주요 이유로 아버지의 장례와 어머니의

굶주림을 든 것은 이러한 사연이 자매의 표면적 이유가 되는 경우가 많았다는 것을 의미한다.[12]

이는 바꾸어 말하면 이러한 이유를 제시하면 관에서 자매 거래를 인정할 확률이 높았다는 것을 의미하는 것이라고 할 수 있다. 순조 8년(1808) 70세의 병든 어머니를 구료하기 위해 자신과 자신의 세 자녀를 자매했던 김월섬(金月暹)이 자매 거래 전에 입지를 발급받기 위해 올린 소지에서 "일찍이 듣건대 부모를 위하여 몸을 파는 법전(法典)이 있다고 합니다."[13]라고 했던 것도 이러한 차원에서 이해할 수 있다.

효를 중요한 사회적 가치로 여겼던 당시 사회에서 부모를 위해 자매한다는 점을 표방하면 관에서 보다 쉽게 자매를 허락받을 수 있었다. 관원의 입장에서 볼 때 부모를 위해 자매를 하는 행위는 '불쌍하지만 가상한 일'이었던 것이다. 이러한 상황에서 부모를 위한 자매라는 이유가 자매 거래를 합법화하는 주요 명분이 될 수 있었던 것이다. 이는 이러한 방법이 유력 양반층이 합법적으로 노비를 확대하는 하나의 방법이 될 수도 있었음을 의미하는 것이기도 하다. 특히 어린 자녀가 자매 주체가 되어 부모를 위해 자매했다고 표방한 사례는 이러한 소지가 다분했으리라 생각된다.

4. 위력에 의한 자매

앞에서 빈곤이나 부모를 위한 일임을 표방하여 자매를 한 사례 중에도 유력 양반의 위력에 굴복하여 자매한 사례가 있었을 것임을 추정했다. 그런데 19세기 후반의 사례 중에는 이러한 명분을 표방하지 않은 자매문기도 출현한다. 그 한 예를 들어보면 다음과 같다.

동치 10년**14** 신미(1871) 5월 30일 이 생원님께 드리는 명문

이 명문을 작성하는 일은 다음과 같습니다. 댁의 물 긷는 여종 족간(足間)이
나이 18세가 되어 마을의 남아와 종종 저희 집에서 놀다가 갑자기 도망쳐,
도망을 유인한 죄를 지었기에 부득이 제 딸 문령을 대신 바쳐 앙역(仰役)하
도록 했습니다. (생원님께서) 저의 사정을 살피셨으니, 한갓 죄로 인하여 가
속을 바쳤는데, 또한 하물며 전문 30냥을 내려주셨습니다. 실로 감동이 커
여식을 영영 바친다는 뜻으로 이에 문서를 작성하니, 뒤에 만약 잡담하는 사
가 있으면 이 문기를 가지고 옳고 그름을 변별하시기 바랍니다.

비 문령 부 임백동(任白同)

모 오조이(吳召史)

증인 유학 장 생원 〈수결〉

필집 유학 이 생원 〈수결〉**15**

고종 8년(1872) 작성된 이 문서에는 자신의 집에서 이 생원 댁의 여
종이 도망친 원인을 제공했다는 이유로 그 딸을 이 생원 댁에 바치게
되었다는 사실이 실려 있다. 19세기에 이르러서는 흉년과 빈곤 때문
에 아사지경에 이르렀다거나 부모를 위해서 한 일이라는 것을 표방하
지 않고서도 자매가 이루어졌던 것이다. 이는 양인 신분을 보호하고자
하는 정책이 효력을 발휘하지 못하게 되었음을 알려준다. 향촌 사회
의 권력관계가 작동하면서도 표면상으로나마 양인 신분 보호라는 정

책 기조가 구현되고 있었으나 이 때에 이르면 이러한 정책 기조가 큰 의미가 없어지게 되었다는 것을 의미한다. 국가의 행정 장악력이 떨어진 탓인지, 하층 양인과 천인의 구분이 더욱 모호해져 갔던 당시의 시대 상황 탓인지는 알 수 없다. 그러나 이러한 사례들은 공적인 신분질서를 무너뜨리며 사적인 권력 관계가 점차 힘을 발휘하게 되었던 당시의 상황을 단적으로 보여주는 사례들이라 할 수 있다.

5. 나가며

조선 정부에서는 양인과 천인을 명확히 구분하고, 양인이 천인이 되는 것을 막고자 하는 정책을 견지하고 있었다. 그러나 조선 후기에 연이은 흉년으로 아사지경에 이른 사람들의 목숨을 구제하기 위해 이들이 자신이나 가족을 노비로 파는 것을 용인하게 되었다. 정부에서 흉년에 극빈층의 자매를 허락하게 된 취지는 정조가 『자휼전칙』을 반포하면서 내린 다음과 같은 윤음에 잘 나타나 있다.

> 흉년으로 기아가 창궐하는 해에 내 백성으로 부황 든 자가 연이음에 누가 왕정에 구제받아야 할 사람이 아닐까마는 그 중 가장 고할 데가 없고 가장 불쌍한 자가 어린아이들이다[16]

이 내용을 살펴보면 정부에서 나서서 기아로 고생하는 백성들을 구제해야 한다는 인식을 가지고 있었음을 알 수 있다. 그리고 생계를 영위할 능력이 없는 어린아이의 구제를 특히 중요하게 여겼다. 조선

15. 조선 후기 노비로 팔려간 아이들

정부에서 양인 신분 보호라는 정책 기조를 완화시키며 자매를 허용하였던 것은 인도적인 취지에서 비롯되었던 것이다.

또한 이는 양천을 명확히 구분하는 법제와는 다른 현실도 반영된 것으로 보인다. 실제 향촌 사회에서는 양천의 구분보다 양반과 상놈(常漢)의 구분이 더 위력을 발휘하고 있었다. 이러한 현실에서 빈곤에 시달리는 양인보다는 차라리 자유가 제한되더라도 주인의 보호를 받는 노비가 되기를 바라는 사람들도 많았을 것이다.

실제 자매의 현장을 들여다보면, 그 인도적인 취지가 무색하다는 생각이 든다. 자매 거래를 통해 노비를 확보하려는 유력 양반층과 이들의 보호에 기대어 삶의 안정을 보장받고자 하는 가난한 양인층, 이들 양자가 자매 거래의 성사를 위해 타협하여 자매문기를 작성했다. 이에 따라 자매문기에는 자매 대상자가 실제 상황보다 더 고통 받는 모습, 부모를 극진히 생각하는 효자, 효녀의 모습으로 묘사되었다. 그런데 표면상으로나마 법 뒤에 그 모습을 숨기고 있던 향촌사회의 사적인 권력관계는 19세기 후반 정부의 양인 신분 보호 정책이 힘을 잃게 되자 그 모습을 노골적으로 드러내게 되었다.

이러한 현상의 중심에 소녀들이 있었다. 18세기 후반에서 19세기에 이르는 자매문기에는 가족 중 한 사람만을 매매할 경우에는 주로 딸이 자매의 대상이 되었던 것으로 나타난다.[17] 가난의 고통을 묘사한 자매문기에도, 부모를 기아에서 구하거나 부모의 병을 고치기 위해 자매를 하고자 한다고 표방한 문서에서도, 마을 유력자의 핍박을 받아 자매한 사실이 명기된 문서에서도 많은 소녀들이 자매의 대상이 되었다.

그렇다면 소녀들이 주로 자매의 대상이 된 이유는 무엇이었을까?

이는 아들과 딸에 대한 기대수준 차이 때문이었을 수도 있을 것이다. 그러나 이러한 현상이 나타난 데는 노비의 신분과 소속은 어머니를 따랐던 당시의 시대상이 더 큰 영향을 미쳤던 것으로 보인다. 자매를 통해 노비를 늘려갔던 사람들은 자매자뿐 아니라 그 자손까지 자신의 노비로 부리기를 희망했고, 이에 따라 가임 연령에 임박한 여성을 선호했던 것이다.[18]

이 시기 빈곤층의 소녀들은 여성으로서 가지고 있는 출산 능력, 효와 부모의 권위를 중시했던 당시의 부모, 자녀 관계, 향촌 사회의 힘의 논리에 의해 자신도 모르게 조선 후기 하층민의 삶의 고단함을 보여주는 자매문기의 주인공이 되었던 것이다.

| 주 |

1 池承鍾, 『朝鮮前期奴婢身分研究』, 일조각, 1995; 한상권, 「15세기 奴良妻交婚 정책과 교혼 실태」, 『古文書研究』 29, 2006; 『經國大典』 卷 5, 刑典, 賤妻妾子女.

2 池承鍾, 앞의 책, 1995, 128쪽.

3 韓榮國, 「朝鮮 中葉의 奴婢結婚樣態 – 1609년의 蔚山戸籍에 나타난 事例를 중심으로」(上),(下), 『역사학보』 75 · 76합집, 77, 1977, 1978; 한상권, 앞의 글 참조.

4 金武鎮, 「조선사회의 遺棄兒 收養에 관하여」, 『啓明史學』 4, 1993; 박경, 「自賣文記를 통해 본 조선후기 하층민 가족의 가족질서」, 『古文書研究』 33, 2008, 232~234쪽 참조.

5 박경, 앞의 논문, 2008 참조.

6 영남대학교중앙도서관, 『古書 · 古文書展示會』, 1997.

우장(右掌) : 오른쪽 손바닥을 그리거나 찍은 서명의 형태. 글을 모르는 하층민들은 수결 대신 수장(手掌: 손바닥을 그리거나 찍음)이나 수촌(手寸: 손가락을 그림)을 사용하는 경우가 많았다. 일반적으로 여성은 오른쪽, 남성은 왼쪽 손바닥이나 손가락을 그렸다. 전자는 각각 우장, 우촌(右寸)이라 하고, 후자는 각각 좌장(左掌), 좌촌(左寸)이라 했다.

관(關) : 조선시대 동급 이하의 관사에 보냈던 공문서

7 박경, 앞의 글 참조.

8 『正祖實錄』 卷16, 正祖 7年 11月 5日 壬辰.

9 박경, 앞의 글, 231~234쪽.

10 왕실도서관 장서각 디지털 아카이브, 安東 光山金氏 後彫堂 고문서, 別心, 得孫 自賣文記.

11 『英祖實錄』 卷77, 英祖 28年 8月 27日 乙卯.

12 박경, 앞의 글, 246쪽 참조.

13 韓國精神文化研究院, 『古文書集成』 33, 寧海 載寧李氏編 1, 1997, 奴婢明文 31 중 金粗是(月遷) 所志, 403~404쪽.

14 문서상에는 '동치 년'으로만 표기되어 있지만 간지를 통해 '동치 10년'임을 알 수 있었다.

15 전북대학교 박물관, 호남기록문화시스템.

16 『正祖實錄』 卷16, 正祖 7年 11月 5日 壬辰.

17 박경, 앞의 글, 243~244쪽.

18 위의 글, 244~245쪽.

16
변방 '국민', 이등 '시민': 공녀

| 이숙인 |

1. 공녀의 역사

공녀(貢女)란 과거의 한국이 중국에 진상(進上)한 여자를 말한다. 특수 공물(貢物)로 취급된 그녀들은 중세기 동아시아 국제관계의 희생물이다. 고구려와 신라에서 중국의 북위(北魏)에 여자를 보냈다는 기록이 있는 것을 보면 공녀의 역사는 멀리 5세기 초까지 거슬러 올라간다. 공녀가 본격적으로 요구된 것은 원의 간섭이 시작된 고려후기 때부터로 조선 전기에는 명나라에, 조선 후기에는 청나라에 공녀를 바쳤다. 그러면 고려와 조선이 헌납한 공녀 실태를 『고려사』와 『조선왕조실록』에 기록된 내용을 중심으로 살펴보자.

고려 원종(元宗) 15년(1274)에 원나라에서는 그들에게 귀순한 남송 군사들의 처를 얻어준다는 구실로 140명의 부녀자를 요구하였다. 고려에서는 결혼도감이라는 특별 관청을 설치하고 민가를 샅샅이 뒤져 그

숫자를 채웠다. 이때 끌려간 여성들은 대부분 과부, 역적의 처, 승려의 딸이었는데, 그 대열이 북으로 끌려갈 때 통곡 소리가 하늘을 뒤흔들었다고 한다.[1]

고려는 충렬왕 1년(1275)에서 공민왕 3년(1354)까지 80년간 44차례에 걸쳐 원나라에 여자를 헌납했다. 그 수는 회당 많게는 50명에서 적게는 1명까지 대략 170명 이상이 보내졌다.[2] 그런데 이것은 공식적인 숫자에 불과할 뿐, 원나라 고관들이 데려간 사적인 공녀까지 포함한다면 실제 수는 그보다 훨씬 많은 최대 2천명 이상일 것으로 보기도 한다.[3]

조선 전기에는 태종과 세종 때 20여년간 7차례에 걸쳐 114명의 공녀가 보내졌다.[4] 이 때 중국이 요구하는 여자들의 용도도 다양하여 처녀 16명, 여종 48명, 집찬녀(執饌女, 음식만드는 여자) 42명, 가무녀(歌舞女) 8명이었다. 여기서 '처녀'라고 한 것은 궁녀나 황실 가족의 처첩으로 삼기 위해서인데, 그들의 첫째 조건이 자색(姿色) 즉 미모가 출중해야 했다. 세종 15년(1433) 이후 약 80년간은 공녀를 요구하는 일이 없다가 중종 16년(1521)에 다시 공녀를 진상하라는 통보가 왔다. 이 때 조선은 중국이 요구한 숫자를 준비해두었으나 명나라의 황제 무종(武宗)의 갑작스런 사망으로 공녀를 보내지 않아도 되었다. 마지막 공녀가 명나라로 떠난 지 약 200년이 지난 인조16년(1638)에 청나라로 정권이 바뀐 중국이 다시 공녀를 요구해왔다. 또 그 12년 후인 효종 원년(1650)에도 공녀 송출이 있었다. 조선 후기에 해당되는 인조와 효종 때, 2차례에 걸쳐 32명의 공녀가 청나라로 떠났다.

이상은 『고려사』와 『조선왕조실록』에 기록된 바, 중국 황제의 공식적인 명령에 따라 보내어진 공녀 헌납의 실태이다. 그런데 공적인 공녀 못지않게 황족이나 고관 등이 직접 오거나 간접적으로 사신을 파견하여 처첩을 구하는 사적인 공녀 숫자도 만만치 않았다고 한다. 심지어 중국의 관리들은 상관에게 뇌물용으로 바치기 위해 황제의 명령이라고 속이고 미혼의 여성들을 데려갔다고 한다. '처녀'들의 나이는 대개 11세에서 18세 사이였다.

공녀는 중세기의 한국을 보는 창이다. 천년 이상의 역사를 가진 공녀에는 국가의 욕망과 남성의 욕망이 응축되어 있다. 공녀는 한 역사시기에 자행된 특수한 사건에 불과한 것이기보다 용어나 내용은 다르지만 언제나 있어왔고 다시 살아날 수 있는 현재성이라는 데 문제가 있다. 중세기 국제관계가 낳은 역사적 산물 공녀, 그녀 자신들은 제물이 되었지만 한편에서는 그녀들로 이익을 챙기는 다양한 집단을 가능케 했다.

2. 공녀 '사냥'에 온 나라 벌집 되다

중국에서 공녀를 구하는 사신이 오면 한국에서는 먼저 그들을 선발할 임시기구를 설치하고, 각 도에 그 할당량을 배정했다. 고려 때의 기구로는 '결혼도감(結婚都監)'과 '과부처녀추고별감(寡婦處女推考別監)'이 있었고, 조선시대에는 '진헌색(進獻色)'과 '혼례도감낭청'이 있었다. 중국으로 보낼 공녀를 뽑기 위해 고려와 조선은 전국에 혼인금지령을 내리고 공녀 선발을 담당할 관직을 개설했다.

각 도에 순찰사를 나누어 보내어 다시 처녀를 선발하게 하고, 또 내관 한 사

람씩을 따라가게 하였는데, 이름을 경차내관(敬差內官)이라 하였다. (『태종실록』08/07/03)

이에 온 나라 백성들은 불안과 공포에 휩싸였다. 사람들은 딸을 숨기거나 머리를 깎아 중이 되게 하거나, 딸의 나이 아주 어림에도 불구하고 재빨리 혼인을 시키는 방법으로 공녀 사냥으로부터 벗어나려 하였다. 백성들의 저항이 거세지자 국가는 원활한 공녀 선발을 위해, 고려 충렬왕 13년(1287)에 '처녀등록제'와 '혼인신고제'를 법령화했다. 즉 "양가의 처녀들은 먼저 관청에 신고한 뒤에 출가시키도록 하라. 이를 위반하는 자는 처벌할 것이다."라고 하였다. 고려의 관리 이곡(李穀, 1298-1351)은 원나라 황제에게 상소를 올려 공녀로 인한 고려인들의 애환을 하소연했다. 그 내용이 『고려사』에 실려 있다.

> 고려인들은 딸을 낳으면 비밀에 붙이고 남이 알세라 걱정하는 형편이라 이웃도 그 딸을 볼 수가 없다. 원나라 사신이 올 때마다 겁을 먹고 수군거리며, '어찌 왔을까? 동녀 잡으러 왔을까?' 한다. 군사와 관리들은 사방에 흩어져 집집마다 뒤진다. 딸을 숨긴 사실이 발각되면 온 마을이 피해를 입게 되며 친족을 묶어두고 취조하여 모멸감을 준다. 중국 사신이 한번 나타나면 온나라가 공포에 떨며 닭이나 개까지도 괴로움을 당한다. 그런데 처녀를 선발하는데 뇌물이 오가는데, 돈이 있는 자는 빠지고 돈이 없는 자는 끌려간다.
> (『고려사』 열전 22, 이곡)

담당 관청과 관직을 따로 개설하면서까지 국가는 공녀 선발에 총력적인 노력을 기울였지만 딸을 가진 자들은 온갖 수단을 동원해서 피하려고 하였다. 조선 태종 8년 4월에 실시된 명나라로 보낼 1차 공녀 선발은 온 나라를 두달 간이나 불안과 공포에 떨게 했다. 이 사건은 각 도에서 30명의 처녀를 뽑아 서울로 이송함으로써 일단락되었다. 뽑힌 공녀 후보자들은 의정부의 재심을 거쳐 부모 3년 상을 당한 자나 무남독녀를 제외한 7명으로 압축되었다. 다시 선발된 7명을 놓고 중국에서 온 사신 황엄 등이 경복궁에서 최종 심사했다. 여기서 황엄은 처녀들의 미색이 없다고 분노하였다. 거기다가 선발된 처녀 모두가 몸에 이상이 있는 것처럼 하여 뽑히지 않으려고 애를 썼다. 결국 이 여자들의 부친은 모두 딸을 잘못 가르친 죄로 파직되거나 귀양가게 되었고, 7월에 전국을 대상으로 처녀를 다시 뽑게 되었다. 이에 태종은 좀 더 강력한 법을 발동시켰다.

지난번에 관찰사 등이 처녀들을 철저히 찾아내지 않았기 때문에 보고에 빠진 자가 많았다. 다시 수령·품관·향리·양반 등 모든 백성의 집을 수색하여 자색(姿色)이 있는 모든 처녀를 가려내라. 정결하게 빗질하고 단장시켜 명나라 사신의 심사를 기다리도록 하라. 만일 처녀를 숨기거나 침을 뜨고 약을 붙이는 등 흉하게 보이도록 꾀를 쓰는 자는 통정대부 이하는 각 도에서 직접 처단하고, 가선대부 이상은 '왕지(王旨)를 따르지 않는 죄'로 논하여, 직첩(職牒)을 회수하고 가산(家産)을 몰수하라. (『태종실록』 08/07/03)

국왕의 명을 받은 관리들의 횡포는 극에 달했다. "지금 나라에는 처녀를 숨긴 자를 찾아내어 재산을 몰수하고 있습니다. 해당 관리들은 아전들과 부녀자들을 잡아가두고 매질을 하니 마을 사람들이 원통하게 부르짖어 화기(和氣)를 상하게 하고 있습니다."(『태종실록』, 8/7/15) 국가가 강력하게 나오면 나올수록 딸을 뺏기지 않으려는 백성들의 지혜는 더 자라나 세종 때는 자진 신고와 함께 남이 신고하도록 하는 방법을 개발하였다.

> 현직이나 전직의 모든 관리들은 각자 자기의 딸과 형제 및 친족의 딸을 7월 18일까지 신고토록 하라. 만일 처녀를 숨기고 알리지 않는 자나 나이 비슷한 못생긴 다른 아이를 대신 내놓는 자는 왕의 명령을 어긴 죄로 처벌하고 가산을 몰수하여 신고한 자에게 상으로 준다.(『세종실록』 06/07/13)

공녀 선발을 위해 공포된 각종 법령은 사람들로 하여금 서로 믿지 못하게 하는 매우 심각한 분위기를 조성했다. 관리들에게는 딸이 있는 집을 관청에 비밀리에 신고하도록 권한을 부여했는데, 그 가운데는 원한 관계에 있던 사람에게 복수할 수 있는 기회로 삼아 딸이 없음에도 딸이 있다고 신고하는 일이 벌어지기도 했다. 관민(官民) 공조로 '숨겨진 딸'을 찾아내려는 이 시대의 풍경은 '간첩'을 찾기 위해 우리 모두가 혈안이 되었던 한 시기를 연상케 한다. 말하자면 '딸을 숨기는 죄'는 이 시대의 '국가보안법'으로 다스려졌다.

혼인금지령을 어기고 혼인하는 자들, 딸을 숨기는 자들은 해당 지역의 수령까지 처벌하도록 했다. 효종 때 공녀로 뽑혀 서울로 호송되던 한 처녀가 칼로 자신의 머리를 잘랐는데, 이 때 처녀의 고을 현감과 호송 관원들이 모두 엄한 형벌을 받았다. 법령과 함께 그 위반의 사례들이 속출하였고, 공녀 선발과 관련된 새로운 각종 범죄들이 발생하였다. 경상도의 정황(鄭煌)이라는 사람은 딸이 공녀 후보자로 뽑혀 서울로 올라오게 되자, 오는 도중에 딸의 얼굴에 약을 발라 얼굴을 상하게 했다. 이때 정황은 이 사실을 숨기기 위해 그의 딸을 호송한 향임 최응벽(崔應璧)이라는 자가 자신의 딸을 강간하려다가 상처를 입힌 것이라고 무고하였다. 조정에서는 최응벽을 사형에 처하였다. 그후 최응벽의 아들이 아버지의 원수를 갚기 위해 정황을 칼로 살해하였다.(정구선, 2002:65)

공녀는 고려와 조선의 결혼 문화를 주도하였다. 공녀를 피하기 위해 딸을 일찍 혼인시키는 조혼이 유행한 것이다. 고려인들은 딸의 나이 10세 이전에 혼인을 시키거나 젖먹이 딸의 데릴사위를 들이는 방법을 썼다. 또는 강보에 싸인 여아를 유모가 안고 시집을 보내는 일도 있었다. 이러한 조혼의 풍습은 조선에서도 마찬가지였다.[5] 세종 때는 "12세 이하의 여자에 대해 혼취를 금하라"(『세종실록』 06/09/25)는 법령을 공포하였고, "옛사람은 딸을 20세 또는 23세에 시집보냈지만 오늘의 사족가에서는 10세 이전에 다 시집 보냅니다"(『연산군일기』 03/12/12)고 하였다. 조선후기 효종 때는 7-8세 된 딸이면 거의 모두 혼인한 상태였다고 하였다.(『효종실록』 01/09/09)

간다는 것이 무엇을 의미하는지는 누구보다 국가가 더 잘 알고 있었다. 중종은 "여자를 뽑는 일이 부득이한 데서 나온 일이지만 어찌 원통하지 않겠는가? …혹시라도 선발된 처녀들이 구덩이에 몸을 던진다든가 목매어 자살하는 일이 있을까 염려스럽다."(『중종실록』 16/06/02)고 하였다.
공녀들이 국경을 벗어나려 하면 따르던 자들이 옷자락을 끌어 당기며 엎어져 길을 막고 소리 지르면서 울부짖는다. 그 중에는 분함을 못 이겨 우물에 빠져 죽는 자가 있는가하면 목을 매어 죽는 자도 있다. 또 기가 막혀 기절하는 자, 피눈물을 쏟고 실명하는 자도 있다. 이와 같은 일은 이루 다 기록할수가 없다. 고려인들은 무슨 죄로 이 고통을 당해야 하는가? (『고려사』 열전22, 이곡)

이러한 상황은 조선에 그대로 이어졌다.

진헌할 창가녀 8인, 집찬녀 11인, 어린 화자(火者) 6인에게 음식을 대접하도록 명하니, 여인들은 다 슬피 흐느끼고 먹지 않았으며, 물러나올 때에는 낯을 가리고 우니 부모와 친척들이 서로 붙들면서 데리고 나왔는데, 곡성(哭聲)이 뜰에 가득하여 보는 사람들이 모두 눈물을 흘리었다.(『세종실록』 11/07/18)

3. 끌려간 공녀들, 어떻게 되었나?

가족과 친지들의 눈물과 통곡을 뒤로하고 떠난 공녀들이 목적지인 북경에 도착한 것은 출발로부터 약 두달 뒤였다. 가는 도중에 호송하는 환관들의 희롱에 수모를 당하는 것은 예사이고, 겨울인 경우는 매서운 만주 벌판의 추위 속에서, 여름인 경우는 무더위로 병을 얻기가 일쑤였다고 한다.

고려의 공녀들은 원나라 황궁의 궁녀가 되어 황제나 황후, 황족의 시중을 드는 일을 맡았다. 공녀의 일부는 다시 중앙의 고관이나 지방의 황족들에게 분배되었다. 사적인 경로를 통해 간 공녀들은 황족이나 관리들의 처첩이 되었다. 원나라 황실의 내방(內房)은 상하를 막론하고 온통 고려의 여성들이 독차지하였으며, 이 외의 다른 많은 공녀들은 창기가 되었다.(정구선, 2002:75-76) 이들 중에서는 황후가 된 자들도 있다. 고려에서 간 기씨 성을 가진 공녀는 원나라 순제(順帝)의 제1황후가 되었다. 그녀가 낳은 순제의 장남은 황태자로 책봉되었고, 후에 명나라에 쫓겨 외몽고에 북원(北元)을 개국하여 황제가 되었다. 『고려사』에는 이 같은 상황을 기록하고 있다.

> 지금 고려의 부녀자들이 황후나 황비의 지위에 있고, 왕과 제후의 배우자가 되어 있으므로 공경 대신 등의 고관대작들이 고려의 외손에서 많이 나왔다.(『고려사』 열전 22, 이곡)

조선의 공녀들, 태종 8년(1408)에 명나라로 끌려간 5명의 처녀들은 모두 영락제의 후궁이 되었다. 이 중 권씨 처녀는 뛰어난 미모와 훌륭한 옥퉁수 실력으로 영락제의 총애를 받아 현인비에 봉해졌고, 나머지 4명의 처녀들도 순비(順妃), 소의(昭儀), 미인(美人)에 각각 봉해졌다. 그런데 현인비가 중국인 궁녀에 의해 독살되었는데, 그 사건은 조선에서 함께 간 공녀 여미인의 소행으로 꾸며졌다. 무고임이 밝혀지기도 전에 조선에서 간 공녀 대부분이 이 사건과 관련있다 하여 처형되었다. 태종 17년(1417)에 공녀로 간 한씨 처녀는 영락제의 여비(麗妃)에 봉해졌는데, 권씨 독살 사건과 연루된 참형에서는 다행히 벗어났으나 영락제의 사망으로 순장(殉葬)되었다. 태종 때 끌려간 8명의 '처녀' 중 7명이 비참하게 죽어갔고, 여종 등의 공녀들도 거의 몰살당한 것이다. 순장되기 직전에 한씨는 유언을 남겼는데, 자신의 유모 김흑을 고국 조선으로 보내줄 것을 눈물로 호소하였다. 김흑은 또한 공녀로 온 조선의 집 찬녀와 가무녀들도 함께 보내줄 것을 눈물로 간청하여 허락받았다. 세 종 17년(1435) 4월에 김흑을 비롯한 여종 9명, 집찬녀 37명, 가무녀 7명 등 모두 53명이 조선으로 송환되었다.(『세종실록』 06/10/17)

대부분의 공녀들은 이역만리 타국의 구중궁궐에 유폐되어 산송장 처럼 살다 생을 마감하거나 성 노리개로 전락하였다. 황제의 눈에 들어 비빈(妃嬪)에 봉해졌을 경우 조선에 사는 그 가족들과 왕래가 가능했지 만 그렇지 않은 대다수의 공녀들은 그 부모들을 평생 만날 수 없었다. 누이를 둘씩이나 공녀로 보낸 높은 벼슬의 한확은 중국을 오가면서 가 종 외교적인 업무를 수행했던 것 같다. 공녀와 환관으로 간 조선인 중 7명이 한확을 통해 그 부모와 형제들에게 주는 서신(書信)을 보내왔다. 거기에는 모두 고생하며 지낸다는 내용과 깎은 머리털이 들어 있었다. 가족들은 이를 보고 눈물 흘리며 "평생토록 상견(相見)할 것은 다만 이 머리털뿐이다."라고 하니, 좌우의 사람이 얼굴을 가리고 울며 크게 한 숨을 지었다(세종실록 11/04/12).

4. '누이' 팔아 출세하다

대부분의 사람들은 자신의 딸이나 누이가 공녀로 끌려가는 것을 적극 반대했지만 일부에서는 딸이나 누이를 통해 출세를 꿈꾸는 자도 있었다. 비록 의도했던 것은 아닐지라도 딸이나 누이가 공녀가 되면 나라에서는 그들에게 관직과 재물을 주며 위로하는 분위기였다. 즉 딸 이나 누이의 희생으로 남은 남자들은 관직과 재물을 얻는 것이었다.

만일 공녀가 중국 황제의 후궁이 되어 황제 권력내에 있을 경우 고려·조선의 조정에서는 그들의 아버지, 오빠, 친족을 '황친(皇親)'이라 하여 매우 극진하게 예우하였다(『세종실록』 09/07/19).

이러한 풍조에 대해 고려인들은 "천하의 부모로 하여금 아들 낳기를 꺼리고 딸 낳기를 원하게 하는구나."라는 시를 읊조리며 비웃기도 했다. 특히 원나라 황제의 제1황후가 된 기씨의 아버지와 그 오빠들, 그리고 친족들은 모두가 벼슬을 얻어 부귀영화를 누렸다. 기황후의 오빠 기철은 그 권세가 국왕을 능가할 정도였다. 국왕과 나란히 말을 타고 다니면서 환담을 나누는 사이였고, 왕에게 올리는 시에 신하라는 말을 쓰지 않았다고 한다(『고려사』 열전 기철).

태종 17년(1417)과 세종 10년(1428)의 두 차례에 걸쳐 두 누이동생을 공녀로 보낸 한확은 '누이' 팔아 출세한 '최고'의 사례이다. 태종 때 간 여동생은 황제의 후궁이 되었고 황제의 사망으로 순장되었는데, 세종 때 다시 막내 누이 동생을 공녀로 보내려고 했다. 어느날 그 여동생이 병이 나자 오빠 한확이 약을 주었다. 한확의 여동생은 "동생 한 명을 팔아 부귀영화를 누렸으면 되었지 남아 있는 동생마저 팔려고 약을 주는가?"라고 하며 울부짖었다. 그녀는 칼로 이불을 찢고 마련해 둔 혼숫감을 모두 친척들에게 나누어 주었다고 한다(『세종실록』 09/05/01).

한확은 우의정과 좌의정 등 주요 요직을 두루 거쳤고, 그의 딸들을 왕자들과 혼인 시키는 등 최고 권력과 밀착되어 있었다. 세조의 며느리가 된 한확의 딸은 성종의 모후인 인수대비인데, 소혜왕후라고도 했으며 『내훈』의 저자이기도 하다. 그녀는 공녀로 가서 명 황제의 후궁이 된 고모와 자주 편지 연락을 했다고 한다. 한확과 한명회 등 청주

한씨 가문이 조선 전기의 최고 명문으로 자리를 굳힐 수 있었던 것은, 또 그들의 딸들을 차례로 왕족과 혼인시키고 왕비가 되게 할 수 있었던 것은 공녀로 간 두 '누이'와 무관하지 않을 것이다.[6]

5. 공녀의 '조국'

그녀들을 버린 '조국'은 그녀들을 여러모로 활용하였다. 그녀들의 '조국'에서는 자신들 때문에 얻게 된 재물을 서로 나누었고, 그것으로 서로의 정치세력을 굳건히 하였다.

> "한확과 김덕장이 황제로부터 하사받은 금은(金銀) · 저사(紵絲) · 채견(綵絹) 따위의 물건을 양전(兩殿)에 바치었다. … 이날에 한확이 황금 25냥쭝, 백은 1백냥쭝, 각색 저사 5필, 채견 5필 등을 바치니 임금이 금 25냥쭝, 백은 50냥쭝을 도로 주었다. 한확이 또 백은 1백냥쭝, 각색 저사 4필, 채견 3필, 백두라면 2조, 직금화합포 2개, 백당 1기를 중궁(中宮)에게 바치었다. 김덕장이 백은 50냥쭝, 저사 3필, 채견 3필을 바치니, 임금이 백은은 도로 주었다."(『태종실록』 17/12/20)

> "한확은 중국에서 선사 받은 염소 20마리, 말 2필을 바치고, 상왕전에도 이와 같이 바쳤다"(『세종실록』 01/01/22). 한확이 중국황제로부터 받은 선물을 상왕께 바치자 상왕은 "황제께서 경에게 주신 것은 경더러 쓰라고 하신 것이다"고 하며 되돌려주었다(『세종실록』 02/05/16). 또한 조정에서는 공녀들의 가족을 외교에 적극 활용하였다. 세종은 한확 등을 북경

에 보내 금·은의 공물을 면제해줄 것을 요청했다(『세종실록』02/01/25).

공녀를 담보로 각종 이익을 구가하는 '조국'의 사람들, 그렇다면 공녀는 다만 '조국'을 위해 받쳐진 희생자일 뿐일까? 공녀들은 '조국'을 어떻게 이해했을까? 그녀들은 '조국'의 번영을 위해 자기 한 몸을 순순히 희생만 한 것은 아니었다. 그들 중에는 자신의 권력 형성에 '조국'을 적극 활용하였고, '조국'을 향해 무리한 공물을 요구하기도 했다. 이것은 자신을 버린 조국에 대한 복수의 행위로 해석될 수도 있을 것이다.

『고려사』에는 공녀로 끌려간 여자들이 한을 품고 나라를 망하게 할 것이라는 흥미로운 상상이 보인다.

> 지금 고려에는 원한을 품은 여자가 그 얼마인가? 해마다 나라에 수재와 한재 가 끊이지 않고 굶주려 죽는 백성이 많은 것은 이러한 원한이 모여서 생기는 괴변 아니겠는가? (『고려사』 열전22, 이곡)

공녀로 간 여성 중에 최고의 지위에 올랐던 고려 출신의 기황후는 자신을 버린 '조국'을 스스로도 '버린' 경우이다. 기씨는 무명의 궁녀로 출발하여 수많은 궁녀 가운데서 순제의 황후로 발탁되었다. 발탁되었다기보다 스스로 만든 것임을 알 수 있다. 그녀는 미모 이상으로 탁월한 능력을 가졌던 것으로 알려져 있다. 그녀는 역대의 현명한 황후들을 닮으려고 했고, 효경과 사서를 통해 교양을 쌓았다. 자기 관리뿐 아니라 다수의 고려 미인들을 확보해두었다가 고관들에게 나누어줌으로써 그들을 회유하는 등 용의주도한 정치술을 발휘하였다. 기황후가 세력을 행사하던 원나라 말기 30년간은 궁중에 고려 미인들로 가득차 있었다고 한다. 그 뿐 아니라 고관대작이나 귀인으로 행사하려면 반드시 고려 여인을 얻어야 했다. 고려인을 중심으로 정치세력을 구축한 기황후는 고려의 왕위계승 문제에도 큰 영향을 미쳐 충혜왕의 축출과 공민왕의 폐위음모에 가담하기도 했다. 이로 인해 고려의 고관들도 기황후 일파와 연줄을 대려고 아부하는 자들이 많았다(정구선, 2002:85-86).

기황후의 '조국'에 남은 친족들은 그녀의 권세에 업혀 온갖 권력행위를 일삼았다. 기황후의 모친 생일에는 왕비가 초대되고, 잔치에 사용된 꽃이 얼마나 많았는지, 전국의 지가가 폭등했다고 한다. 생일에 초대된 사람들은 하나같이 이처럼 화려한 잔치는 처음 본다고 했다는 것이다. 고려 국왕을 능가하는 권세를 누리던 기씨 일족이었지만, 원의 세력이 약화된 틈을 타 친원파 제거 등의 반원정책을 펼치던 공민왕에 의해 몰락하였다. 기씨 형제들이 몰락하자 원나라의 기황후는 자신의 아들인 황태자에게 고려에 복수할 것을 독려한 것으로 『고려사』에 전해지고 있다. 기황후의 부탁으로 원나라 황제는 공민왕을 폐하여 덕흥군을 왕으로 삼고, 군사 일만 명을 보내 고려를 치게 하였다. 그러나 최영이 이끄는 군대에 멸망함으로써 결국 기황후의 복수극은 실패하였다(정구선, 2002:84-96).

공녀들, 특히 기황후에게는 '조국'이나 '국가'에 대한 개념이 없었을 수도 있다. 그녀에게 '조국'이란 어머니가 살고 계신 곳, 형제들이 사는 곳, 그 이상의 의미를 가질 수가 없었을 것이다.

6. 변방 '국민', 이등 '시민'

　대국의 소국에 대한 요구는 대국에 새로운 권력이 형성되었거나 소국 내부의 정체(政體)가 불안정할 때 더 강화되었다. 고려와 조선이 공녀 헌납을 요구받은 시기들을 보면 이러한 사실을 확인할 수 있다.

> "우리 태조황제(징기스칸)가 13개국을 정복할 때 그 나라 왕들이 앞을 다투어 아름다운 여인과 좋은 말과 희귀한 보물을 바쳤다는 사실을 당신들도 들은 적이 있을 것이다."(『고려사』 세가28, 충렬왕 원년/10월)

　조선 초기의 지배층은 이씨 왕조의 정당성과 자신들의 정체성 문제로 시달렸다. 새로 들어선 제국 명(明)의 승인을 받는 것이 급선무였으므로 사대(事大)로 대명 외교의 노선을 정하게 된 것이다. 조선의 국제적인 위상이란 미녀 몇 명을 데려오라는 황제의 명을 받고 파견된 명나라 사신 황엄(黃儼)의 태도에 그대로 드러난다. 황엄은 각 도에서 올라온 온 처녀들이 '미색(美色)'이 아니라는 이유로 그 처녀를 선발한 경상도의 담당 관리를 곤장 치려했다. 그리고 비스듬히 걸터앉아 정승들을 맘대로 희롱하고 욕보였다. 이것을 지켜 본 국왕 태종의 태도 역시 눈물겨운데, 태종은 지신사 황희(黃喜)를 보내 이렇게 말했다.

> "이 계집아이들은 멀리 부모 곁을 떠날 것을 근심하여 먹어도 음식 맛을 알지 못해 날로 수척해진 때문이니, 괴이할 것이 없소. 다시 중국(中國)의 화장(化粧)을 시켜 놓고 보시오." 하니, 황엄이 좋다, 하고 넘어갔다.(『태종실록』 08/07/02)

세종은 공녀 진상이 "국내의 이해(利害)에만 관계되는 것이 아니라 외국에 관계되어 조정에서 신하들이 간하는 형태와는 달리 다만 영(令)만 따를 뿐이다."(『세종실록』 09/07/21)고 하였다.

공녀로 간 누이나 딸이 중국 황제의 후궁이 되면 그녀들의 아버지나 오빠들은 '황친(皇親)'으로 분류되어 중국과 조선 양 쪽에서 극진한 예우를 받았다. 그들은 황제의 부름을 받고 수시로 중국을 왕래하였다. 태종 8년에 딸을 공녀로 보낸 임첨년(任添年)은 조선의 금물(禁物)을 중국으로 밀반입시킨 죄로 사헌부의 탄핵을 받았다. 그때 그는 중국 황제로부터 후한 하사품을 받아 이미 부자가 되어 있었다. 그의 관직을 박탈하고 논죄해야 한다는 사헌부의 상소를 받은 임금은 자신이 알아서 할 테니 "이 일을 다시는 꺼내지 말 것"을 명하였다(『태종실록』 09/10/10). 또 공녀로 간 딸로 인해 벼슬을 얻은 임첨년과 최득비(崔得罪) 등이 길에서 우의정을 만났는데도, 말에서 내리지 않고 그대로 지나갔다. 교만과 방자함이 극에 달아 원로(元老)를 멸시한 무례를 범하였으니 징계를 해야한다는 사헌부의 탄핵을 받고도 임금은 그럴 수 없다고 했다(『세종실록』 09/12/19). 한확이 간통 사건을 일으키자 사헌부가 논죄를 요청하였다. 임금은 "이 사람은 내가 죄 줄 수 없는 사람이다."라고 하였다(『세종실록』 07/09/28).

그들의 행위가 조선의 국법에서 볼 때 명백한 범죄였음에도 불구하고 논죄할 수 없었던 데는 그들의 배후에 제국의 감시가 있었기 때문이다. 사실 조선 출신의 공녀가 황제의 비빈이 되었다 하지만 수많은 후궁 중의 하나에 불과할 뿐 실제적인 권력이라고 할 수 없는 정도이다. 중국의 황제가 수시로 이 '황친'을 불러들여 재물을 하사하는 데는 그들에게 친밀감을 느껴서라기보다 조공국을 지배하기 위한 고도의 전략일 수 있다. 중국 황제와 '은밀한' 만남을 가지는 공녀의 가족들에서 조선의 국왕은 자신을 견제하는 제국의 권력을 체감할 것이기 때문이다. 중국의 입장에서는 '미녀'도 얻고 조공국도 견제하는, 이중의 이익을 얻을 수 있는 것이다.

> 광록소경(光祿少卿) 한확의 녹봉은 비록 명문(明文)으로 내린 바는 없으나, 다른 황친(皇親)의 예에 의하여 이미 일찍이 시행하고 있음을 사신으로 하여금 (명나라) 황제에게 전달하여 아뢰게 하라. 『태종실록』 18/01/08)

조선의 국왕은 공녀로 인해 형성된 중국 황제와의 개별 관계에 이다지도 신중하지만, 그 공녀를 선발하는 과정에서는 이들을 사람으로서가 아니라 한낱 '상품'으로 취급하였다. 세종이나 중종은 그래도 조선의 딸들을 공녀로 받쳐야 하는 국왕으로서의 미안함을 보이고 있다. 중국 사신이 본국으로 돌아가며 다음에 데려갈 처녀를 미리 뽑아 놓으라고 하자, 세종은 "천자의 칙지(勅旨)가 없으니 될 수 없다."고 맞섰다.

조선의 백성 중에서 여자가 어떤 존재였는지, 태종을 통해 확인할 수 있다. 국왕 태종에게 여자란 그의 백성이기보다 '물건'에 가깝다. 중국 사신 황엄이 돌아가며 미색 있는 처녀를 더 뽑아 놓으라고 부탁하였다. 태종은 "나라가 작고 힘이 약하여 지금 바치는 말이 겨우 1만 필이지만 미색이야 어찌 감히 다시 구하지 않겠소!"라고 했다. 그리고 태종은 황엄이 최종적으로 선발한 공녀를 보고 의아해했다. 태종은 좌우에 있는 사람들에게 "황엄이 선정한 고하(高下)의 등수가 틀렸다. 임씨

처녀는 관음보살 상 같아서 요염하고 교태스런 맛이 없고, 여씨 처녀
는 입술이 두껍고 이마가 좁은데, 이것이 무슨 물건이냐?"라고 말했다
(『태종실록』 08/10/11).

조선의 태종 임금은, 여자라면 얼마든지 공급해 줄 수 있다고 중
국의 일개 사신에게 약속하였다. 태종의 시대와 유사한 상황에서 고려
말의 중신(重臣) 이곡은 중국 황제를 향해 공녀 요구가 비인도적인 처사
임을 항변하였다. 이곡은 공녀를 중지해 줄 것을 요구하면서 그 몇 가
지 이유를 제시하는데, 여자의 사회적 위상이 중국과 달라 딸이 더 선
호되며, 부모 부양을 딸이 맡기 때문에 공녀 차출은 사람들의 기본 생
활을 파괴하는 반인륜적 행위라는 점에서 접근하고 있다. 소개되는 인
용문은 『고려사』 열전에 실린 이곡의 상소문이다.

태고적에 어진 임금은 나라를 다스림에 있어서 일체 백성을 차별없이 사랑
하였다. … 그런데 이제 빈번히 특명을 내려 남의 딸을 강탈하는 것은 심히
옳지 않은 일이다. 대체로 사람이 자식을 낳아서 양육하는 것은 후일에 그
의 덕을 보려는 것이다. 이것은 사람의 귀천과 나라에 관계없이 인간으로서
의 본능은 일반인 것이다. 고려 풍속으로 말한다면 남자가 차라리 본가로부
터 따로 살지언정 여자는 집을 떠나지 않게 되어 있는데 그것은 마치 진(秦)
나라의 데릴사위와 같아서 부모를 부양하는 것은 여자의 임무로 되어 있다.
그러므로 딸을 낳으면 애지중지하여 이를 키워서 밤낮으로 그가 장성하기를
바라니 그것은 딸이 부모를 부양해 주기 때문이다. 그런데 일조에 품 안에서
빼앗겨 4천 리 밖으로 보낼 때 그리고 발이 한 번 문 밖을 나가면 종신토록
돌아오지 못하게 될 때 인정상 그 부모의 마음이 어떠하겠는가? (『고려사』 열
전22, 이곡)

여자들의 운명은 국가의 성격이나 정치가의 세계관에 따라 달라질 수도 있을 것이다. 하지만 큰 틀에서 볼 때, 고려와 조선은 '제국'인 중국의 '식민국'일 뿐이었다. 고려는 후기에 들어 원의 복속국으로 전락하였다. 공녀 요구가 이때부터 본격적으로 개시되었음을 볼 때, 공녀는 일차적으로 '제국'의 '식민국' 지배가 낳은 산물이다. 여성이 그 대상인 것은 식민국 내부가 남성지배의 권력구조로 형성되어 있기 때문이다. 즉 공녀란 식민국의 '국민'이자 국가 내부의 '식민인'이라는 이중 억압의 상황에 있는 여성 존재가 극화된 것이다. 제국은 자신의 권력을 확인하는 방법으로 여자와 재물을 요구하였고, 약소국은 내국의 여자를 바침으로써 국가를 보위할 수 있었다.

| 주 |

1 이능화, 『조선여속고』, 김상억 옮김, 동문선, 1990, 90-91쪽.

2 정구선, 『공녀』, 국학자료원, 2002, 27쪽.

3 유홍렬, 「고려의 원에 대한 공녀」, 『진단학보』 18, 1957.

4 공녀 헌납은 태종8년(1408)에 21명, 태종10년(1410)에 5명, 태종 17년(1417)에 14명, 세종9년(1427)에 33명, 세종10년(1428)에 1명, 세종11년(1429)에 20명, 세종15년(1433)에 20명이었다. 태종 때부터 중종 때까지 약 110여년 간 모두 12회에 걸쳐 공녀를 요구받았으나 실제로 보내진 것은 태종과 세종 때의 7회였다.(정구선, 앞의 책 참조)

5 고금의 예를 참작하여 만든 『주자가례』에는 남자 16세부터 30세까지, 여자 14세부터 20세까지를 적정한 혼인연령으로 규정하고 있다. 그 부모가 50세가 넘어 그 자식의 혼가를 청원할 경우 남녀 12세 이상 관에 신고한 경우만 성혼을 허락하도록 하였다. (『세종실록』 22/03/08)

6 한희숙, 「조선초기 소혜왕후의 생애와 『내훈』」, 『한국사상과 문화』 27집, 2005.

17
유혹하는 몸과 정절의 경계, 김은애

| 유승희 |

　역사 속의 여성들은 오늘날 보다 더 복잡한 삶의 지평 속에 서있
는 존재이다. 그들은 한편으로는 양반, 상민, 천민이라는 신분제 사회
의 틀 속에서, 다른 한편으로는 성리학적 유교질서 속에서 살아왔다.
조선시대 위정자들은 모든 여성을 가족 속에 위치시키려는 노력 하에
부부가 구성하는 가족 내부 질서의 방식과 혼인형태를 정했으며, 삼강
(三綱)의 담론과 부부의 위계를 설정하였다.¹ 그 과정에서 여성의 사회적
지위와 활동은 여성이 의도하지 않은 방향으로 규제되고 약화되었다.
조선시대 여성은 이러한 변화에 저항하기 위해 일탈을 감행하기도 하
였으며, 당시의 새로운 여성상이 곧 이상적인 여성의 모습이라 생각하
고 내면화하여 순응하기도 했다. 필자는 조선시대 여성은 어떤 존재였
을까, 어떤 여성이 되어야만 했을까 라는 물음 속에 어떤 여성들이 있
었을까를 생각해 보게 된다. 이 글에서는 살인을 저지르면서까지 자신
의 정절을 지키고자 했던 김은애라는 여성을 소개하고자 한다.

1. 안조이의 살해자, 김은애

정조 13년(1789), 전라도 강진에 사는 김조이(金召史)는 밤이 깊어지자 소매를 걷어 올리고 치마를 찔러 넣은 채 식칼을 들고 곧장 이웃에 사는 안조이(安召史)의 집으로 향했다. 이 때 안조이는 잠자리에 들려고 윗도리는 벗고 치마만 입은 채였다. 김조이는 곧장 안방으로 들어가 안조이의 목을 여러 차례 찌른 후 견갑골, 어깨, 겨드랑이, 등골 등 몸의 각 부위를 열여덟 차례 찔렀다. 그런 후 다시 동모자 최정련을 죽이려 그의 집으로 향하던 중 어머니의 간곡한 만류로 집으로 돌아갔다.

***

조선시대 한성부를 비롯하여 지방 각 군현에서 살인사건이 발생하면 사건의 원인, 피해자의 상태, 주범과 종범의 구별 등을 밝히는 검험(檢驗)을 실시하였다. 한성부의 경우 사건이 발생한 부(部)의 부관(部官)이 검관(檢官)이 되어 율관(律官)·의관(醫官)과 함께 서리, 하례(下隷), 시체 검시를 전담하는 오작인(仵作人) 등을 거느리고 검험을 주관하였다. 지방에서는 사망자가 발생한 군현의 관할 수령이 검험관이 되었다.

먼저 검험관은 시체를 안치해 둔 곳에 도착하여 시친(屍親)과 피고인의 진술[招辭]을 받았다. 아울러 정범과 간범(干犯) 등 죄인을 포함하여 증인, 간련인(干連人), 오가장(五家長) 등 응문각인(應問各人)들에게 처소에서 싸운 이유, 원한의 유무, 살아 있을 때의 흉터, 범행에 사용된 무기의 크기와 습득 여부 등 신문할 조목을 발송하여 첫 번째 초사(招辭)를 받았다. 이것이 끝나면 검험관은 피해자의 시체를 검사하는 검시(檢屍)를 실시했는데, 날이 저물었을 경우에는 이튿날 아침까지 기다렸다가 검시하였다. 이후 검험관은 처음 초사의 예와 같이 다시 응문각인들에게 진술을 받았다.

이러한 절차가 끝나면 검험관은 피해자의 사망원인인 실인(實因)을 장부에 기록하고 계인(契印)을 찍었으며, 이를 토대로 검험 내용의 대강을 간략하게 적어 형조에 보고하였다. 그런 후에 공문을 한성부에 보내 두 번째 검험인 복검(覆檢)을 청하였다. 복검은 한성부의 낭관이 반드시 참여해야 하는 검시인들 외에 형조의 집리(執吏)와 서리(書吏)를 추가로 데리고 초검의 예와 같이 시행하였다. 지방에서는 인근 군현의 수령이 초검관이 보낸 공문에 의거하여 검험하였으며, 초검과 복검의 실인에 의심스러운 단서가 있을 경우에는 삼검(三檢), 사검(四檢)을 실시하였다. 복검장(覆檢狀)이 형조에 도착하면 형조판서가 해당 사건에 대해 직결과 회추(會推)를 결정하였고, 간련자 중에서 석방할 자와 구속할 자를 구분하여 처리하였다. 회추는 형조의 세 당상관이 해당 낭관 및 두 검시관과 함께 회동하여 죄인을 신문하는 것이었다. 회추를 통해 옥사의 내용에 문제점이 없으면 형조는 즉시 왕에게 보고하였으며, 의심스러운 단서가 있으면 다시 조사하였다.[2]

안조이 사건의 경우도 마을에 살인이 발생하자 이장이 달려가 관아에 고발하였으며, 강진 현감 박재순(朴載淳)이 안조이의 시체를 내어 놓고 살해당한 상황을 검험하였다. 현감은 안조이의 사망원인을 자상에 의한 피자치사(被刺致死)로 기록하였고, 사건의 원인을 간음으로 판결하였다. 살해 현장의 심각성은 안조이가 살해 당시 입었던 모시 적삼

과 치마가 모두 피로 붉게 물들어 그것이 흰 적삼과 푸른 치마임을 거의 분별할 수 없음에서 그 정도를 파악할 수 있었다. 검험장에 나온 김조이는 죄인으로 목에는 칼, 손에 수갑, 다리에는 족쇄를 찼지만, 얼굴에는 겁낸 빛이 없었고 말에는 슬픔도 없이 의젓하였다.

2. 추문, 끝없는 오욕

김조이는 이덕무가 지은 『은애전』에 의하면 이름이 김은애(金銀愛)였고, 전라도 강진현 탑동리에 사는 열여덟 살 양가집 규수였다. 안조이는 젊었을 때 창기(娼妓)였던 노파로, 정약용은 『흠흠신서』에서 그녀의 성품을 '간사하고 허황되며, 구설이 많았던 사람'으로 묘사하였다. 둘은 같은 마을에 살면서 자주 쌀, 콩, 소금, 메주 등을 꾸어다 먹는 사이였다. 그러나 어느 순간부터 김은애의 어머니가 쌀 등을 꿔주지 않자, 이에 앙심을 품은 안조이는 시누이의 손자인 최정련에게 "만일 은애와 사사로이 간통을 했다고 소문을 내면 내가 그녀의 집에서 결혼 승낙을 받아주겠다"고 꾀어 동네에 추문을 퍼뜨리게 했다. 순식간에 읍내에까지 최정련과 김은애가 간통했다는 소문이 퍼져 김은애는 결혼할 수 없는 상태가 되었지만, 강진현의 아전인 김양준이 그녀의 순결함을 알고 아내로 삼았다.

하지만 그녀를 모함하는 추문은 결혼 후 더욱더 확산되었다. 안조이는 "처음에 정련과 약속하기를 중매가 이루어지면 약값을 내게 보상하겠다고 했는데, 은애가 갑자기 배반하고 다른 사내에게 시집가니 정련이 약속을 이행하지 않았다. 이로 말미암아 내 병은 더욱 심해졌으니, 은애는 참으로 나의 원수다"라고 떠들자, 마을 사람들은 남녀노소 할 것 없이 모두 이를 사실로 받아들였다.[3]

조선시대에는 유교 윤리를 명분으로 내세운 여성규제정책인 내외법(內外法)을 통해 유교적 젠더의 정체성이 결정되었다. '남자는 바깥(外), 여자는 안(內)'이라는 엄격한 성역할 관념이 주어진 것이 그것이다. 이를 통해 남녀의 거처가 구별되었고, '男不言內 女不言外'라 하여 남녀가 해야 할 말도 구분되었다. 심지어 여자에게는 가족이나 친척이외의 남자에 대해 근신이 요구되었고, 제사(祭祀)나 상사(喪事)가 아니면 남녀 간에 물건을 주고받지 않는 행동도 규정되었다. 그리하여 여성 교육의 첫 구절로 '남녀칠세부동석(男女七歲不同席)'이라는 남자와의 분별이 강조되어 여성은 규문 안에 거처해야 한다는 격리 규정이 나타나게 되었다. 이것은 곧 여성의 실행(失行)을 우려한 제도화의 한 일면으로, 남녀 간의 접촉을 금지하기 위해서였다.[4]

이렇듯 조선 초 여성의 정절은 곧 도덕적 주체로서의 여성이 강조되어 사회 관념화되었다. 조선후기에 이르면 양반 사대부뿐 아니라 일반 서민들까지 유교적 여성상이 이상적인 여성의 행위로 인식되었고, 이를 위반한 자에 대해서는 사회공동체나 가족공동체에서 내치는 작업이 시행되었다. 조선시기 양반과 상민의 구분 없이 정숙한 여자가 포악한 자들에게 욕을 당하거나 나물을 캐는 여자가 들판에 광주리를 버려둔 채 사라져버리면, 간음의 여부에 상관없이 '바람을 피운다', '간통을 한다'는 오명을 쓰게 되는 일은 다반사였다.[5] 정약용 또한 여인에게 간음했다는 소문은 매를 맞는 것보다 더 두려운 일이라고 말할 정도여서 여성의 도덕성이 해당 사회로부터 감시와 처벌을 받는 구조 속에 있음을 보여주고 있다.

이와 같은 사회 상황 속에서 김은애는 안조이의 모함을 2년 동안이나 꿋꿋이 받아내었다. 하지만 음란한 행실이 있다는 이야기, 간음했다는 소문에 대한 수치심과 억울함은 점점 더 감당하기 어려웠다. 조선후기에는 간통 못지않게 추문을 받은 당사자는 자신의 정절이 더럽혀졌다고 생각하여 자살하는 경우가 많았고, 부모나 형제가 추문을 한 자를 살해하여 보복하기도 하였다. 하지만 김은애는 추문에 저항하지 못하고 자살하는 소극적인 행위를 하지 않았다. 그녀는 굳세고 모진 강단으로 자신을 음해한 안조이와 최정련을 살해할 결심을 하였다. 김은애에게 있어 간음했다는 추문은 사형의 형벌을 받는 것 보다 더 두려운 일이었다.

3. 조선 후기 범죄, 사형, 그리고 여성

문서기록이 발달된 오늘날의 경우 해당 시기의 각종 범죄를 중범죄에서 경범죄까지 광범위하게 파악할 수 있지만, 전근대시대인 조선시대에는 대부분 살인·치사 등 사형에 해당하는 사건들이 주로 기록되었다. 사형죄에 해당하는 여성의 범죄 행위는 극히 드문 반면, 여인이 범죄의 대상이 되어 피해자로 기록되는 사례는 상당수 발견되었다.

조선시대 일반법이었던 『대명률』 형률에 나타난 사형범죄는 국가의 존립과 권위를 침해한 모반대역, 살인 및 강도, 위핍인치사(威逼人致死), 강간, 발총(發塚), 실화, 방화 등이다. 살인의 경우 『대명률』 인명조(人命條)에서는 모살(謀殺), 고살(故殺), 투구살(鬪毆殺), 희살(戱殺), 오살(誤殺), 과실

살(過失殺)로 구분하였으며, 피해 정도, 피해자와의 관계에 따라 능지처사, 참형, 교형에 처하는 등 형벌의 경중(輕重)을 달리 하였다. 특히 『대명률』에서는 유교적 명분과 관련된 사람을 모살한 자는 사형 가운데에서도 가장 중한 형벌인 능지처사에 처했다. 즉 유교적 도덕질서가 형률에 반영된 것으로, 조부모, 부모, 외조부모, 지아비, 지아비의 조부모·부모 등을 죽인 자, 노비 및 고공인으로 가장(家長) 또는 가장의 기친(朞親)·외조부모를 죽인 자, 처첩이 남과 간통하고서 동모하여 친부(親夫)를 죽인 자 등이 이에 해당되었다.[6]

한편, 타인을 위협하여 그로 하여금 자살하게 한 경우인 위핍인치사를 사형에 처한 것은 오늘날과 다른 점이다. 위핍인치사는 오늘날 자살할 뜻이 없는 자에게 자살할 결심을 하게 하는 자살 교사죄와 위계(僞計) 및 위력(威力)에 의한 살인죄에 해당하는 사항으로, 이에 대한 처벌은 보통 살인죄의 예와 같이 사형에 처하였다. 실제 조선후기의 경우 위핍인치사죄로 법의 처벌을 받는 경우가 61건으로, 치사자는 모두 여성이었다. 겁간 당할 뻔 하거나 강간당한 처녀 및 과부, 임신했다는 추문을 받은 과부 등 유교적 여성상에 흠집이 난 여성들이 목을 매거나 간수를 마시고 자살하였다. 강간죄의 경우는 교형 이상의 형벌에 처해졌다. 하지만 강간행위 또한 폭행, 살인과 마찬가지로 신분에 따라 형벌에 차등을 두었다. 12세 이하의 어린 여자나 친속의 첩을 간음한 자, 노(奴) 또는 고공인(雇工人)이 가장의 기친 또는 기친의 아내를 강간한 자 등은 교형을 받았다. 사족으로서 강간행위의 대상이 시마친(緦麻親) 또는 시마친의 아내, 아내의 전 남편의 딸, 동모이부(同母異父)인 자매일 경우는 형벌을 가하여 참형을 부과하였으며, 노(奴)와 고공인이 가장의 아내나 딸을 강간한 경우도 마찬가지였다.[7]『속대전』에서는 상천(常賤)으로 아내의 어머니를 강간한 자, 비부(婢夫)로 아내의 상전을 강간한 자는 참형에 처해졌으며, 동모이부(同母異父)의 누이나 여동생을 강간한 자는 교형에 처하였다. 이밖에 사족의 처녀를 빼앗은 자는 간음의 성립 여부에 상관없이 참형에 처했다.[8]

이와 같은 사형범죄는 조선후기 기록인 『일성록』에 모두 2,853건이 수록되어 있다.[9] 그 가운데 여성이 피해자나 가해자로 연루된 사형범죄는 517건으로 약 18퍼센트를 차지하였다. 여성이 가해자로 나타난 것은 49건이며, 피해자인 경우가 468건으로, 여성관련 범죄의 대부분이 피해자였음을 알 수 있다. 여성관련 범죄의 경우 그 유형이 모두 고의적인 살인이나 폭행치사가 많으며, 위핍치사가 전체 517건 중 61건으로 12퍼센트를 차지하고 있어 간통, 겁간, 추문으로 인한 여성의 자살률이 높았음을 확인할 수 있다. 여성이 범죄를 저지르는 사례로는 겁탈하려는 자를 칼로 찔러 죽이거나, 아들이나 남편이 구타당하는 것을 보고 화가나 구타한 자를 살해하는 경우, 동네사람의 밀고로 남편 및 형제가 곤장을 맞자 이에 대한 복수로 청부 살인한 경우, 동네 처녀가 아들을 꾀여 도박하자 이에 화가 난 어머니가 그 처녀를 몽둥이로 때려죽인 경우, 동리인이 자기 집에 돌을 던졌다고 의심하고 쫓아 나와 돌로 쳐서 죽인 경우 등이 있다.

피해자로 나타난 여성은 그 신분이 노비에서 양반까지 다양하다. 노비의 경우 조선초기에는 안주인의 질투에 의해 살해되는 경우가 빈번하였다. 세종대 집현전 응교인 권채의 비첩(婢妾) 덕금(德金)은 적처에 의해 다른 남자와 간통했다는 누명을 쓰고 머리카락이 잘리고 매질을 당한 후 감금된 채 강제로 오줌과 똥을 먹으며 학대받아 죽기도 하였다. 성종 5년에는 서울 북부에 사는 참봉 신자치(愼自治)의 여종 도리(道里)가 안상전인 숙비에 의해 머리카락이 잘리고, 가슴과 음문(陰門)은 불로 지져진 채 살해되기도 하였다. 비첩의 경우 혼인관계를 통한 부부관계보다는 성적 접촉, 성적 욕망에 의한 상전과의 성관계로 형성된 것이었기 때문에 조선 초기에는 유교적 명분에 의해 적처에 의한 첩과 구별짓기가 강화되었다. 후기에 이르러는 세공(歲貢)이나 속전(贖錢)을 독촉하다 구타당해 죽는 경우, 속량한 계집종이 전 상전에게 소홀했다는 이유로 상전의 가족들에게 구타당해 치사한 사례 등 경제적인 이유나 노주(奴主) 관계로 인해 계집종이 구타당해 죽는 경우가 발생하였다.

남편의 폭행에 의해 살해되는 여성도 많았다. 부부 간에는 처첩간의 시기·질투, 남편과의 불화·간음이 살해의 원인이었다. 첩을 거느린 후 시기와 노여움으로 부부 간 불화가 일어나거나, 부모에게 순종하지 않는다고 남편이 부인을 구타한 경우, 남편의 말을 듣지 않는다고 아내를 구타한 경우 등이 대부분이었다. 첩이 정처를 모함하기 위해 추문을 퍼뜨린 경우도 있었다. 1782년(정조 6년) 수원에 사는 윤조이(尹召史)는 황성욱(黃成郁)의 첩으로 정처인 정조이(鄭召史)를 모함하기 위해 박무신(朴戊申)을 사주하여 밤에 그녀의 방에 들어가게 한 다음 추악한 소문을 퍼뜨리게 하였다. 이로 인해 정조이는 수치스러움을 참지 못하고 독약을 마시고 자살하였다.

이처럼 조선 후기 여성 관련 범죄의 경우 간음 및 추문, 모욕 및 복수, 부부간 불화, 재물 및 채무관련으로 빈번하게 살인이 일어나, 폭력에 노출된 여성의 취약한 지위가 그대로 반영되었다. 전체적인 범죄인 관계에서 살인 사건에 많은 영향을 끼친 것은 안면 관계가 없는 타인에 의한 살인이 아닌 같은 촌락에서 거주하는 이웃 간의 갈등이었다. 또한 부부 간 불화와 함께 부인의 간음과 추문은 가족 간 갈등을 야기하여 가족공동체를 붕괴시키는 원인이 되었다. 부인의 간통으로 인해 남편이 부인을 살해하거나 간부(姦夫)를 살해하는 일이 빈번하게 일어났으며, 추문으로 자신의 정절이 더럽혀지는 행위에 대해 살인으로 보복하는 경우가 빈번하였다. 조선시기 여성의 성은 살인을 초래할 만큼 가족 간, 사회 간 갈등의 핵심이었고, 이에 대한 국가권력의 입장은 처를 살해한 남편을 감형 또는 석방시킴으로써 여자의 부정에 대한 남편의 사적 징벌을 용인하고 있었다.

4. 성통제의 희생물, 세상 밖으로 내치기

여성 범죄 가운데 가장 많은 사회적 갈등을 보인 것은 간음과 추문으로 인해 발생하는 여성의 성통제였다. 조선시대 사람들의 여성의 성통제에 대한 대처 방식은 이중적이었다. 그 한 방식은 1786년 강원도 안협의 구조이(具召史) 살해 사건에서 찾아볼 수 있다.

강원도 양반 이언(李堰)의 질부 구조이(具召史)는 청상과부가 되어 살았는데, 어느 날 익사된 채로 발견되었다. 죽은 구조이는 왼쪽 팔뚝에 줄로 묶인 상흔이 있었으며, 팔뚝은 자색을 띠고 단단하였다. 복사뼈 주변 또한 멍이 든 것처럼 청색을 띠었으며 단단하였다. 누군가에게 팔뚝과 발목을 묶인 채 강에 던져진 것이었다. 검험관은 구조이의 사망원인을 타인에 의해 던져져서 물에 빠진 '피인투익(被人投溺)'으로 확정지었다. 이에 사건을 담당한 안협의 수령은 구조이의 집안사람들을 조사하였으며, 그 과정에서 구조이의 오빠 구성대와 시댁 문중 어른인 이언이 본 사건에 개입되었음을 확인하였다.

오늘날도 마찬가지지만 조선시대 남편의 부재는 여인에게 있어서 여러 문제를 야기할 수 있는 근본 원인이 되었다. 과부가 된다는 것은 후사의 생산뿐 아니라 인간의 기본 욕구인 성적 욕망을 충족시킬 수 없게 됨을 뜻하였다. 자식 없이 남편이 일찍 죽은 청상과부의 경우 문제의 심각성은 더욱 컸다. 과부를 밤중에 겁탈하고 결박하여 보쌈해 오는 박취(縛娶) 행위가 상당히 성행하여 1805년 국가에 의해 박취 행위를 치도율(治盜律)로 다스리게 하는 법규가 새로 마련되기도 하였다.[10]

특히 조선시대는 과부의 개가를 용인하지 않는 사회적 윤리의 요구로 수절 혹은 개가 문제 이면에 놓여있는 성 욕망의 충족이 많은 사회문제가 되었다. 과부들은 경제적 어려움은 물론 자신에게 주목되는 이목, 풍문 등을 극복하기 위해 많은 노력을 해야만 했다. 더욱이 혼자라는 외로움은 이들의 삶을 더욱 고통스럽게 했다. 과부들은 혼자서 외로움을 억제하였으며, 이를 견디지 못한 사람들은 남편을 따라 죽기를 빌며 물에 빠지거나 독약을 먹거나 목매달아 죽는 등 자살의 방법을 선택하였다. 반면 이를 억제하지 못하고 실절을 하는 과부도 많아 이로 인한 사회적 문제가 발생하였다. 대표적인 것이 남녀 간 간통 문제였다.

오늘날 간통은 배우자가 있는 남녀가 배우자 이외의 남녀와 성관계를 갖는 행위를 말한다. 그러나 조선시대의 간통은 오늘날의 개념과 사뭇 달랐다. 결혼하지 않은 남녀가 서로 뜻이 맞아 행한 일반적인 성관계도 간통에 해당하였으며, 상대방과의 동의 없이 억지로 성관계를 맺는 강간도 간통의 범주에 들어갔다. 전자를 조선시대에는 화간(和姦)이라고 하였는데, 이는 간통을 규정하는 가장 포괄적인 의미에 해당하였다. 『대명률』에 의하면 일반 화간의 경우에는 장 80의 형을 부과한데 반해 강간의 경우는 교형을 부과하였다. 하지만 친족 간이나 노주(奴主) 간 화간은 일반 화간보다 형벌이 가중되었다. 친족 간 화간은 혈연의 원근에 관계없이 모두 사형으로 동일한 처벌을 받았으며, 남자종이나 고공인이 여주인과 간음했을 경우 '종이 가장(家長)의 처를 간통한 율[奴奸家長妻律]에 의해 머리를 베는 참형에 처하도록 규정하였다. 이처럼 조선시대에는 교화적인 권장만으로는 풍속의 순화를 기대하기 어려웠으므로 이를 제재할 수 있는 강력한 법률을 운용하였다. 그리하여 남녀간의 접촉을 막았으며, 실절 방지를 위한 예방책으로 이미 실절을 범한 여성에 대해서는 간통죄라고 하는 강력한 법제를 적용하였다.

아울러 각 가정에서는 교육을 통해 유교적 윤리규범을 확립시키려고 하였다. 특히 여성에게는 '삼종지도(三從之道)'라 하여 어려서는 부모에게 효도하고 결혼한 뒤에는 시부모와 지아비를 섬기며, 남편이 죽으면 아들을 따르는 규범을 지키게 하였다. 그리하여 조선시대에는 국가나 개인에 의해 가정 내 여성 생활에 관한 내용이 서술된 여성 교훈서가 간행되었다. 여성 교훈서에 나타난 내용은 가정에 있어서는 효녀가 되고, 결혼해서는 어질고 정숙한 아내(順婦)가 되고, 자녀를 낳으면 현모가 되며, 과부가 되어서는 정절을 지키는 정녀(貞女)가 되고, 환난을 당해서는 열녀가 되라고 하는 것이었다.

구조이 또한 양반집 규수로 이와 같은 여성 교육을 어릴 때부터 배워 온 사람이었다. 그런 그녀가 과부로서 외로움을 참지 못하고 음란한 행동을 하고 다니자, 동네 사람인 안국태가 그녀의 추한 행실에 대해서 이야기를 떠벌리고 다녀 문중에 심한 타격을 주었다. 동생이 간음했다는 추한 소문이 퍼지자 오라비인 구성대는 친족과 함께 이에 대한 대책을 의논하였고, 그 결과 구조이를 죽이기로 결정하였다. 이에 시숙인 이언은 구조이에게 할 말이 있다며 강가로 유인해 재갈을 물렸으며 오라비인 구성대는 상복의 띠를 끌러 그녀를 결박하였다. 구성대는 여기서 그치지 않고 발버둥치는 구여인에게 주먹질과 발길질을 하며 구타하였고, 이언은 구조이에게 돌을 매단 후 강물에 던져버렸다. 문중은 실절한 여자를 살해함으로써 추문을 막고 가문을 지키고자 했던 것이다.

구조이 살해 사건은 조선사회에서 여성의 성문제가 당사자의 사적인 행위로 끝나지 않고 시댁과 친가 더 나아가서는 가문의 문제가 되었음을 보여준다. 당시 여성의 정절이 중요한 사회윤리로 등장하고 있어 여성을 비롯한 대부분의 사람들은 간음에 대해 극도로 수치를 느끼고 행여 자신에게 이러한 추문이 나올까 두려워하였다. 따라서 간음이 발각되거나 간음했다는 소문이 나면 치명적이었던 만큼 여성을 비롯하여 문중에서까지 여기에 적극적으로 개입하였다. 여성의 성은 결혼을 하기 전에는 친가에 의해, 결혼 후에는 시댁과 친가 양쪽으로부터 항상적으로 감시, 보호를 받으면서 문제를 일으킬 경우 처벌을 감내해야 하는 사회적 관계망 속에 놓여 있었다.[11] 구조이의 경우는 관할 관찰사나 문중인 이 씨 일족도 그녀가 몸을 그르쳐 정절을 잃었다는 명백한 증거나 증인을 잡지 못하였다. 그런 구조이를 문중에서는 간음의 여부를 확인해 보지도 않은 채 소문만으로 친족이 힘을 합쳐 여러 사람이 보는 가운데 그녀를 결박한 후 강가에 던져두고 큰 돌로 눌러 놓았던 것이다. 이 사건은 실절녀에게 행한 가정과 사회의 세상 밖으로 내치기였다.

5. 김은애, 세상 안으로 거두기

반면 성통제의 희생물이 된 여성을 적극적으로 세상 안으로 거두어들이기도 했다. 그 예가 바로 김은애였다.

정조 14년, 김은애의 안조이 살해사건에 대한 형조의 심리가 이루어졌다. 이 과정에서 김은애는

"현감님은 나의 부모이십니다. 이 죄수의 말을 들어보십시오. 처녀가 모함을 받았으니 더럽혀지지 않았으나 더럽혀진 것이나 다름이 없습니다. 안노파는 본래 창기로서 감히 처녀를 모함했으니 고금 천하에 어찌 이런 일이 있겠습니까. 죄수는 비록 어리석으나 일찍이 내가 사람을 죽이면 관아에서 그 몸을 죽인다는 것을 들었으며, 어제 안노파를 죽였으니 오늘 마땅히 사형을 당해야 함을 참으로 알고 있습니다. 비록 그러나 노파는 이미 죄수가 찔러 죽였으므로 사람을 모함한 죄를 수령께서 베풀 곳이 없습니다. 다만 원하옵는 것은 관아에서 최정련을 때려 죽여주십시오. 또 죄수만이 홀로 모함을 받았는데 다시 어떤 사람이 있어 죄수를 도와 같이 찌르는 이 흉악한 일을 저질렀겠습니까."[12]

라고 의연하게 말하며, 자신의 행동이 사형에 해당하는 중죄임을

알고 있었다. 즉 김은애는 죽을 결심을 하고 안조이를 살해하였으며, 여기에 덧붙여 안조이와 함께 자신을 모함했던 최정련의 처벌을 강력히 요구하였다.

사법부인 형조와 의정부의 입장은 김은애의 복수는 비록 원통함에서 나온 일이지만 살인죄를 저질렀으므로 정상을 참작하여 용서할 수 없다는 것이었다. 이들은 더없는 원한이 있더라도 이장(里長)에게 고발하거나 관청에 고소하여 안조이의 무고죄를 처벌해달라고 청원할 수 있었음에도 불구하고 김은애가 살인의 방법을 쓴 것은 부당하다는 견해였다. 『속대전』에 따르면 '아버지가 다른 사람에게 구타를 당해 중상을 입었을 때 아들이 구타한 사람을 때려 죽게 한 경우', '아버지가 피살되어 자의로 자식이 원수를 죽인 경우', '처가 남편의 원수를 갚거나 어머니가 아들의 원수를 갚기 위해 자의로 원수를 죽인 자' 등[13] 부모나 형제의 원한을 풀기 위한 가족의 보복적 행위는 범죄의 정당한 이유로 판단되어 감형을 받았다. 하지만 김은애의 경우는 부모나 형제의 원한을 풀기 위한 복수가 아닌 자기 자신의 원한을 풀기 위한 것이었기 때문에 해당 형률을 적용할 수 없었다. 그러나 정조는 김은애의 죄를 용서하라고 판부하였다.

세상에서 살을 에이고 뼈에 사무치는 원한치고 정조를 지키는 여자가 음란하다는 무고를 당하는 것보다 더한 일은 없다. 잠시라도 이런 누명을 쓴다면 곧 천만길 깊은 구덩이와 참호에 빠진 것과 다름없는데, 구덩이는 부여잡고 오를 수도 있고 참호는 뛰어서 빠져나올 수도 있지만 이 누명이야 해명하려한들 어떻게 해명할 것이며 씻으려 한들 어떻게 씻을 수 있겠는가. 그러므로

17. 유혹하는 몸과 정절의 경계, 김은애

원한이 절박하고 통분이 사무칠 때 스스로 구렁텅이에서 목매어 죽음으로써 자신의 진실을 드러내는 자가 간혹 있었다.

정조는 이렇게 말하며, 김은애가 받은 무고에 죄를 더 무겁게 두었다. 정조는 김은애의 행동을 "피 끓는 남자라도 결단하기 어려운 일"이고, 또 "편협한 성질을 가진 연약한 여자가 그 억울함을 숨기고 스스로 구렁텅이에서 목매어죽는 것에 비할 바가 아니다"라고 하며 그녀의 행동에 큰 의미를 두었다. 더불어 정조는 김은애의 '윤리와 기절(氣節)'을 소중히 여겨 그녀를 살려주었으며, 풍속과 교화에 일조가 된다며, 김은애 사건의 줄거리와 판결문을 등서하여 도내에 반포하여 모든 사람이 알도록 하였다.

***

김은애와 구조이의 사례는 여성이 성리학적 이데올로기와 충돌했을 때 사회나 본인 스스로의 반응에 이중성을 보이고 있음을 보여준다. 조선시대 여성들은 유교적 가치와 규범을 내면화하여 그에 맞는 여성상을 공유하고자 하였다. 이를 위해서 여성들은 성리학적 이데올로기인 예(禮)를 따르지 않을 수 없었다. 김은애 또한 성리학에서 말하는 부녀(婦女)의 도리라는 이데올로기에 순응하고자 한 것으로 해석된다. 김은애는 18세의 여자로서 자신이 정조를 지키는 결백한 몸이었음에도 불구하고 음탕하다는 더러운 모욕을 당하였으며, 혼례를 치르자마자 악독한 음해는 다시 쏟아져 나와 사방에서 자기를 비방하는 말이 끊이지 않았다.

그러나 김은애는 마을에 퍼져있는 추문에 투항하지 않았다. 그녀는 다른 과부들처럼 그저 자살하는 것은 헛된 용맹일 뿐 자신의 정절을 알아주는 사람은 없을 것이라고 생각했다. 그러므로 김은애는 식칼을 들고 원수인 안조이의 집으로 달려가 통쾌하게 말하고 통쾌하게 꾸짖은 다음 그녀를 찔러 죽임으로써 마을 사람들로 하여금 자신에게는 하자가 없고 원수는 갚아야 한다는 것을 명확히 알게 하였다.

반면, 구조이는 관할 관찰사나 문중에서 그녀가 간통한 명백한 흔적을 찾을 수 없었음에도 이에 대해 강력하게 저항하지 못했다. 여기에는 이미 살해를 결심한 문중의 의도가 너무 강력하여, 구조이가 힘으로 제어할 수 없는 상황이 있기도 했지만, 그녀는 자신의 처지를 개선하지 못한 채 죽음을 맞이하였다. 이 시기 추문의 대상이 된 여인들이 자살을 선택했던 것과 같이 구조이는 수동적으로 이를 받아들였던 것이다.

김은애는 형조의 심리 과정에서도 자신의 행위의 정당함을 주장하였다. 그녀는 평범한 부녀자가 살인죄를 범한 후 도리어 변명하거나 요행으로 목숨을 부지하길 원하지 않았다. 그녀는 아홉 차례의 신문에도 한결같이 동모자는 없으며, 복수를 위해 자신이 직접 안조이를 살해하였다고 진술하였다. 그 이면에는 김은애의 '능동성'이 있었다. 젠더 간의 분리와 남성 우월을 강조하는 가족 윤리가 큰 영향력을 행사했고, 여성의 성통제가 강화된 사회에서 김은애는 자신이 헤쳐 나갈 방도를 찾기 위해 고심했다. 2년간의 추문을 견딘 후, 성리학적 젠더 윤리의 테두리 안에서 자신의 입지를 강화시키기 위한 방법은 무고자의 처벌을 통한 자신의 결백을 인정받는 것이었다. 김은애는 성리학의 윤리 덕목을 내세워 안조이의 흉악함을 공격하였고, 그를 죽음으로 몰아갔다. 추문이라는 상황이 자신에게 불리한 처사였음에 그녀가 내릴 수 있는 결론은 자신만이 사라져서 소문에 묻혀버리는 소극적 저항의 자살이 아니라, 능동적으로 추문자를 살해하는 적극적 저항의 방식이었던 것이다.

이처럼 김은애는 여성 억압적인 성리학의 규범을 존중하면서 그에 반대되는 양상의 소문이 나는 자신의 처지를 개선해야 했다. 그녀는 사형 죄를 받을 것이라는 확신 속에서도 끝까지 자기가 죽이지 못한 최정련의 처벌을 요구하였다. 그리고 여성의 정절을 강요하는 성리학적 젠더 윤리는 김은애의 생명을 보장하는 유용한 수단이 되었다. 김은애는 그녀 나름대로 성리학적 이데올로기에 대한 지지와 연대를 통해, 자신의 주장을 굽히지 않을 만큼 담대하고, 여성적 정체성과 자의식이 강한 여성으로 조선시대를 살아가고 있었다.

| 주 |

1 이숙인, 「조선초기 유학의 여성인식-여성 범주의 제도화를 중심으로」, 『정신문화연구』 31권 2호, 2008.

2 유승희, 『18~19세기 한성부의 범죄실태와 갈등양상』, 서울시립대 박사학위논문, 2007.

3 『欽欽新書』卷23, 「祥刑追義」11 情理之恕 8.

4 이순구, 1994, 「조선초기 종법의 수용과 여성지위의 변화」, 한국정신문화연구원 한국학대학원 박사학위 논문, 1994.

5 『審理錄』卷14, 乙巳1 忠淸道 忠州 朴升文獄.

6 「大明律直解」卷19, 刑律 人命條.

7 「大明律直解」卷25, 刑律 犯奸條.

8 「續大典」卷5, 刑典 姦犯條.

9 유승희, 『18-19세기 한성부의 범죄실태와 갈등양상』, 서울시립대 박사학위 논문, 2007.

10 『受教定例』92條, 「縛娶之類 施以治盜律」.

11 김선경, 「조선후기 여성의 성, 감시와 처벌」, 『역사연구』 8, 2000.

12 『欽欽新書』卷23, 「祥刑追義」11 情理之恕 8.

13 「刑典事目」受教事目 肅廟丙子.

18
『학생』에 나타난 식민지 근대의 '여학생'

| 이윤미 |

1. 여성에 대한 근대교육:
"민족의 절반"에 대한 계몽에서 "이상적 고급결혼"으로

개항기 이후 설립된 최초의 여학교들은 여성에게 강제되어온 '내외법'이라는 오랜 규제를 풀고 여성을 집밖으로 끌어낸 공간이다. 상당수의 여성들이 이 여학교들을 매개로 하여 봉건적 존재 방식으로부터 벗어나고 새로운 삶의 기회를 접하게 된다. 여학교들의 본격적 설립은 1905년 을사조약 이후에 전개된 자강운동 차원의 '교육구국운동'과 관련이 된다. 당시의 사회진화론적 시대 인식에 따라 '우승열패(優勝劣敗)'의 현실에서 열세를 벗어나기 위해서는 학문과 지식을 보급하여 민지(民智)를 높여야 한다는 인식이 확산되고, 당시 지식인들의 결합체인 학회 등을 중심으로 근대적 교육기관 설립운동이 전개되는데 이 중에는 여성교육기관도 다수 포함된다.

이러한 초기 여학교 설립과정에서 주목되는 것은 학교들이 설립되는 논리이다. 이 시기 학교설립운동의 목표는 기본적으로 '애국적 현모양처' 양성이라는 성격을 갖는다. 민족의 절반이 무지 상태에 있어서는 안 되며 가정의 개화가 국가의 개화로 이어진다는 논리 속에서 여성교육의 문제는 여성들 개인의 문제라기보다는 민족의 문제로 거론되고 있었다. 초기 여학교 설립과정에서 민족의 절반에 대한 계몽의 중요성이 주된 목적을 이루며, 이러한 민족주의적 동기에 의하여 개항기와 식민지 기간 동안 여학교들은 지배층 여성뿐 아니라 비교적 평범한 여성들에 의해서도 정규, 비정규학교의 형태로 다수 설립된다.

그러나 1920-30년대의 식민지 근대에 나타나는 여성 담론이나 여학생 담론 등에서는 이러한 민족적, 사회적 기대와는 상당히 다른 문화적 현상들이 목격된다. 여성들은 사회가 기대했던 모습과는 다른 양상으로 비추어지고 있었으며, 일각에서는 그러한 양상이 여학생 개인의 문제로 다른 편에서는 가정과 사회의 문제로 비판되고 있었다.

이는 식민지 근대 여성교육의 모순과 직접 관련된다. 한편으로 계몽적 민족주의가 여성들의 교육을 민족 요구에 부속시켜 개인적 주체 형성을 억압하는 요인이 되기도 하지만, 민족주의적 동기조차도 배제된 식민지 여성교육은 '탈정치적 부덕'을 기본 내용으로 담고 있어 식민지 여성을 이중적으로 주변화하고 있었다고 할 수 있다.

또한 식민지 기간 동안 남성들의 신교육이 확대됨에 따라 근대적 직종에 종사하는 남성들과의 혼인을 위하여 학부모입장에서 "딸(女息)의 교육을 한낱 이상적 고급결혼(理想的 高級結婚)의 준비와 수단으로" 인식하는 세태가 형성되어가고 있었다.[1]

2. 여학생 담론: "귀신처럼 종적을 감추는 노라들과 엘렌 케이들"

남자의 무지한 전제와 압박을 뿌리치고 무분별한 동물적 굴종에서 벗어나 남자와 동등한 권리를 주창하며 여자의 사회적 지위를 향상시키자는 정정당당하고 힘찬 고함소리와 함께 두 팔을 부르걷고 거리로 뛰어나온 신여성들이 기미운동 이후로 얼마나 많았는가. 사실 그들의 활동은 이론으로나 실제 행동에서 자못 놀라리만치 활발하고 열성스러운 바 있었다. 그리하여 한때에는 우리 조선에도 수많은 노라가 생겼고 엘렌 케이가 났으니 시대를 이해하지 못하고 완고한 구습에서 한 발도 벗어나지 못한 남자들이 어찌할 바를 모르고 멍하였던 것도 사실이었다. … 그러나 참담한 처지에 있는 여성 사회를 위하여 서광을 찾고 생의 환희를 부어주고자 하여 용감하게 나섰던 여류 투사들은 무슨 중대한 음모가 발로되어 시운 불리함을 탄식하고 멀리 해외로 망명함도 아니요 그렇다고 황천순례의 길을 떠난 바도 아니건만 불과 2,3년이 못되어 귀신처럼 종적을 감추고 말은 것이다. 그들은 실로 꾸벅거리며 다시 인형의 집으로 끌려들어가는 변태한 노라밖에는 아무 것도 아니다.[2]

식민지 근대에서 '근대적 여성'의 존재형태는 '신여성' 개념을 매개로 하여 파악되어 왔다. 광범한 여성군으로서의 '신여성' 속에는 다양한 층위의 여성이 포괄되지만, 그들의 존재는 기본적으로 '구여성'과 대비된다. 구여성과 신여성의 대비에서 두드러지는 것은 머리모양이나 옷차림과 같은 외모이기는 하지만 신여성에 대하여 쏟아지는 당시의 '기대'와 '비난'의 근저에 있는 일종의 '계몽적 함의' 부여를 주목할 필요가 있을 것이다.

1880년대 기독교 선교사들이 설립한 학교들을 필두로 시작된 여성 제도교육은 1919년 3.1운동 이후 급증하는 것으로 파악된다. 그러나 1930년대까지도 초등 학령인구 대비 여성 취학률은 매우 낮아 일본이 100퍼센트로 완전 취학을 이루었다면 일본의 다른 식민지였던 대만은 50-60퍼센트, 한국은 20퍼센트였다. 또한 1933년의 경우 초등학교부터 전문학교까지의 여학생 총수가 13만 6천명으로 여성총인구비의 1.2퍼센트에 불과하고 여성문맹자는 92퍼센트인 924만 여명으로 나타난다.[3]

이러한 조건에서 여학생이라는 범주는 특별한 사회적 의미를 지닌 것이었다고 할 수 있다. 당시의 시대상과 지성사의 여러 면모를 드러내주는 개벽, 신여성, 어린이, 학생 등의 잡지들은 1920년대 이후의 문화공간에서 여학생의 존재 형태를 드러내주고 있다. 위의 인용문은 『학생』에 실린 한글의 일부로 당시의 여성교육을 비판하고 있다. 『학생』은 『신여성』 등과 함께 개벽사에서 출간된 잡지로 7년 먼저 창간한 『어린이』의 대중화에 따라 확대된 청장년 독자층을 주 대상으로 하여 1929년 3월부터 1930년 11월(통권 12호)까지 발행되었다. 『학생』은 당시의 남녀 학생문제를 다양하게 다루고 있어 식민지 시기 청소년, 학생 연구의 기초자료가 되는 잡지라고 할 수 있다.

위 인용문에 의하면, 1919년 3.1운동으로 여성들의 활동이 급부상하여 사회를 놀라게 하였지만 여성교육의 결과는 그 반대의 양상으로 나가고 있다고 지적된다. 새롭게 출현했던 조선의 노라와 엘렌케이들이 해외에 망명을 간 것도 아니고 황천길을 간 것도 아닌데 왜 귀신처럼 종적을 감추게 되었고, 노라들은 왜 고개 숙이며 인형의 집으로 되돌아가는지를 묻고 있다. 이 물음에 대한 해답은 식민지적 근대라는 당시의 시대적 상황 속에서 설명될 수 있을 것이다.

3. 식민지 여학생의 주변화:
   식민지, 민족, 그리고 "개인주의적 노라들"

식민지 여학생에 대한 교육은 여러 의미에서 주변적이었다고 할 수 있다. 우선, 개항기 이후 여성들에 대한 근대교육은 '민족적 계몽'의 차원에서 다루어졌으며 여성 개인보다는 가정, 민족/국가 일원으로서의 의미가 강조되었다. 개항기 이후 설립된 많은 여학교들이 사회적 편견과 맞서며 선각적 여성들에 의하여 세워졌음에도 불구하고 여성의 교육은 전통적 '부덕'의 다른 이름인 '현모양처' 논리 속에서 이루어졌고 이 속에서 여성 개인의 주체 형성은 의도되지 않았다.

여기에 식민지적 상황은 공식 교육목표에서 '애국적 현모양처주의'의 '애국적'이라는 수식어조차 떼어내도록 하였다. 식민지하에서 여성교육은 '근대적 부덕'을 갖추기 위하여 이루어졌으며 식민지적 양모현처주의를 실현하기 위한 것이었다. 따라서 입학도 어렵고 취업도 어려운 식민지적 상황에서 여학생들에게 졸업 후의 포부라든가 희망은 없거나 낮을 수밖에 없는 상황이었다. 이러한 조건에서 1920-30년대의 여학생들은 주로 '소비 주체'로 부각되었고, 허영과 사치의 대명사로 스타일화한 그들의 이미지는 사회적 비난의 대상이 되기 일쑤였다.

실제로 여학생 내부의 층은 다양했다. 당시의 신문, 잡지 등에서 나타나는 소비적 이미지가 여학생 전체를 대표한다고 보기는 어렵다.[4] 여학생층 내부에는 경제적 부에 따른 계층 차이가 상당히 있었던 것으로 나타난다.[5] 부유층 여학생들도 있었지만 수많은 보통 여학생들은 식민지적 구조 속에서 그들에게 허용된 현실의 범주 밖으로 벗어나지 못하는 경우가 많았다. 예컨대 이광수의 『무정』의 여주인공인 선형이라는 여성은 부유층 여성의 한 사례라고 할 수 있을 것이다. 정신여학교를 우등으로 졸업하고 미국 유학을 가기 위하여 영어 개인교습을 받는 이 여성에 대한 다음의 대화내용은 선형과 같은 여성이 희소성이 있었음을 엿볼 수 있게 한다.

경성학교 영어 교사 이형식은 오후 두시 사년 급 영어 시간을 마치고 내려쪼이는 유월 볕에 땀을 흘리면서 안동 김 장로의 집으로 간다. 김 장로의 딸 선형이가 명년에 미국 유학을 가기 위하여 영어를 준비할 차로 이형식을 매일 한 시간씩 가정교사로 초빙하여 오늘 오후 세시부터 수업을 시작하게 되었음이다.

(중략)

"세시부터 개인교수가 있어."

"영어?"

"응."

"어떤 사람인데 개인교수를 받어?"

(중략)

"아니야. 저, 자네는 모르겠네. 김 장로라고 있느니 ……."

"옳지, 김 장로의 딸일세 그려? 응. 저, 옳지 작년이지. 정신여학교를 우등으로 졸업하고 명년 미국 간다는 그 처녀로구먼. 베리 굿."[6]

이 글이 쓰여진 1917년은 일제하에서 근대적 보통학교 취학률이 전통적 서당교육을 상회하기 시작하는 1920년대 초 이전이며, 여성 취학률은 평균보다 더 낮았다. 여학교를 졸업하고 유학을 가는 이러한 여성들은 '신여성'의 범주에서도 상층 부류에 속한다고 할 수 있다.

이러한 부류들은 어렵게, 즉 고학(苦學)을 하는 부류들과 구분되며 졸업 후의 전망 부재로 인하여 방황하던 다수의 학생들과 구별된다고 할 수 있을 것이다. 1920년대 이후 초중등학교 진학 수요가 늘면서 학교 수가 모자라는 소위 '입학란'이 문제가 되기 시작하였고, 이것은 당시 여학생들의 현실을 규정짓는 중요한 조건이었다. 당시의 학생들이 처한 실정은 다음과 같이 표현된다.

> 소학을 마치면 중학 입학란 중학을 마치면 전문대학 입학란 전문대학을 마치면 취직란 이와 같이 결국은 난은 난으로 별리(別離)가 없는 오늘 우리의 사회이다. 그처럼 애를 써서 그처럼 돈을 들여서 10년 20년 공부한대야 놀고 지내기는 마찬가지라는 사실이 현대학생 현대청년이 모든 기운을 꺾어 놓고 마는 것이다. 오늘 청년들의 기질이 화사부박(華奢浮薄)하다는 것은 지당한 경향이다.[7]

이러한 조건에서 여학생들은 기대와 동시에 우려의 대상이었다. 한편으로 여학생들은 어려운 식민지적 조건에서 계몽적 역할을 하도록 기대되었으나 다른 한편으로 그들의 현실은 우려의 대상이었다.

> 다른 나라의 여학생들이야 중등교육을 받는 것이 무슨 그리 장하다 하리요 마는 우리 조선여학생들은 여교를 마치는 것이 미국이나 영국의 여학생이 대학 마치는 것보다 몇 배 이상의 힘이 드는 것도 모르고 내가 여학생인데

요만하면하고 공부보다도 몸맵시에 더 힘을 쓰며 자기의 입장을 망각하는 자가 태반인 듯합니다. 더구나 굳세어야 할 데는 가서 극도로 약하고 좀 보들보들해야할 때는 너무도 똑똑한 것이 우리 조선여학생의 큰 결함이라 보겠습니다. 의지가 견고치 못함으로 말미암아 유혹의 길로 들기 쉬우며 자기에게 당면한 문제도 해결책을 강구치 못하고 중도에서 마침내 아까운 황금시대(여학시대)를 무의미하게 허송하는 사람이 많습니다.[8]

여학생의 이미지는 "평소에는 엄벙덤벙하며 모양이나 실컷 내고 구경이나 다니는 것"[9]으로 표현되기도 하는데, 사회적 활동에는 무심하고 개인적 향락과 소비에만 관심이 있는 것으로 묘사되곤 한다. 1929년 『학생』에는 연세전문의 최병화라는 남성 필자가 자신의 교제 경험에 근거하여 여학생들에 대한 '격문(檄文)'을 작성하여 싣고 있다. 남성의 입장에서 그는 "경제적 지식을 함양하라", "노동을 할 줄 아는 여성이 되라", "연애대상관을 개혁하라" 등을 충고하고 있다. 경제 문제에 대하여 "조선사람 더욱이 신여성은 도대체 무신경 무능력한 것이 극도에 침론한 것을 발견"하였다고 하며, "이화(梨花)서 조선산(朝鮮産)으로 의복을 착용하자는 운동이 일어났다는 소문을 듣고 그의 장래가 호결과(好結果)를 보이기를 기대했더니 그 운동은 용두사미격"이 되고 말았다고 비판한다.[10] 또, "조선의 공부하는 신여성이 배우자를 선택할 때 첫째 조건은 그 남자의 생활 정도입니다. 다시 말하면 물질이 풍부하여 자기의 허영을 만족시킬 수 있을까 하는 데 착목하고야 맙니다."라고 주장하며 비판하고 있다.[11]

여성 교육 결과로 기대되었던 것이 민족과 사회에 대한 계몽적 헌신이었다면, 현실의 '집 나간 노라'들은 자신의 삶을 고민하고 있었고, 이것이 지극히 '개인주의적'인 것으로 비난되었다.

그대들은 장차 어떠한 방침과 목표를 세우고 나가려 하는가 ··· 현대의 노라가 되어 재래의 인습 관념 소위 현모양처주의의 미몽(迷夢)에서 깨어나 완전한 자유와 진실한 사랑을 요구하며 훌륭한 인간, 훌륭한 인격자가 되기를 절망하여 남편의 집을 뛰어나오는 길을 밟으려 하는가? 그러나 다시 조선의 정세와 현실생활을 살펴보라. 아직껏 우리는 그러한 여권주의자를 필요로 하지 못하며 또는 그런 것을 주창할 시기가 못된다. ··· 인형의 집을 뛰어 나온 노라는 근대 부인의 한 특성이요 큰 각성을 잘 말하였다 하지마는 그 행동은 철저한 개인주의요 주관주의에 지나지 않는 것이다. 자기 해방이나 자기주장 또는 훌륭한 한 개인의 인간이 되는 것도 어지간히 중요한 일이지마는 극단의 개인주의적 사회관은 이제 와서 벌써 과거의 유산에 속하여 통용되지 않는다.[12]

4. 여학생의 진로 :
가사(家事)의 과학화 혹은 '투사(鬪士)' 되기?

여학생들이 학교를 졸업한 후에 나아갈 수 있는 길은 가정, 취업, 진학 등이었으나 현실적으로 다수의 여학생들에게 가장 열려있는 기회는 가정으로 가는 것이었다.

사정이 허락하고 또 장기도 있는 사람이면 상급학교에 가는 것도 좋고 또 형편에 의하여 취직을 해야만 할 사람이면 취직도 할 것이나 일반으로 말하면 가정으로 들어가라고 하겠습니다. 우리 가정에는 고칠 것이 너무 많습니다. 배운 지식을 실지생활에 응용하여서 생활양식은 물론이고 가사처리 아동양육 등을 좀 더 합리적으로 하고 모든 불규칙한 것을 고치는 것이 필요합니다.[13]

여학생들의 구체적 진로는 남학생과 비교할 때 잘 드러난다. "금춘(今春) 남녀 학교 졸업생들의 감상, 포부, 희망의 이동좌담회"라는 기사는 배재, 보성, 중동, 휘문고보 등을 졸업하는 남학생들과 평양, 근화, 배화, 이화여고보 및 여상 등을 졸업하는 여학생들을 중심으로 한 좌담회를 다루고 있는데 이 좌담의 내용에서 나타나는 학생들의 진로 동향은 상당히 판이하다. 남학생의 경우 "대개가 상급학교 지원"(배재)을 하고 있다고 하고, "나중에는 어찌 될지 모르겠으나 지금까지 형편으로는 거의 전부가 일본유학 혹은 경성의 전문학교 지망을 하고 있습니다."(휘문)라고 말하고 있다.[14]

반면, 여학생들의 경우는 이와 다르다. "본의는 아니나 여학교를 졸업하면 그대로 가정으로 붙들려 가는 이가 제일 많습니다. 저 역시 가정으로 가게 됩니다."(이화), "저의 지금 희망만은 좀더 알기까지 공부를 더 해보겠다는 것입니다마는 가정의 반대로 어찌 될지를 모르겠습니다."(근화), "우리가 여학교에서 배운다는 것은 규수공부에 지나지 못합니다. 지금의 우리로서는 엉터리없는 병신이지요"(평양).

이러한 여학생들의 생각은 당시의 교육현실에 대한 불만과 그들의 이루어질 수 없는 포부 때문에 갈등하고 있음을 알 수 있게 한다. 한 여학생의 다음과 같은 말은 그들의 심정을 잘 드러내고 있다. "칠분(七分)의 불만과 삼분(三分)의 만족으로 졸업하는 우리에게 졸업장에 무슨 값이 있겠습니까? 간판으로 쓰는 데 불과하지요"(평양).[15] 또한 그들은 "여학교를 졸업하고 가정으로 들어간 이들을 보면 다 죽었는지 아무 소식을 못 듣게 되는 것은 한심하게 생각합니다."(근화)라고 하면서, 그들도 결국 "좀 더 가사에 대한 공부를 하고 가정으로 들어가 가정생활을 좀 이상화시켜 보려고 합니다."(배화)[16]라고 한다거나 "가정으로 가서 그대로 까부러질 것이 아니라 그곳에서 할 일이 크고 또 중한 것을 깨닫고 힘을 내어가지고 지낼 것이라고 믿습니다."(이화)[17]라며 가정 안에서 대안을 찾고자 한다.

이상에서 볼 때 이들에게 있어 현실적 선택은 결혼이고 여학생들은 그러한 현실을 수용하면서도 자신의 불확실한 욕구들로 인하여 고민하고 있었음을 알 수 있다. 즉, 당시 소개되던 과학적 가사 및 모성논의 등을 통하여 가정 안에서 대안 찾기에 나서거나 다분히 막연한 '투사 되기'의 꿈을 키우도록 기대되기도 하였다. 당시 여학생들에게 요청되던 투사의 상(像)은 당시 근우회 활동가였던 정종명의 "투사(鬪士)가 되라"라는 제목의 다음과 같은 글 속에서 표출되고 있다.

지금의 여학생들은 재학 시에는 기계적으로 배우고 졸업한 후에는 단란(團欒)한 가정이나 이루겠다는 단순한 생각과 자기 혼자나 안락하게 살겠다는 개인주의의 경향이 많습니다. 즉 그들은 대세를 살피는 눈이 어둡고 방방곡곡에서 들리는 소리에 귀가 어두운 것은 사실입니다. 물론 이것이 여자 자신의 책임만이겠습니까? 그러나 그 원인을 일일이 지적하기를 여기서 피하고 막연하나마 나의 원하는 바를 한마디 드리겠습니다. 극히 간단하게 말하면 사회를 떠나 개인이 존재할 수 없는 이상 그 사회가 불행한데 개인이 행복될

리는 만무한 것은 사실입니다. 그러니 개인의 행복을 위하여서—또는 다시 한 걸음 더 나아가서 세계인의 살림살이를 행복스럽게 하기 위하여서—우리는 부단한 노력과 투쟁이 절대 필요합니다. 그리하여서 현 제도의 그릇됨을 깨뜨려야 하겠고 교정하여야 할 것입니다.[18]

그러나 이 투사되기의 요청은 다소 공허하게 들리는 것이 사실이다. 민족독립과 사회변혁을 위한 투쟁 속에 여성들이 투사가 되어 참여해야 한다는 메시지는 있으나, 이 요청 자체가 불확실한 진로 앞에서 주춤거리는 일반 여학생들에게 분명한 방법론을 제시하고 있지 않은 것이 사실이다.

규범화한 투사의 상 속에서 적어도 '개인주의적 노라'들이 설 자리는 없었다. 당시의 현실에서 '개인주의적 노라'들은 종종 식민지 근대 여성의 부르주아적 상층부를 대표하기도 하였지만 한편으로는 여성 개인 주체들을 의미하기도 하는 것이었다. 이러한 현실은 민족과 여성이 일방적인 주종의 결합관계 속에서 만나야 하는, 식민지 근대 여성의 존재 한계를 드러내주는 것이라고 할 수 있을 것이다.

| 주 |

1 최규용, 「학창을 떠난 자매들에게」, 『학생』, 제2권 제4호, 1930, 14쪽.

2 최규용, 앞의 글, 12-13쪽. (이하 현대어로 전환하여 표기함).

3 신영숙, 「일제하 한국여성사회사 연구」, 이화여자대학교 대학원 사학과 박사논문, 1989, 8-9쪽 통계자료 참조.

4 만문만화인 "모던 껄의 장신운동"(『조선일보』 1928.2.5)이라는 그림은 당시 "녀학생 기타 소위 신녀성들"에 대한 인상을 표현하고 있다. 몸보다도 전차 안 손잡이를 붙잡고 있는 팔뚝과 손가락의 장신구(황금팔뚝시계와 보석반지)들을 크게 부각하고, 무수히 복제된 이미지로 당시 여성의 몰개성을 표현하고 있는 이 그림은 신여성 및 여학생들의 근대 상품에 대한 맹목적 탐닉을 드러내주고 있다. 그러나 다른 한편으로, 이러한 성향은 식민지적 경제 현실에서 여성들이 현실의 빈곤을 스스로 유녀(遊女)의 길을 가거나 혼인 등의 방식으로 타개할 수밖에 없었던 당시의 상황과도 연관되어 있었다고 할 수 있다. 신명직, 「모던뽀이 경성을 거닐다: 만문만화로 보는 근대의 얼굴」, 현실문화연구, 2003, 81-85쪽.

5 정순덕, 「상급학교에 갈 수 없는 졸업 처녀의 번민」, 『신여성』, 1925, 11. 25쪽.

6 이광수, 「무정」, 소담출판사, 1995, 9-12쪽.

7 정대현(보성고등보통학교 교장), 「정신적 자살」, 『학생』, 제1권 제3호, 1929, 8쪽.

8 김현실(숙명여고), 「여학생들께의 메세이지! '내가 여학생시대를 다시 갖는다면'」, 『학생』, 제1권 제3호, 1929, 46-47쪽.

9 김현실, 앞글, 46-47쪽.

10 최병화, 「격(檄) 여학생제군에게」, 『학생』, 제1권 제3호, 1929, 77쪽.

11 최병화, 앞의 글, 79-80쪽.

12 최규용, 위의 글, 16쪽.

13 김윤경 외, 「여학교의 졸업생은 어데로 진출할가」, 『학생』, 제2권 제3호, 1930, 28쪽.

14 「今春男女各學校 卒業生들의 感想··抱負·希望의 移動座談會」, 『학생』, 제2권 제3호, 1930, 2-7쪽.

15 앞의 글, 4쪽.

16 앞의 글, 5쪽.

17 앞의 글, 5쪽.

18 정종명, 「투사가 되라」, 『학생』, 제2권 제3호, 1930, 28쪽.

1950년대 '자유부인'의 성정치

| 정미경 |

1. 대 멜로드라마 '자유부인'

자유부인은 가정! 남편! 애정! 오늘의 사회상! 허영과 현대여성의 위기를 그린 수
작이다. (〈동아일보〉 1956년 7월 21일자에 난 자유부인 영화 광고)
아방 최유의 본격적인 스켈의 현대 풍속 대 '멜로드라마' (『여원』, 1956년 10월 호)

필자가 몇 년 전 보았던 영화 '자유부인'[1]은 요즘 말로 하자면 그
야말로 박스오피스였고 숱한 이야깃거리를 만들었던 화제작이었다.
한형모 감독 작품으로 1956년에 개봉했는데 전국적으로 15만 명을 영
화관으로 끌어들였고(현재 인구 수로 환산해보면 백만 명이 보았다는 계산이 나온다.), 한
번 상영이 끝난 다음 그 인기를 몰아 2차 개봉까지 했으며 '영화를 좀
본다' 싶은 사람들은 누구나 관람했던 기억을 갖고 있을 정도의 흥행
작이었다. '자유부인', '유한마담'이라는 말들이 여성을 지칭할 때 주저

없이 사용되었고, '땐스야 말로 민주혁명의 제일보'라는 말이 유행처럼 번져나갔다 한다. 사회적인 화제만큼이나 이 영화에 대한 숱한 평가와 언설들이 신문이나 잡지에 등장했다. "현대의 풍속도를 잘 그려내 공감을 불러일으켰다."라는 평에서부터 "인기욕에 사로잡힌 저속한 영화"라는 비난에 이르기까지, 영화나 원작 소설에 대한 엇갈린 반응들은 이 영화를 독해하는 방식이 단일하지 않았음을 드러낸다.

영화를 읽는다는 것은 영화 혹은 영화 속 인물을 현실세계의 어떤 부분과 관계시킬 것인가 하는 문제를 불러일으킨다. 이 영화와 영화를 둘러싼 수많은 담론은 1950년대 한국사회에 새롭게 떠오르고 있었던 감성과 그 감성을 사회적으로 안착시키는 과정에서 '여성' 주체가 핵심적으로 등장했던 문화적 현상 중의 하나였고, 그런 의미에서 새롭게 구성되고 있었던 한국사회의 성별체계를 보여주는 '징후적 텍스트'로 독해할 필요가 있을 것이다.

2. 댄스열풍과 연애, '부적절한' 관계

영화 '자유부인'은 1954년부터 215회에 걸쳐 서울신문에 연재된 정비석의 소설을 바탕으로 하고 있다. 영화가 소설과 가장 다른 점은 결말인데, 주인공 오선영이 자신의 잘못을 깨닫고 남편 장태연에게 되돌아가는 원작에 비해 영화는 오선영이 장태연으로부터 내쳐지는 것으로 끝이 난다. 이 영화의 큰 줄거리는 댄스열풍과 연애, '부적절한' 관계, 정치모리배들의 사기행각인데, 대학교수 부인인 주인공 오선영이 이러한 세계로 발을 들이는 것은 우연한 기회에 만난 화교회의 '유한

마담'과의 교제 때문이다. 이들은 값비싼 양장과 화려한 댄스파티, 거침없는 연애로 오선영에게 새로운 욕망을 불러일으킨다. 오선영은 정치브로커인 국회의원 오빠의 집에서 한대석이라는 인물을 만나 '파리양행'의 마담으로 일하게 되고 마담 역할에 재미를 붙이면서 남성들의 유혹을 받는다. 한 남성은 오선영을 파리양행에 소개해주었던 한대석이며 또 한 남성은 오선영에게 춤을 가르쳐준 남편 제자인 신춘호이다. 신춘호는 오선영의 조카인 명옥이와 애인 관계에 있는 남성이다. 한편 장태연은 한글강습회에 나오는 미군 타이피스트 박은미에게 은밀한 마음을 갖게 되고 은미 또한 장교수를 흠모한다. 오선영에게 댄스와 연애에 대한 욕망을 이끌었던 친구 윤주는 유한마담을 등쳐먹는 사기꾼 백광진에게 사기를 당해 자살하고, 오선영은 수정궁의 댄스파티에서 한대석의 부인 월선에게 '간통'을 들키게 된다. 장태연이 국회에서 한글맞춤법 개정안을 비판하는 연설을 들은 오선영은 남편의 학문적 신념과 품성에 감복해 집으로 돌아가 용서를 빌지만, 남편은 그를 받아들이지 않는다.

이 영화는 '집나간 노라'를 응징하는, 여성의 입장에서 보면 가부장적인 문화의 상투적인 영화로 읽힐지 모르겠다. '한글전용운동'을 벌이는 진지한 대학교수와 춤바람에 미친 부인이라는 기본적인 캐릭터, 그리고 그 부인이 자신의 '행각'을 뉘우치며 남편에게 용서를 비는 결말이 그런 여지를 준다. 그러나 이 큰 줄거리가 갖는 상투성은 곳곳에서 마찰을 빚으며 이 영화를 더욱 복잡하게 만든다.

3. 여성 욕망의 무한질주

영화 자유부인은 근대 대중 소비문화가 형성되어 가는 과정에 나타난 여성의 욕망에 관한 영화다. 전후 한국사회를 지배했던 암울한 사회분위기에서 오선영이 갖고 있는 욕망은 사실 사회적으로는 사치나 방탕·탐욕으로 읽히고 있었다. 그러나 이 영화는 오선영의 욕망을 드러내는 방식에서 도덕적 판단을 일단 제쳐놓은 듯한 인상을 보여준다. 주인공 오선영은 자신의 욕망에 솔직하다. 그 욕망이란 프랑스제 고급 화장품이나 비싼 양장으로 치장함으로써 자신을 세련된 '현대 여성'으로 드러내 보이고자 하는 욕망이다. 오선영이 외제 화장품들과 양장에 대한 욕망을 갖기 시작한 것은 이전의 가정주부로서 그녀가 위치했던 '무미건조한' 세계를 벗어남을 의미하며 오선영은 남성들과의 댄스나 연애를 감행할 정도로 '주체적'으로 변신한다.

그런데 오선영에게 세련된 외모와 고급 화장품에 대한 욕망은 남성들의 성적 시선을 받고자 하는 수준에 머물지 않는다. 욕망은 어떠한 대상 자체에 향해져 있는 것이 아니라, 주체가 대상에 부여하는 상상 속의 만족을 향해 있기 때문에, 욕망은 끊임없이 생산되는 자체의 탈주로를 따라 무한히 질주한다. 화려한 옷차림은 남성들과 댄스를 추고 연애하는 조건이 됨을 넘어서, 오선영이 스스로 상상하는 '자신'에 대한 한계 없는 욕망으로 나아가는 것이다. 오선영의 화려한 외모는 '집 밖'의 영역에서 능력을 발휘하는 것, 돈을 번다는 것, 몸의 움직임(댄스)을 통해 '자아'에 눈뜨게 되는 것, 자유롭게 남성을 만나 성적 주체가 되는 모든 조건이다. 영화에서 오선영의 '변신'은 옷차림에서 상징적으로 나타난다. 영화 첫 부분에서 무료한 대학교수 부인의 일상을 보여줄 때 오선영은 한복차림이었다. 그러나 화교회에 참석해 유한마담들의 화려한 양장에 열패감을 느끼면서 오선영은 가장 먼저 한복을 벗고 양장을 취한다.[2] 오선영을 적극적으로 추동하는 친구 윤주가 "여성도 돈을 벌어야 한다"라고 영화 속에서 거듭 강조하는 것을 보더라도 오선영과 같은 '자유부인'들은 '가정주부'가 갖는 정체성으로부터 이제 멀리 떨어져있는 것이다. 오선영은 욕망과 쾌락을 위해 스스로를 사회적인 주체, 소비적 주체, 나아가 성적인 주체로 만들어 나간다.

영화는 초반부터 끝까지 오선영이라는 여성에게서 구성되는 이러한 욕망의 무한질주를 스펙터클하게 보여준다. 파리양행에 진열되어 있는 프랑스제 향수, 악어 핸드백, 양장이 시시때때로 등장하고, '유한마담'들의 반지나 목걸이 등의 액세서리, 고급 찻집과 댄스홀의 화려한 인테리어, 댄스홀 무희의 정열적인 맘보춤은 그것 자체가 당시 관객에게 큰 볼거리였으리라 짐작할 수 있는데 이 모든 것은 오선영의 욕망을 구체적으로 보여주는 대상들이었다. '새로 태어난' 오선영에게 가정살림과 바깥일을 조화해야한다는 부담이나 프랑스제 화장품을 사는 것이 너무 사치스러운 것은 아닌가 하는 주저함은 찾아볼 수 없다. 그녀는 화교계에 발을 들여놓은 순간 새롭게 구성되는 욕망을 위해 아주 충실히 행동한다. 그녀는 파리양행을 찾는 손님들에게 그들의 동경과 욕망을 파는 마담역할을 세련되게 소화해내면서 사업수완을 인정받고, 그럴듯하게 차려입은 남자들과 찻집에서 만나기 위해 시간을 조절하며, 교제를 위해서 적극적으로 '춤'을 배우고, 남성들과의 만남에서도 자신의 성적 매력을 십분 활용할 줄 아는 여성이다. 오선영이 욕망을 숨 가쁘게 좇는 스토리를 지켜보다가, 소복소복 눈 내리는 날 남편에게 자신을 받아달라고 애원하는 마지막 결말은 오히려 낯설게 느껴진다. 도덕적인 설명이 필요치 않았던 욕망에 대해 잊고 있었던 규범을 들이대기에 오선영은 이미 멀리 떨어져 있었기 때문이다. 그녀가 대학교수 부인이라는 배경은 그녀를 응징하기 위해 필요한, 그러나 응징하기에는 너무 빈약한, 영화적 장치였을 뿐이다. '바람난 부인의 내쳐짐'이라는 결말의 상투성은 한계를 모르는 욕망에 충실한 여성은 남편을 무력하게 만들고 가정을 파괴하며 사회의 혼란을 가중시킨다는 면에서 응징되어야 하는 위험한 여성이라는 데 그 근거를 두고 있지만[3] 모든 것을 소비하는 '악녀'를 제어할 수 있는 장치라는 것이 사회적으로 아무런 근거가 없음을 역으로 보여주는 것으로 읽혔다. 무한질주하는 욕망과 그것을 통제할 수 없는 도덕적 규범이라는 비균등성! 이 엔딩은 결과적으로 세련된 욕망에 비해 도덕의 '촌스러움'을 강조하는 효과만을 가져왔을 뿐이다.

4. 여성이 속한 두 개의 세계: 한글 전용과 '춤바람'

이 영화 속에서 등장하는 대부분의 여성들은 오선영이 가정 밖에서 관계를 맺는 '유한마담'들이지만, 전혀 다른 세계에 속한 박은미라는 여성이 있다. 박은미는 20대를 갓 넘은 미군 타이피스트로 장태연이 강연하는 한글강습회에 성실히 참가하면서 장태연을 흠모하게 된다. '부재중인 아내' 때문에 골머리를 앓던 장태연은 박은미에게서 '정신적인 휴식'을 제공받는다. 박은미는 괴로워하는 장태연을 따뜻하게 맞아주고 단둘이 공원을 거닐면서 장태연이 결코 입 밖에 내지 않는 '상처'를 보듬어준다. 오선영이 맺는 관계가 화려한 댄스홀에서의 호들 갑스러움을 동반한다면, 장태연과 박은미의 관계는 고독한 '지성인'의 지친 어깨를 비추는 공원의 가로등을 배경으로 한다. 오선영과 박은미는 한 남성을 매개로 해서 연결되어 있는 여성들이지만, 이 두 직업여성은 전후 한국 여성들이 진출했던 공적 영역을 상징적으로 보여준다. 오선영이 소비자본주의의 감성이 형성되고 있었던 그 한가운데서 서구문물에 대한 동경을 파는 '파리양행'의 마담이라면, 박은미는 한국사회 내에서 헤게모니를 장악하고 있던 미군의 타이피스트이다. 두 여성의 직업은 한국사회의 국가 건설 과정에서 차지하는 여성의 위치를 생각하게 한다. 전자가 허영과 사치로 그려지는 반면, 후자는 '한글'을 배우는 모임을 주도할 정도의 근면함으로 이미지화 된다.[4] 이러한 대비는 '여성 주체'에 부착된 이미지는 남성과의 차이가 아니라, 여성들 사이의 차이를 강제하는 남성중심적 판타지에 의해 생산된다는 것을 보여준다. 이 영화가 그리고 있는 분리된 세계 즉, 장태연이라는 교수가 구축하는 세계와 오선영이라는 유한마담으로 대변되는 세계는 명확하게 분리되어 있다. 박은미 역시 가정 밖의 일을 가진 여성이지만 그 귀결은 춤바람이 아니라 한글강습회로 연결되어 있기 때문에 그의 직업 생활은 안전한 것으로 의미화 된다. 즉, 박은미는 장태연이 구축하고 있는 세계, 즉 '한글맞춤법' 비판과 맞닿아있는 '민족주의적'인 국가건설의 영역에 속해있기 때문이다. 이러한 안정성은 박은미가 장태연이라는 지성인 남성을 삶의 지표로 의지하고 있다는 점과 장태연과 박은미의 관계가 결코 '육체적'인 관계로 발전하지 않는다는 점으로 인해 강화된다. 욕망이 그 자체로 위협적이지 않게 관리되고 있는 세계에 여성이 속해있을 때 그 여성 또한 안전하게 이미지화 된다. 반면 '자유부인'은 장태연이라는 지표를 거부하고 자신의 욕망을 위해 스스로 새로운 세계를 만들어나간다. 유한마담들이 소비문화를 통해 만들어나가는 세계는 민주주의 이면에서 벌어지는 추악한 정치협상이나 천민자본주의와 동일한 세계로 범주화된다. 유한마담들이 관계를 맺는 남성들은 바로 같은 부류의 추악한 세계에 동거하고 있는 남성들이지, 결코 장태연이 아닌 것이다. 이들은 입만 열면 "땐스야 말로 민주혁명의 제일보"라고 외치는데, 이는 겉으로는 '자유민주주의'라는 이데올로기를 외치면서 그 이면에서 온갖 정치적 모략을 일삼는 정치모리배인 오선영의 국회의원 오빠나 그의 친구 한대석 사장이고, 유한마담들의 돈을 등쳐먹기 위해 그들을 성적으로 유혹하는 사기꾼 백광진과 같은 부류인 것이다. 따라서 오선영이 장태연을 배반한 것은 남편을 버린 것이 아니라, 장태연으로 상징되는 '자유민주주의'와 '사회적 양심'을 배반한 것이다.[5] 소비에의 욕구와 성적 욕망, 돈에 대한 욕망은 모두 등치되면서 도시문화적 퇴폐를 이루는 '문란함'으로 이름 붙여지고 한계 없이 질주하던 '자유부인'들은 자살하거나 가정이 파탄되거나 무일푼이 되는 것으로 화려한 '자유'를 마감한다.

5. 성적 주체로서의 여성의 섹슈얼리티와 그 재현: 악녀가 되는 여성들

'자유부인'이 사회적으로 화제가 되면서 '자유부인류'의 여성 이미지는 언론에 끊임없이 등장한다. 자유부인과 같은 '과'에 속하는 여성들은 '빠-마담', '계-마담', '다방 마담', '유한마담', '유엔마담'[6]이며 여기에 여대생이라는 집단이 같은 범주로 묶인다. '여대생 해부', '여대생과 아르바이트', '여대생은 밤에 나온다'와 같은 제목을 단 기사들은 여대생에게 성적 일탈의 이미지를 부착시킨다. 마담들이 '빠'나 '계', '다방'이라는 말과 붙어 호명된 것은 여성들이 '가정 밖'의 일을 가질 수 있는 사회적 공간이 어떠했는가에 대한 이해를 도모하지만 여성들이 이 업종에 종사했었다는 사실로부터 '자유부인류' 여성에 대한 이미지가 자연스럽게 형성되는 것은 아니다. 이 여성들은 양장이나 서구식 퍼머형, 서구 화장품, 댄스열풍, '자유연대' 등 소비문화적 현상을 주도했을 뿐만 아니라, '가정 밖' 세상에 눈을 뜨면서 돈을 버는 '직업여성'으로서, 사회생활을 하는 '현대여성'으로 스스로를 정체화할 수 있는 다양한 경험을 하게 된다. 그러나 이러한 여성들에 부착되는 이미지들은 '사치와 허영', '성적 문란'이었다. 이 당시 여대생에게 부착되는 이미지 또한 유사하다. 전후 공교육의 확대로 여성에게 대학이 개방되고 여대의 정원도 늘어감에 따라 여대생이 지속적으로 증가하지만, 여대생은 '학생'의 이미지보다는 '고급 창녀'나 '낮에는 학생 밤에는 술집 마담' 등으로 이미지화된다. 여대생들이 서구식 옷차림을 적극적으로 수용한 주체라는 측면에서 그 외모가 '마담'들과 유사했겠지만, 외모의 유사성 때문이 아니라 '집을 벗어난 여성들이 갖는 욕망'에 부착된 사회적인 이미지가 여대생과 '마담'을 동일하게 범주화한다.

문제는 특정한 여성 '이미지'가 여성 존재를 긍정적/부정적으로 반영한다는 것이 아니라, '이미지'를 통해 여성주체에 대한 의미가 어떻게 부착되는지, 이러한 의미들은 다른 문화적인 개념들과 어떻게 결합하는지에 있다.[7] 집을 벗어난 여성들이 겪은 다양한 경험이 '성적 방탕'이라는 언술로 의미화된 것은, 한국사회가 '여성주체'를 생산하고자 했던 방식과 관련된다. 즉, 특정한 역사적 시기에 생산되는 '악녀'의 이미지가 '착한 여자/나쁜 여자'라는 경계 속에서 어떻게 구축되는지, 그리고 그 경계가 여성 삶을 어떻게 조직하면서 성별체계를 새롭게 하는지에 대한 분석을 필요로 한다.

전후 한국사회는 '국민통합'을 새로운 국가건설의 과제로 안고 있었으며, 이는 한국사회 구성원들 사이에 상당히 뿌리 깊게 자리 잡고 있었던 봉건적 신분질서를 강압적으로 해체하고 '국민'이라는 이름으로 개별성원을 새롭게 호명하는 과정을 동반했다. 그러나 '국민'이 갖는 성별적 의미는 아주 다른 것이었다. 전쟁은 가장으로서의 남성의 부재를 의미하는 것이었고, 국가는 한 가정의 생존을 지키는 역할로 여성들의 사회참여를 장려했다. 그러나 부재했던 남성 가장이 사회적으로 귀환하면서 여성들의 '집 밖 일'은 중단되어야 했다. 국민통합과 더불어 혼란스러운 사회/문화적 영역들을 새롭게 조직하는 국가 건설 과정에서, 공식/비공식적 사회 영역을 가로지르면서 집 밖 일을 했던 여성들을 새롭게 조직되던 '사적 영역' 속으로 안착시키는 과정이 무엇보다 시급한 일이었던 것이다.[8]

1950년대 중반 이후 '여성이란 어떤 존재인가', '여성의 본분은 무엇인가'에 대한 수많은 담론들은 바로 가정의 테두리를 벗어난 여성들을 아내와 어머니로 만들기 위한 문화적 과정으로 볼 수 있다. 가정을 벗어난 '자유부인'과 같은 유한마담이나 여대생 집단이 성적으로 일탈된 이미지로 등장한 것은 이들이 갖고 있는 욕망을 통제할 수 없다는 위협감, '정상적'인 여성의 경계를 흐트러뜨릴지 모른다는 사회적 위협감에서 기인한 것이었다.[9] 급격하게 유입되는 서구문화에 대한 불안감과 전후의 암울한 사회를 재건해야 한다는 중압감은 어머니/아내 이외에서 정체성을 갖고자 하는 여성의 모든 욕망을 '땐스홀'이나 카바레, '계모임' 등 사회 곳곳을 쑤시고 다니면서 모든 것을 소비해대는 '자유부인'들의 지칠 줄 모르는 위험한 욕망으로 이미지화한 것이다.[10] 오선영의 욕망은 이제 사회가 귀속하라고 요구하는 여성주체의 자리에서 멀찌감치 떨어져있다. 그 욕망이 달아난 거리만큼 욕망의 위험성은 증가할 것이고 그 여성의 '비정상성'도 커질 것이다. 그리고 비정상성의 내용은 역으로 여성 주체의 '정상성'을 구성하면서 사회가 필요로 하는 여성성의 내용을 드러내준다. '자유부인'에게 부착된 '비정상적인 여성' 이미지는 한국사회에서 일고 있었던 근대적인 변화를 적극적으로 수용하는 여성들이 전통적인 여성 삶과 자연스럽게 동거할 수 없었음을 보여준다. 여성이 근대적 주체로 이행하는 과정은 남성들과는 달리 섹슈얼리티, 육체, 모성 등의 여러 차원에서 존재하는 사회적 억압들과 끊임없이 충돌하고 갈등할 수밖에 없기 때문이다.[11]

6. 여성 삶의 위반으로서의 '자유부인'

'자유부인'에 대한 지배담론의 의미화가 성적 타락이나 일탈된 여성의 응징이라는 측면에서 이루어진 반면, 그 당시 이 영화를 관람했던 여성들의 독해방식은 매우 다층적이었다. 1950년대 중반부터 60년대 초반까지 여성관객들의 영화관람 경험을 연구한 변재란의 논문에 따르면[12] '자유부인'은 영화에 재현된 등장인물이나 '춤'과 같은 소재가 여성들이 살아가는 현실생활의 부분과 연결되면서 억압적인 여성 삶에 대한 상징적인 위반행위를 통해 즐거움을 주었다. 사적 공간에 머물던 여성들을 공적 공간으로 불러낼 뿐만 아니라 여성과 남성의 신체적 접촉을 가능하게 했다는 점에서 '춤'은 여성이 꺼내 보일 수 없었던 욕망을 구체적으로 드러내 보여주었고, 경제력 있는 여성들의 자유스러운 소비문화와 연애는 '여성해방'의 전조로 읽히기도 한 것이었다. '자유부인이 너무 나갔다'라든가, 자유부인의 연애를 축첩제도의 맥락으로 읽은 여성들도 존재했지만, 이 영화가 관람 여성들에게 '가정 안의 존재'로만 규정되는 여성의 삶과는 다른 방식으로 살아갈 수 있는 상상력을 제공해주었다는 점만은 분명한 듯하다. 여성 삶의 다른 방식이라는 것이 외제 화장품과 양장을 소비하고, 남성의 시선으로 인해 성적 욕망을 알아가는 것 외의 다른 것이 상상되지 않았다는 것을 비판하기 이전에, 일단 사회가 귀속하라고 요구하는 여성의 자리를 위반한 '경험'이 '외제화장품'으로 환원되지 않는다는 것, 그리고 자신의 '몸'과 '자아'를 욕망의 한가운데 위치시켰던 그 경험은 그 여성이 세계를 다른 방식으로 바라보게 할 것이라는 것을 기억하고 싶다. 만약 장태연이 자유부인을 받아들였다 하더라도 오선영은 예전의 대학교수부인으로 남아있기 힘들었을 것이다. 장태연이라는 지식인이 요구하는 '아내'의 자리를 지키기 위해서 오선영은 사회적 주체가 되었던 그 해방적 경험에서 스스로를 소외시키는 불행을 감내해야 할 것이기 때문이다. 따라서 오선영이 가정으로 안착되지 않은 것을 불만스러워할 필요가 없을 것 같다. '위험한 여성'에게 '안전한 영역에 남아있으라'고 이야기하는 것보다, 그 여성에 대한 위협감은 과연 누구의 것인지, 그 여성이 흐트러뜨리는 경계는 어떠한 힘으로 생산되는 것인지를 묻게 된다면, 여성 주체를 '어떤 여성'이냐로 분류해내면서 호명하는 담론의 권력을 비판할 수 있을 것이다. '자유부인'은 여성이 스스로를 소비적이고 성적인 주체로 만들어가는 여성들의 다른 이야기로 다시 쓰일 수 있을 것이다.

| 주 |

1 필자는 1999년 제2회 여성영화제에서 '자유부인'이라는 영화를 관람했다. 필자를 포함해 이 영화를 찾은 관객들은 한국영화에서 등장하는 여성 인물들을 적극적으로 독해하고자 하는 의도를 갖고 있었기 때문에 영화를 독해하는 데 영향을 미쳤을 것이다. 40여년이 지난 영화를 보는 것이 여성 캐릭터에 대한 '동일시'를 쉽사리 가져오지 않았겠고, 동일시와는 다른 방식으로 영화를 보고자하는 많은 관객들의 적극적인 관람행위로 인해 상영시간 내내 영화관은 흥겨웠다. 많은 관객들은 일단 이 영화의 '동시대성'에 놀라워했고 신춘호가 오선영을 유혹하는 장면에서는 대사들의 '상투성'을 재미있어 했다. 그리고 '춤바람' 난 오선영을 집 밖으로 내치는 마지막 결말에서 관객 대다수가 폭소를 터뜨렸는데 이것은 오선영의 처지를 안타까워하기보다는 이전까지의 영화 스토리 전개상 너무 '진지한' 결말이었기 때문으로 생각된다.

2 1950년대까지만 해도 양장은 가정주부와의 차별성을 갖고자 하는 여성들이 입었던 '현대적' 옷차림이었고, 양장을 가장 먼저 수용한 계층이 미국 상대의 접객업소 여성들이기 때문에(김도훈, 1998, 164쪽) '양장'을 입은 여성들에 대한 '일탈된 성적 이미지'는 양장이 보편화되기까지 지속되었다.

3 이 점은 서구 근대 문학작품 속의 여성 주체를 분석한 펠스키의 지적과 동일하다. 펠스키는 근대적 여성 주체가 등장하면서 어싱의 소비행위가 '경제적 무질서'와 '성적 무질서'로 의미화 된다고 지적하면서 탐욕스러운 여성소비자는 억제할 수 없는 욕망을 소유하고 모든 것을 소비하면서 근대의 진보에 정면으로 역행하지만, 동시에 남성의 통제를 벗어날 수 없다는 점에서 위협적인 존재로 재현된다고 분석한다(리타펠스키, 『근대성과 페미니즘』, 김영찬 외 옮김, 거름, 1998, 105~130쪽).

4 이 당시 신문이나 잡지를 살펴보면 여성에 대한 기사는 크게 유한마담과 여성근로자를 주제로 한 것으로 나뉜다. 전자가 춤바람과 성적 문란을 걱정하는 어조로 이야기되는 반면, 여성근로자들은 그들의 기숙사 생활이나 저축생활, 낮에는 일하고 밤에는 공부하는 근면한 여성들로 묘사된다.

5 이러한 이유로 소위 '자유부인 논쟁'이라고 이름 붙일 수 있는 논쟁이 일어났다(손세일, 『한국논쟁사』, 문학어학편, 청람, 1976). 황산덕은 "자유부인에게 드리는 말"이라는 제목으로 이 논쟁에 처음 불을 지폈다. 황교수는 자유부인이 "일국의 문화건설에 이바지하려고 갖은 모욕과 불편을 감수하는 대학교수"를 "양공주 앞에 굴복시키고 대학교수 부인을 희생물로 삼으려 한다"고 비판했다. 이에 대해 정비석이 "문학에 대한 몰이해"라고 답변하자 "야비한 인기욕에 사로잡혀 저속 유치한 예로 작문을 희롱하는 문화의 적이요, 파괴자요, 중공군 50만 명에 해당하는 적이 아닐 수 없다"고 발언했다. '성적 타락'은 국가건설을 저해한다는 측면에서 중공군과 동일한 적으로 이야기되는 것이다. 그런데 "자유민주주의를 성적 방종으로 잘못 이해하고 있는 한국판 노라들을 정당한 방향으로 이끌기 위해" 소설을 썼다는 변(정비석, 『자유부인』, 고려원, 1980)을 보면 황산덕이나 정비석 모두 '집나간 노라'는 용서할 수 없다는 데 동의하고 있는 셈이다.

6 남한을 점령한 유엔군을 상대로 기지촌에서 매춘여성을 데리고 매춘업을 한 여성들은 '유엔마담' 또는 '유엔사모님'이라고 불렸는데, 이들은 1952년 조사에 2만 5천명에 이른 것으로 나타난다. '댄스열풍'을 염려하는 이들

여성의 눈으로 영상읽기

은 유엔마담들이 벌인 파티에서의 댄스를 '춤바람'의 원인으로 지목했다(정성호, 「한국전쟁과 인구사회학적 변화」, 『한국전쟁과 사회구조의 변화』, 백산서당, 1999, 41-42쪽). 전쟁 중 살아남기 위해 많은 여성들이 직업전선에 뛰어들었고 이들 중에는 급속히 번져나갔던 유흥업소에 종사하거나 미군을 상대로 한 '양공주'나 매춘여성으로 일하기도 했다. 1957년 통계에 의하면 전국 '사창'에서 일하는 매춘여성들은 약 4만 명으로 추계되고 있다.

7 "여성"이라는 개념이 이미지를 통한 의미화라는 문화적인 과정으로 인해 형성되고 유통된다고 보는 것이다 (수잔나 D 월터스, 『이미지와 현실 사이의 여성들』, 김현미 외 옮김, 또하나의문화, 1999, 70쪽). 이런 점에서 '자유부인'의 이미지가 현실의 여성을 잘/잘못 반영했는지의 여부보다는 이 속에서 드러난 "여성"은 어떠한 의미체 속에서 이해되는지를 염두에 두고 있다.

8 이런 점에서 '계'는 경제질서를 위협할 정도의 비공식적 경제활동이라는 심각성과 그 주체가 여성들이었다는 점에서 사회적으로 자주 '물의'를 일으키게 된다. 계는 전쟁 중 인플레이션으로 인해 쉽게 자금을 손댈 수 없는 여성들이 생활경제 수단으로 조직하기 시작했는데, 이러한 '계바람'이 전쟁 후에도 전국적으로 퍼진다. "계바람은 신용대부적인 고리대를 배경으로 나타나 한때는 시중금융을 좌우할 만큼 거대한 힘으로 발전했다가 정부의 인플레 억제로 사양기에 접어든다. … 특히 여성들의 무계획적인 허영 사치스런 금리생활은 계의 파탄과 함께 수습할 길이 없어 각종 형사소송을 일으켰고 이혼과 자살 등의 비극적인 사태를 많이 낳았다"(정성호, 「특집 해방 30년」, 『동아연감』, 동아일보사, 1975, 41면 윗글에서 재인용)는 지적에서 보듯이 '계'는 여성들의 사회활동이 사치와 방탕으로 연결된다고 보는 편견을 보여주는 대표적인 사례라 할 수 있다. 전쟁 중과 전후 '계'는 여성들이 사회생활로 진입할 수 있는 매개였고, '계모임'을 통해 댄스나 영어강습, 패션 등을 새롭게 접한 여성들이 많았다. 이런 점에서 '계'는 여성이 '집 밖 일'을 접하는 과정과 그 과정에서 접한 새로운 세계에 대한 경험들을 조직했다는 점에서 1950년대 여성 삶을 들여다보는 좋은 주제가 될 수 있을 것이다.

9 특히 당시 여대생에게 부착된 성적 일탈의 이미지는 '교육받은 여성'에 대한 불안감이 여성주체의 여성성을 낙인찍는 방식으로 이루어짐을 볼 수 있다. 최정무는 민족주의 시인인 신동엽의 글을 분석하면서 이에 대한 흥미로운 예를 제시하는데, 남성 민족주의자들이 교육받은 여성에게 반감을 가지는 것은 이들 여성이 가부장의 권위에 도전했기 때문이 아니라 이미 권력을 잃은 한국 남성에 대해 미국이라는 지배세력과 협력할 가능성 때문이라는 것이다(Chungmoo-Choi, "Nationalism and Construction of Gender in Korea" in Elaim H. Kim and Chongmoo-Choi Eds., *Dangerous Women: Gender and Korean Nationlaism*, New York: Routldge, 1998, P. 25). 딱히 민족주의자 남성뿐만 아니라 '한국적 여성'을 생산하는 교육이어야 한다는 지식인 남성들의 견해를 볼 때, 서구 문물을 적극적으로 수용하는 교육받은 여성들은 언제든지 '한국적 뿌리'를 거부할 수 있고, 그렇기 때문에 사회적으로 위협적인 존재로 인식된다고 할 수 있다.

10 그것은 1920년대 등장한 '신여성'들에게 향해졌던 시선과 유사하다. 신식교육을 받은 '신여성'을 창녀나 탕녀로 이야기하는 지식인 남성들의 담론은 광범위한 것이었다. 근대 개화기 소설을 분석한 최혜실은 염상섭의 「너희가 무엇을 어덧느냐」나 「제야」, 김명순을 주인공으로 한 김동인의 「김연실전」 등과 같은 많은 소설들이 신여성의 일상을 담고 있는데 이 속에서 신여성들은 서구 부르주아 생활양식을 흠모해 마지않으면서 성적으로

문란한 여성들로 그려지고 있음을 구체적으로 분석하고 있다(최혜실, 『신여성들은 무엇을 꿈꾸었는가』, 생각의 나무, 2000).

11 주유신, 「멜로 영화: 여성의 성과 육체를 둘러싼 근대적 고민들」, 제2회 서울여성영화제 멜로 포럼 발제문, 미발표원고, 1999, 2쪽. 이는 신여성들이 배운 여성으로서의 정체성을 만들어가는 과정에서도 드러난다. 이 여성들이 근대 지식이 주는 해방감을 경험하면서 스스로를 사회적 주체로 만들어가는 과정은 '현모양처' 이데올로기와 끊임없이 충돌하는 과정이었으며, 이 과정에서 적절한 타협을 이루지 않는 여성은 사회적 공간에서 추방되는 상황이었다.

12 변재란, 「한국 영화사에서 여성 관객의 영화 관람 경험 연구: 1950년대 중반에서 1960년대 초반을 중심으로」, 중앙대학교 박사학위 논문, 2000, 95-109쪽을 참조.

저자 소개 (가나다 순)

강영심
이화여자대학교 사학과에서 박사학위를 받고 일제시기 독립운동사를 연구하였다. 이화사학 연구소연구원 및 역사 · 여성 · 미래의 일원으로 활동하며 어윤희, 김순애, 김마리아 등 여성 독립운동가 및 여성인물 연구에 관심을 두고 있다.

권순형
이화여자대학교에서 고려시대 여성사를 전공하였으며 저서로 『고려의 혼인제와 여성의 삶』, 함께 쓴 책으로 『글로벌시대에 읽는 한국여성사』, 『한국여성사연구 70년』, 『한국여성사 깊이읽기』, 『몸으로 보는 한국여성사』 등이 있다.

김경미
이화여자대학교 이화인문과학원 교수로 재직 중이며, 『여/성이론』 편집주간, 여성문화이론연구소 대표 등을 역임하였다. 저서로 『임윤지당 평전』, 『家와 여성』 등이 있고 역서로 『여자, 글로 말하다: 자기록』, 『19세기 서울의 사랑: 절화기담, 포의교집』 등이 있다.

문영희
경희대학교 후마니타스 칼리지 객원교수로 재직 중이며, 근현대 한국 소설과 작가를 연구하고 있다. 관심분야는 주부들과 함께 소설 읽기이다.

박 경
조선시대 사회사 연구자로 연세대학교 법학연구원 연구교수로 재직하고 있다. 조선시대의 가족관계, 신분, 사법 행정, 형률 체계 등에 대한 연구를 수행하고 있다. 법 제정과 적용 과정에서의 '인간'과 '사회'에 관심을 가지고 있다.

박미선
전남대학교 사학과를 졸업하고 고려대학교에서 「朝鮮時代 國婚儀禮 연구」로 박사학위를 취득한 후, 현재 전남대학교 인문학연구원 HK교수로 재직 중이다.

박애경
연세대학교 국어국문학과 교수로 재직 중이며, 조선 후기 시조의 통속화 과정과 그 양상을 추적한 연구로 박사학위를 받았다. 전통과 근대, 여성의 생활문화와 문화적 실천 방식, 대중음악에 대해 관심을 가지고 연구하고 있다.

서지영
캐나다 브리티시 콜럼비아 대학 강사로 재직 중이며, 젠더와 식민지 모더니티, 역사 속 소수자 집단에 대한 문화적 재현 등이 주된 연구 테마이다. 저서로 『경성의 모던걸』, 『역사에 사랑을 묻다』 등이 있다.

유승희
연세대 법학연구원 연구교수로 재직 중이며, 저서로는 『미궁에 빠진 조선』, 『민이 법을 두려워하지 않는다』가 있고 주요 연구로는 「조선후기 형사법상의 젠더 인식과 여성 범죄의 실태」, 「19세기 여성관련 범죄에 나타난 갈등양상과 사회적 특성」 등 다수가 있다.

윤선자

한국 근현대사를 전공했으며, 전남대학교 사학과 교수로 재직 중이다. 『대한독립을 위해 하늘을 날았던 한국 최초의 여류비행사 권기옥』 등 한국 근현대사와 한국독립운동사에 관한 다수의 저서와 논문이 있다.

이경하

서울대학교 국어국문학과를 졸업하고, 같은 대학 대학원에서 바리공주에 대한 논문으로 석사 학위를, 여성문학사에 대한 논문으로 박사 학위를 취득했다. 현재 서울대학교 인문학연구원 HK교수로 재직 중이다.

이상경

1982년 국문과 대학원에서 강경애 작가를 처음 만나면서 여성작가를 배제한 기존의 문학사 서술에 분노하고 여성문학연구를 시작했다. 나혜석, 강경애, 임순득 작가에 대한 연구서와 전집을 펴냈다. 현재 KAIST 인문사회과학부 교수로 재직 중이다.

이숙인

유교사상과 페미니즘을 접목시켜 그 이론과 역사를 읽어내는 작업을 해왔고, 최근에는 다양한 사료 및 자료를 통해 만난 조선시대 여성인물을 재해석하여 구성하는 작업을 하고 있다. 저서로는 『동아시아 고대의 여성사상』 『정절의 역사』 『신사임당』 등이 있다.

이윤미

홍익대 교육학과 교수로 미국 위스컨신–매디슨 대학에 박사학위를 받았다. 교육에 대한 비교역사적 접근, 근대 공교육제도와 사상, 젠더와 사회정의 교육, 공교육 혁신 등의 주제에 관심을 가지고 연구를 해오고 있다.

이은경

여성문화이론연구소 연구원이며, 사회와 인간의 삶에 대한 문제들을 정신분석작업을 통해 이해하려 노력하고 있다. 또한 남성중심 문학사에서 제대로 평가받지 못한 여성작가에 대한 지속적인 재평가를 시도하고 있다.

이호연

청소년 인권, 빈곤, 보살핌과 돌봄노동 그리고 재난참사에 대한 기록과 연구를 하고 있다. 함께 쓴 책으로 『여기 사람이 있다』 『금요일엔 돌아오렴』 『다시 봄이 올 거예요』 『재난을 묻다』 등이 있다. 현재 인권기록센터 '사이'에서 활동하고 있다.

정미경

페미니스트 저널 『이프』와 여성사전시관에서 일했다. 조선 숙종기 무녀들의 역모를 그린 장편소설 『큰비』로 2017년 세계문학상 우수상을 수상했다. 세상에 깊이 연루된 자의 시선을 잃지 않으려 노력하면서 여성 서사의 보석을 캐는 데 몰두하고 있다.